Gebrauchsanweisung
für Sardinien

Henning Klüver

Gebrauchsanweisung für Sardinien

PIPER

Mehr über unsere Autorinnen, Autoren und Bücher:
www.piper.de

Für Lidia, Gianna und Mara

Unser Versprechen für mehr Nachhaltigkeit
• Klimaneutrales Produkt
• FSC®-zertifiziertes Papier
• Hergestellt in Europa

FSC www.fsc.org MIX Papier aus verantwortungsvollen Quellen FSC® C083411

ISBN 978-3-492-27616-0
4. Auflage 2021

Karte: cartomedia, Karlsruhe
Satz: le-tex publishing services GmbH, Leipzig
Gesetzt aus der Bembo und der Trade Gothic
Druck und Bindung: CPI books GmbH, Leck
Printed in the EU

Inhalt

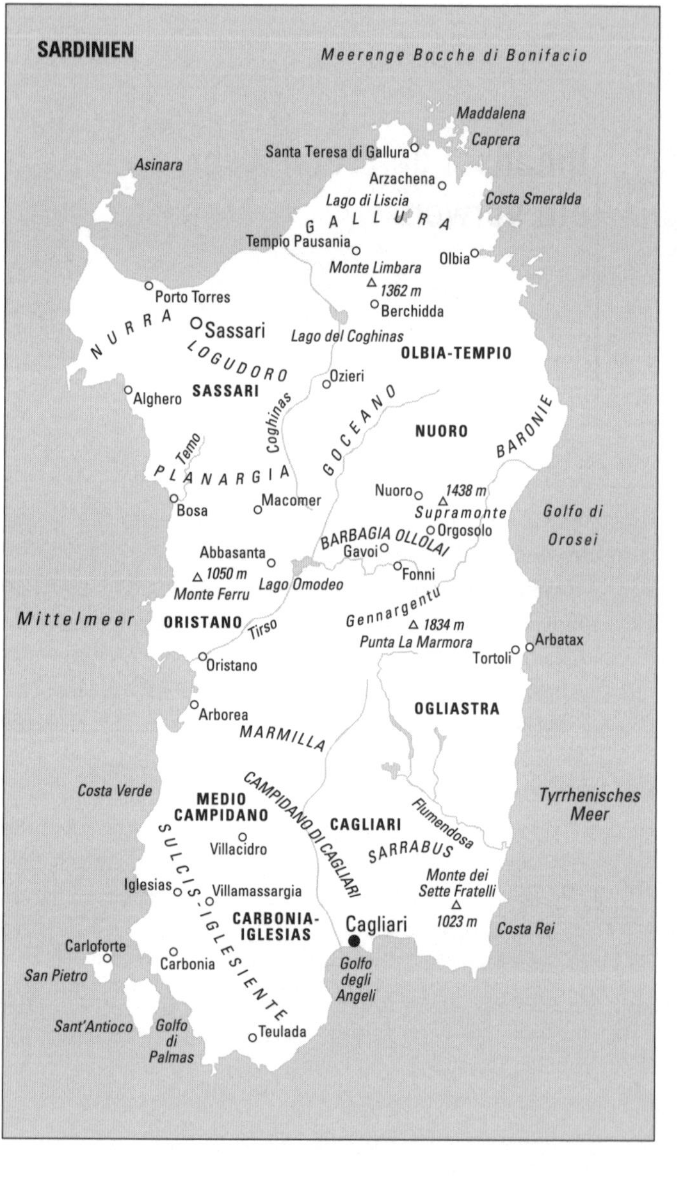
SARDINIEN
Meerenge Bocche di Bonifacio
Maddalena
Caprera
Santa Teresa di Gallura
Asinara
Arzachena
Lago di Liscia
Costa Smeralda
GALLURA
Tempio Pausania
Olbia
Monte Limbara
1362 m
Porto Torres
Berchidda
NURRA
Sassari
Lago del Coghinas
LOGUDORO
OLBIA-TEMPIO
Ozieri
Alghero
SASSARI
Coghinas
GOCEANO
NUORO
BARONIE
Temo
PLANARGIA
Nuoro
1438 m
Bosa
Macomer
Supramonte
Golfo di Orosei
Orgosolo
BARBAGIA OLLOLAI
Gavoi
Abbasanta
Fonni
1050 m
Lago Omodeo
Monte Ferru
Gennargentu
Mittelmeer
ORISTANO
Tirso
1834 m
Punta La Marmora
Arbatax
Tortolì
Oristano
OGLIASTRA
Arborea
MARMILLA
CAMPIDANO DI CAGLIARI
Costa Verde
MEDIO CAMPIDANO
Tyrrhenisches Meer
Flumendosa
CAGLIARI
SULCIS-IGLESIENTE
Villacidro
SARRABUS
Monte dei Sette Fratelli
Iglesias
Villamassargia
1023 m
CARBONIA-IGLESIAS
Cagliari
Costa Rei
Carloforte
Carbonia
San Pietro
Golfo degli Angeli
Sant'Antioco
Golfo di Palmas
Teulada

Die Insel der Sehnsucht – ein Vorwort

Es war einer jener Tage im Juni, die typisch sind für die Norddeutsche Tiefebene. Der Himmel hing tief, aber am Horizont hatte er sich geöffnet und zeigte einen Streifen milden Abendlichts. Ich wollte ihr meine Heimat zeigen, wir waren in Hamburg gewesen und jetzt an die Küste gefahren. Vom Deich aus hatte man einen weiten Blick in die Wattlandschaft der Nordsee. »Wo ist das Meer?«, fragte sie, und ich erzählte von Ebbe und Flut, von Strudelwürmern und Furten, vom Schimmelreiter und von Krabbenfischern, und das Abendlicht legte sich wie ein goldener Teppich unter den grauen Himmel aufs Wattenmeer. Ein kühler Wind wehte, sie strich sich die Haare aus dem Gesicht und fragte: »Ist dir nicht kalt?« Man sah ihr jedoch an, dass sie etwas anderes sagen wollte: »Das soll Meer sein?«

Ein paar Wochen später fuhren wir auf der Küstenstraße von Alghero nach Bosa. Schroffe Gebirgszüge, nur mit der buschigen Macchia und hier und da mit Olivenbäumen bedeckt, fallen steil zum Meer ab. Die wenig befahrene Straße windet sich auf und ab und lässt immer wieder den Blick auf das Wasser frei, das an diesem Septembernachmittag tiefblau unter uns leuchtete und im Sonnenlicht glitzerte, als würden Tausende von Brillanten auf der Oberfläche schwimmen. Eine leichte Brise hinterließ kräuselnde Spuren auf dem sonst ganz ruhigen Meer. Vor einer Bucht lag ein Segelboot, und weiter draußen konnte man mit etwas Glück einen Schwarm Tümmler springen sehen. »Siehst du«, sagte sie, als hätten wir unser Gespräch erst kurz zuvor unterbrochen, »*das* ist Meer.«

Es ist nicht leicht, einer Sardin zu erklären, dass man beides mögen kann: die wattbraune Herbheit der Nordsee und die brillantenblaue Schönheit des Mittelmeers. Wohingegen es verhältnismäßig leicht ist, jemanden von den sommerlichen Vorzügen des Südens zu überzeugen. Unsere Tochter Gianna lebte lange in Kopenhagen gleichsam am Meer. Aber spätestens im Juni, wenn am Öresund die Temperaturen kaum die 18 Grad überstiegen, Regenwolken tief hingen und kalter Wind durch Islands Brygge wehte, hörte man sie am Telefon stöhnen: »Ich will hier raus, ich brauche Sonne, Wärme, Meer!«

Sehnsucht nach Meer

Sardinien und seine Nebeninseln berühren mit einer Küstenlänge von 1849 Kilometern das Mittelmeer in allen natürlichen Spielarten – vom sanften Ufer bis zur gebirgigen Steilküste. Da ist für viele Urlauber Platz, auch wenn man Klippen und schroffe Felsen abziehen muss, und manche Traumstrände nur mit einem Boot zu erreichen sind. Die Sehnsucht nach einer stillen Bucht, kristallklarem Wasser und einem warmen Strand wächst wie die Liebe mit dem Zunehmen der Entfernung (und dem Wechsel der Klimazone). »Wenn ich mir einen Strand erträume«, heißt es in einem Internetchat (siehe Seite 61), »dann eben Spiaggia Rosa auf Budelli mit einigen lieben Menschen, wolkenlos, 30 Grad mit leichter permanenter Brise, das reicht, Essen und Trinken haben wir dabei.« Man wird ja noch mal träumen dürfen. In der harten Wirklichkeit bleibt der rosa Strand von Budelli nämlich eine verbotene Zone. Die kleine vorgelagerte Insel zwischen Sardinien und Korsika, auf der Michelangelo Antonioni 1964 einige Szenen seines Filmes »Il Deserto rosso« (Die rote Wüste) drehte, ist Teil eines nationalen Schutzgebietes, welches das ganze Archipel der Maddalena umfasst. Auf Sardinien gibt es nur noch zwei weitere solcher nationalen, das heißt staatlich verwalteten Naturschutzgebiete: auf der nördlich gelegenen Insel Asinara und – allerdings bei der Bevölkerung und den Lokalverwaltungen umstritten – am Gennargentu-Massiv im Zentrum Sardiniens. Dazu kommen weitere von der Regionalregierung eingerichtete Schutzgebiete. Die Insel Budelli wurde rund um den Strand mit dem berühmten rosa Sand zur Sperrzone erklärt, nachdem der Fremdenverkehr dort wie eine Heuschreckenplage eingefallen war und den Sand tonnenweise in Flaschen und Eimern weggeschleppt hatte. Aus der Traum.

Die meisten suchen schöne Strände, ganz wenige suchen sie ab. Zu Letzteren gehört Alberto, ein Italiener von der Adriaküste, der seit zwanzig Jahren jeden Sommer mit einem Camper nach San Teodoro fährt und sich dort sein Urlaubsgeld auf eigenwillige Art verdient. Gegen sieben Uhr abends, wenn die Menschen gegangen sind und die Möwen kommen, prüft er mit einem Metalldetektor, ob sich im Sand Geldstücke, Uhren oder sogar Schmucksachen versteckt haben. Ganz große, wertvolle Funde gibt er ab, das Geld behält er, der Kleinkram wird verkauft. Früher kamen so an die 100 Euro pro Woche zusammen, inzwischen sind es, wenn es hoch kommt, nur noch 25 Euro, berichtete er der *L'Unione Sarda*, der auflagenstärksten Zeitung der Insel. Die Finanzkrise ist schuld. Warum aber kommt er zum Strandbesuch nach Sardinien, hat nicht die

Adria auch lange Strände? Schon, aber der Sand auf Sardinien, so Alberto, sei sauberer. Und er muss es ja wissen.

Irgendwann wird aber auch der schönste Strand langweilig, ist auch der dickste Roman auf dem Kindle gelesen, und kann man auch den Kellner in der Pizzeria nicht mehr hören, wenn er zum dritten Mal von seinen Erfahrungen als Gastarbeiter in »Dortomundo« erzählt. Dann steigt aus der Macchia ein betörender Duft, und man fragt sich, was eigentlich hinter den Hügeln liegt, die die Küste säumen. Woher kommt der aromatische Käse, den man hier manchmal jung und säuerlich-frisch als Vorspeise, dann wieder gereift und leicht nussig im Geschmack nach dem Hauptgericht auf den Tisch bekommt? Wieso knistert das Brot so dünn wie Papier? Was haben die Bäume den Menschen getan, dass man ihre Stämme nackt abschält? Woher weht dieser nervige Wind? Und warum scheint hier so vieles anders zu sein als auf Mallorca, Sizilien oder Kreta?

Sardinien *ist* einfach anders. Die zweitgrößte Insel des Mittelmeers ist zwar nur unwesentlich kleiner als Sizilien. Doch leben hier weniger Menschen (1,6 Millionen auf Sardinien, 5 Millionen auf Sizilien), die entsprechend viel Platz haben – im Durchschnitt teilen sich 69 Personen einen Quadratkilometer. Allein in der Regionalhauptstadt Cagliari und ihrem Metropolraum konzentriert sich ein Drittel aller Einwohner, das heißt, der Platz für den Einzelnen ist im restlichen Teil der Insel sogar noch größer. Einsamkeit und Stille ziehen sich durch merkwürdige Naturräume, und man fühlt sich wie auf einem fremden Stern. Einzigartig im ganzen Mittelmeerraum sind auch die sonderbaren kegelartigen Steintürme aus der Vorzeit: die Nuraghen. Für die altlateinische Sprache der Einwohner gibt es im restlichen Italien keinerlei Entsprechungen. Und der Verlauf der Geschichte hat hier ganz eigene Bahnen genommen.

Aus der Insellage erklärt sich vieles. Man wird hier keine extrovertierten Charaktere vorfinden, die bei der Arbeit singen, immer einen Scherz auf den Lippen haben und das Leben leichtnehmen. Schweigen, so schreibt die Autorin Michela Murgia, ist hier der meistgesprochene Dialekt. Und wie die Sarden die Außenwelt eher fremd empfinden (was für andere Regionalkulturen sicher auch gilt), werden sie umgekehrt von dieser als ebenso fremd empfunden (was anderswo weniger der Fall ist). Auf Sardinien spürt man mehr als auf anderen großen Inseln im Mittelmeer, dass man sich »weit ab vom Schuss« bewegt. *Isola* lautet das lateinische (wie italienische) Wort für Insel. *Isol*-iert zu sein, Inselbewohner zu sein, gehört zum Grundgefühl eines jeden Sarden.

In früheren Generationen war der Lebensraum eines jeden Bewohners nicht vom Meer umgeben, sondern vom wilden Bergland und von undurchdringlichen Wäldern. Man igelte sich geradezu ein und kannte die Leute aus dem Nachbardorf nur vom Hörensagen (oder lernte sie bei gewaltsamen Auseinandersetzungen kennen). Das eigene Dorf war eine Insel. Der Schriftsteller Marcello Fois, der aus Nuoro stammt, erzählte mir in einem Interview: »Es scheint paradox, aber bis zu einem gewissen Zeitpunkt haben die Sarden sich nicht auf Sardinien bewegt. Und es gab viele Sardinien, das war und ist wirklich ein kleiner Kontinent. Der Norden ist mehr urbanisiert, es gibt auch viel Landwirtschaft, man könnte sagen, der Norden ist genuaisiert, dazu kommt die katalanische Enklave Alghero. Dann gibt es das Zentrum, das alte Herz der Barbagia, das weite Land der Hirten. Der Süden wiederum ist mehr industrialisiert, aber auch mehr levantinisch. Er ist, unter verschiedenen Gesichtspunkten, Afrika sehr nah, mit volkreichen Städten, Menschen mit dunklerer Hautfarbe, krausem Haar, einer anderen Küche, anderen Verhaltensweisen und einer ganz anderen Sprache. Diese

Teile von Sardinien lebten miteinander, es gab einen gewissen Austausch, aber nur den notwendigsten. Man reiste nicht. Ich glaube, bis zur Generation meiner Urgroßeltern ist niemand ans Meer gefahren, hat niemand das Meer je gesehen. Das Meer, das gab es gar nicht. Welchen Grund sollte man haben, es zu sehen?«

In dem streckenweise autobiografischen Roman *Cosima* beschreibt Grazia Deledda, die ebenfalls aus Nuoro stammte und 1926 mit dem Nobelpreis für Literatur ausgezeichnet wurde, wie die 14-jährige Cosima die Küste erreichte und von einem Felsen herabblickte: »Sie sah ein großes leuchtendes Schwert, das man den Klippen zu Füßen gelegt hatte zum Zeichen, dass die Insel vom Kontinent abgeschnitten war, und so musste es bis in die Ewigkeit bleiben. Es war das Meer, das Cosima zum ersten Mal sah.« Der Kontinent, das ist Italien. Und wenn ein Sarde vom italienischen Festland spricht, nennt er es auch heute nur *continente*.

Die Sarden, heißt es in einem deutschen Italien-Reiseführer von 1952, seien »kleine dunkle und gut aussehende Menschen, die sich nicht als zu den Italienern gehörig fühlen. Das ›Festland‹, wie sie es nennen, scheint infolge des unabhängigen Geistes der Insel viel weiter entfernt zu sein, als dies tatsächlich der Fall ist.« Und der deutsche Journalist und Reiseberichterstatter Eckart Peterich schrieb wenige Jahre später über die Landschaft: »Das urtümlich Phantastische des Gesteins erzeugte, mit der Kargheit der Pflanzenwelt verbunden, erst Melancholie, dann Verzauberung, Entrückung. Wir fühlten uns vereinsamt und vereinzelt, vom übrigen Europa durch viel mehr als nur die tyrrhenische See getrennt.«

Thomas Münster (1912–1983) kam ungewollt auf die Insel. Im Zweiten Weltkrieg musste sein Flugzeug auf dem Weg von Afrika nach Deutschland auf Sardinien notlanden. Wegen einer Malaria-Erkrankung blieb er länger, als geplant, und verliebte sich in Land und Leute. In den 1950er-Jahren reiste er dann nach dem Studium wiederholt hierher. Über Begegnungen auf diesen Reisen erzählt er in seinem Tagebuch *Sprich gut von Sardinien*, das 1958 in München erschienen und inzwischen beim Verlag Maestrale aus Nuoro auch auf Italienisch herausgekommen ist. Münster beschreibt ein Land, das noch ganz zaghaft die Moderne entdeckt, wie es umgekehrt gerade erst von ihr entdeckt wird: »Erst seit einigen Jahren, seit mit dem famosen DDT die Malaria ausgerottet wurde, ist die Insel in das Blickfeld Europas geraten.« Und wer den Mut habe, »trotz aller Schauerlegenden, die über Sardinien erzählt werden, eine Überfahrt zu wagen, der darf sich auch heute noch als Entdecker fühlen.«

In der Zwischenzeit hat sich vieles verändert, auch die Sarden sind einen Schritt aus ihrer Isolierung herausgetreten. Sie suchen heute in ihrer überwiegenden Mehrheit als italienische Staatsbürger ihre reichen lokalen Traditionen in einem Europa der Regionen einzubringen. In Italien haben sie als eine von fünf autonomen Regionen (außerdem Sizilien, Aostatal, Trentino-Südtirol und Friaul-Julisch Venetien) größere Möglichkeiten zur Selbstbestimmung als Regionen mit einem Normalstatut, doch tun sie sich schwer, diese zu nutzen. Marcello Fois sagte dazu: »Unser Problem ist, dass wir, historisch gesehen, daran gewöhnt sind, von außen geleitet zu werden. Wir haben Probleme mit der Selbstverwaltung, trotz aller Rhetorik. Wir sind stolz, wir sind tolle Leute, wir sind manchmal auch Verbrecher, wie überall. Das alles ist richtig. Aber historisch, da gab es die Phönizier, die Römer, die Katalanen, die Spanier, die Genuesen, die Pisaner und die Piemontesen. Der Eindruck hat sich festgesetzt, Sardinien war für alle da, aber nicht für die Sarden.« Und noch heute pflegen sie irgendwo in einem Hinterstübchen diese Vorstellung, dass sie nicht Herren ihrer selbst sind. Dabei fühlen sich die Sarden ihrer Insel geradezu physisch verbunden, wenn sie sie verlassen müssen, spüren sie einen Schmerz, und im Ausland plagt sie eine »geologische Sehnsucht« (Giorgio Todde) nach ihrer Heimat.

Ein paar Zahlen und Namen

Sardinien liegt 189 Kilometer vom italienischen Festland entfernt, getrennt durch das Tyrrhenische Meer. Und 184 Kilometer Luftlinie trennen die Mittelmeerinsel von der Küste Afrikas. Sie wird zu 80 Prozent von Hügel und Gebirge bedeckt, die höchste Spitze ist die Punta La Marmora des Gennargentu (1834 Meter). Ebenen, Flüsse und Seen nehmen 18,5 Prozent der Oberfläche ein, das restliche Gebiet gehört zu den vorgelagerten Inseln, unter denen Sant'Antioco die größte ist. Die Regionalhauptstadt Cagliari ist zugleich die größte Stadt mit 149 000 Einwohnern (Kommune) bzw. 420 000 im Metropolraum; Sassari, die zweitgrößte Stadt, hat 123 000 Einwohner (Kommune). Insgesamt gibt es 377 Gemeinden. Politisch teilt sich die autonome Region Sardinien nach der jüngsten Reform von 2021 in zwei Metropolstädte (Cagliari, Sassari) und sechs Provinzen (die aber nach einer Verwaltungsreform in ganz Italien Zuständigkeiten an die Region abgeben mussten): Nord-Est Sardegna, Nuoro, Ogliastra, Oristano, Medio Campidano, Sulcis Iglesiente. Zahlreicher sind die »historischen Regionen«, das sind Landschaftsbezeichnungen (siehe Karte Seite 6), die heute noch gebräuchlich sind und auch in vielen Reiseführern auftauchen. So heißt das Land um Nuoro »Barbagia di Nuoro«, das um Fonni »Barbagia Ollolai«, das südlich von Olbia »Baronie«, das zwischen Olbia und Santa Teresa »Gallura«, das an der Nordwestspitze »Nurra«, das zwischen Macomer und Bosa »Planargia«, das um Barumini »Marmilla«, das um Carbonia und Sant'Antioco »Sulcis« oder das um Cagliari »Campidano di Cagliari«, um nur einige zu nennen.

Das offizielle Wappen Sardiniens, ein rotes Kreuz auf weißem Grund und vier »Mohrenköpfe« mit einer Stirnbinde, geht auf ein ehemaliges Hoheitszeichen der Könige Aragons zurück, die im 11./12. Jahrhundert die Herrschaft über die Insel erlangten. Im 19. Jahrhundert wurden die vier Köpfe als

Symbole der freien Judikate interpretiert, die Sardinien im frühen Mittelalter regierten und sich dabei den Angriffen von Piraten aus dem islamischen Raum (Sarazenen) erwehren mussten. Die schwarzen Köpfe galten so als Sklaven und die Stirnbinde mutierte zur Augenbinde. Diese Form wurde zunächst von der Sardischen Aktionspartei nach dem Ersten Weltkrieg übernommen und bildete dann die Vorlage für das Wappen der nach dem Zweiten Weltkrieg entstandenen autonomen Region. Nach langen Diskussionen korrigierte man 1999 durch ein Regionalgesetz den Irrtum, und die Binden rückten von den Augen wieder auf die Stirn zurück.

Erinnerung und Gegenwart

Ich reise seit über vierzig Jahren immer wieder nach Sardinien. Oft im Schlepptau meiner Frau, die auf der Insel geboren wurde und hier ihre Kindheit verbracht hat. Eigentlich will sie nicht im Buch erwähnt werden, aber ich möchte mich trotzdem bei ihr und ihrer Familie bedanken, denn ohne sie hätte ich Sardinien nie so intim kennengelernt. Sarden sind sehr zurückhaltend, sie achten besonders auf ihre Privatsphäre und lassen Fremde noch weniger gerne in ihre Angelegenheiten gucken als andere. Ihre Gastfreundschaft ist jedoch sprichwörtlich, und Reisende werden das vielleicht in kleinen Hotels oder Pensionen (Bed & Breakfast) spüren, auch wenn sie nicht das Glück haben, von einer Familie aufgenommen zu werden.

In den vierzig Jahren hat sich viel verändert auf Sardinien. Lastwagen donnern über manche Straßen, der Verkehr staut sich nicht mehr nur um Cagliari, und Einkaufszentren belagern die Städte. Die Insel hat sich in einem Tempo modernisiert, das atemberaubend ist. Dennoch, oder vielleicht gerade deshalb, laufen hier mehr als anderswo verschiedene Zeitschichten nebeneinander her. Anders als bei uns zu Hause, wo Gegenwart alles beherrscht, Vergangenheit nur stört und Zukunft sich immer mehr auf die Erfüllung eines Konsumwunsches reduziert. Rückblicke gerieren da oft zur Nostalgie nach einem Gestern, bei dem alles besser war. Das Beispiel Sardinien zeigt deutlich, dass früher nicht alles besser war, ganz im Gegenteil. Es zeigt vor allem, dass es anders war. Wie dieses Anderssein heute noch durchscheint, welche Chancen der Entwicklung genutzt wurden und welche nicht, das ist das Spannende. Und manches, was noch vor vierzig Jahren Alltag war, überlebt heute nur in den schützenden Räumen der Traditionspflege.

Zum Beispiel das *Morra*-Spiel oder *sa murra*, wie es auf Sardisch heißt. Das gehörte anfangs für mich zu den Überfahrten mit der Fähre einfach dazu: zwei oder vier Männer – umringt von einer Zuschauergruppe –, die mit ausgestreckter Hand eine Anzahl von Fingern zeigen und sich Zahlen, natürlich in sardischer Sprache, an den Kopf werfen: *battoro* (vier), *noe* (neun), *kimbe* (fünf), *deghe* (zehn) usw. Das spielt sich dann wahnsinnig schnell ab, die Teilnehmer müssen dabei die Gesamtzahl der gezeigten Finger erraten. Wem das gelingt, der bekommt einen Punkt. Gewonnen hat der, der als Erster eine festgelegte Punktzahl erreicht (meistens 16 oder 21). Es ist ein uraltes Spiel, das vermutlich aus Ägypten stammt, bereits von Autoren der Antike erwähnt wird und in ähnlicher Form auch auf Korsika, in Spanien (Aragonien) oder in Italien im Trentino vorkommt. Im Mittelalter war es zeitweise verboten, weil es nicht selten im Streit und in handgreiflichen Auseinandersetzungen endete. Im Faschismus wurde *Morra* als Glücksspiel eingestuft und das demokratische Italien hat das Verbot (für Spiele in der Öffentlichkeit) übernommen, auf Sardinien wurde es dennoch mit stiller Duldung der Behörden weiter praktiziert. Als ein spontanes Spiel vor der Bar oder in der Trattoria (und auf den Fähren) ist es inzwischen verschwunden, dafür gibt es überall auf der Insel Vereinigungen, die die Tradition hochhalten. In Urzulei, einem kleinen

Ort der Ogliastra an den Ausläufern des Gennargentu, werden darin seit 1998 sogar sardische Meisterschaften ausgetragen.

Sehnsucht nach »mehr«

Reisende bewegen sich in der Regel auf den Spuren anderer Reisender. Reiseführer geben Wege vor, die bereits eingefahren sind. Und auch Autoren von Reisebüchern folgen den Texten von anderen Autoren. Das ist bei dieser »Gebrauchsanweisung« nicht anders. Sie möchte aber als Reisebuch landeskundliche Untersuchung einfließen lassen und eine Ahnung von einer Humangeografie Sardiniens vermitteln, die es in deutscher Sprache noch nicht gibt. Seine Grundlage ist die journalistische, nicht die wissenschaftliche Recherche. Ohne die vielen anderen Reisenden und Autoren, die in der Literaturliste am Ende genannt werden, hätte ich dieses kleine Buch allerdings nicht schreiben können. Ihre Texte haben mir manchmal die Augen geöffnet für das, was ich immer schon gesehen, aber nie wahrgenommen habe. Viele Gedanken anderer sind also mit eingeflossen, auch da, wo sie nicht als Zitate gekennzeichnet sind. Die Zitate wiederum sind über den Namen des Autors leicht den in der Literaturliste aufgeführten Arbeiten zuzuordnen. Weniger leicht zuzuordnen (und damit zu kontrollieren) sind die Interviews, die ich in den vergangenen Jahrzehnten auf Sardinien geführt habe, als ich mich für Zeitungen oder für den Rundfunk mit Themen dieser faszinierenden Insel auseinandergesetzt habe. Viele Aspekte konnten dabei leider nur gestreift werden, gut informierte Leser werden vielleicht gerade ihren Lieblingsort vermissen oder andere Erfahrungen gemacht haben. Ich habe mich bemüht, ein Gesamtbild zu vermitteln und auch die Schattenseiten nicht auszuklammern, jedoch ist dieses Bild gleichsam von Hand gemalt, durch einen ganz subjektiven, manchmal sogar privaten Blick geprägt, so wie man anderen Personen einen guten Freund vorstellt oder einem Besucher beim Rundgang sein Stadtviertel zeigt. Zu großem Dank bin ich all denjenigen Menschen Sardiniens verpflichtet (wo immer sie leben), denen ich begegnet bin, die sich Zeit genommen haben, mit mir zu reden, und die mich mit ihren Ideen unterstützt und mit ihren Kenntnissen bereichert haben.

Die Erfahrungen eines Einzelnen mögen begrenzt sein, doch sie sind Teil einer Reiselust, die andauern wird, solange Menschen Neugier auf fremde Kulturen und für andere Menschen entwickeln, sie in ihrem Anderssein, Fremdsein ernst nehmen und das Reisen als Bereicherung der persönlichen Kultur verstehen. Solange man auf seinen Reisen aber auch als Botschafter der eigenen Kultur auftritt, die man nicht zu verleugnen braucht. Gerade nach der Covid-Pandemie suchen viele von uns ein neues Verhältnis zur Natur. Wer schaulustig und neugierig ist, wer mehr will als nur Sonne und kristallklares Wasser, kurz: wer »Sehnsucht nach mehr« verspürt, den wird Sardinien reich beschenken. Für diese Neugierigen habe ich das Buch geschrieben, um ihnen Wege für eigene Entdeckungen zu öffnen. Allen eine gute Reise!

Henning Klüver, im Herbst 2021

Nebel vor Porto Torres – Annäherungen

Es gibt Tage, da zieht Nebel auf und du denkst, das darf doch nicht wahr sein. Da fährt man nach Sardinien, und das Fährschiff kann in den Hafen von Porto Torres nicht einlaufen, weil der Nebel so dick steht wie sonst in Cuxhaven nicht und auch in Mailand schon lange nicht mehr. Wer frühmorgens, etwa im März oder April, kommt, lernt schnell: Sardinien mag eine Sonneninsel sein, aber auch hier dauert der gewiss lange Sommer keine 365 Tage. Und es gibt Tage, da schlägt das Wetter Kapriolen.

Erste Annäherung: mit der Fähre

Die Anreise über das Meer ist immer noch die schönste und auch die älteste. So reisten Menschen bereits in der grauen Vorzeit, als die vielen Nuraghen-Türme auf der Insel noch keine archäologischen Zeugen waren, sondern lebendiger Ausdruck einer großartigen Kultur. Im Augenblick sieht man aber nichts von ihnen, Sardinien liegt im Nebel, so als wolle es seine Geheimnisse nicht preisgeben. Vielleicht ist alles nur ein Traum? Das schwere Fährschiff zittert leicht, weil die Motoren leerlaufen. Und auf dem Deck vor dem Büro des *Commissario di bordo*, des Zahlmeisters, kommen immer mehr Menschen zusammen, teils mit ihrem Gepäck, weil die Ankunft ja nicht mehr weit sein kann, teils um zu erfahren, wie lange diese Dümpelei eigentlich noch dauern soll. Andere wiederum nützen die Zeit, um in einer der Bars noch einen Cappuccino zu trinken und eine weitere Brioche zu kaufen. Tonio, einer meiner zahlreichen sardischen Verwandten, glaubt, das sei der einzige Grund für die Verspätung. Die Fährgesellschaft wolle nur noch mal schnell die Morgenkasse auffüllen. Gäbe es nicht heute genügend technische Mittel, um auch bei Nebel in einen Hafen einzulaufen? Tonio denkt wie so viele Sarden (und so viele Italiener) realistisch. Sie haben gelernt, dass sich immer irgendjemand auf ihre Kosten bereichern will. Da ist Misstrauen angesagt, wenn plötzlich etwas nicht so klappt, wie es klappen soll. Aber als romantischer Deutscher gefällt mir dieser Nebel und die Vorstellung, dass Sardinien ein Traum sein kann. Ich gehe nach draußen auf das Bootsdeck, schlage den Jackenkragen hoch und atme tief die salzige Morgenluft ein. Möwen rufen und kündigen das Festland an. Man kann sie zwar nicht sehen, der Hafen muss jedoch ganz in der Nähe sein. Irgendwo hinter dem weißen Vorhang, der ganz lebendig flimmert, als sei er mit Glühwürmchen durchsetzt, liegt die Insel mit ihrer weiten Landschaft, ihrer Geschichte und ihren Geschichten. Und jede Reise zu ihr wird zu einem neuen Abenteuer.

Das erste Mal fuhr ich in meiner Studentenzeit mit der Eisenbahnfähre (die so hieß, weil sie von den *Ferrovie dello Stato*, der staatlichen italienischen Eisenbahngesellschaft betrieben wurde) von Civitavecchia nach Golfo Aranci. Das war in einem September Mitte der 1970er-Jahre, und ich hatte keine Ahnung, dass dieser Überfahrt noch so viele andere folgen würden. Ich staunte, wie die Autos, die diese Fähre transportierte, nicht über eine Rampe in den Bauch des Schiffes fuhren, sondern mit einem Kran und einer netzartigen Vorrichtung an Bord gehievt wurden. Damals rollte ich mich an einem warmen Sommerabend wie so viele andere Passagiere draußen an Deck in meinen Schlafsack, denn das Geld für einen Platz im Schlafsaal zweiter Klasse mit seinen unbequemen Liegesesseln und dem penetranten »Duft« von Schweißfüßen konnte man sich wirklich sparen. Draußen atmete man die mit einem leichten Dieselgeruch (aber der schien uns wie Parfüm) durchsetzte Seeluft, verschränkte die Arme hinter dem Kopf und blickte in einen Himmel voller Sterne. Vom sanften Auf und Ab der Überfahrt und der leisen Melodie der Maschinen ließ ich mich in den Schlaf wiegen. Irgendwann wachte ich mit Salzgeschmack auf den Lippen auf, es war empfindlich kalt und feucht geworden, und es schien, als hätte sich der Dieselgeruch wie ein öliger Film auf die Planken geschlagen. Ich stand auf, die Dämmerung kroch aus dem Meer, und ganz still tauchte mit ihr steuerbord ein riesiges weißes Ungeheuer aus dem Wasser auf. Mein Gott, was war das denn? Das war die Tavolara, eine im Nordosten Sardiniens vorgelagerte, hoch aufgerichtete Felseninsel. Wie von Geisterhand erwachte das Schiff, die Leute strömten an Deck, man rauchte die erste Zigarette, und über Lautsprecher wurde angekündigt, dass die Bar öffnete und die Fähre bereits Kurs auf Golfo Aranci nähme.

Die Könige der Tavolara

Die 6 Kilometer lange Isola Tavolara, an der man ganz nah vorbeifährt, wenn man das Schiff nach Olbia nimmt, ist der erste Gruß Sardiniens an den Reisenden, der von Osten kommt. Die Tavolara gilt als die Insel des Götterboten Hermes (*Isula Hermaea* hieß sie in der Antike), weil man gleichsam Flügel braucht, um das über 500 Meter hohe Plateau aus Kalkstein zu erreichen, wo der Bergahorn gegen den aus Nordwest wehenden Mistral kämpft, eine seltene Form des gelben Ochsenauges blüht und Schnabelsturmtaucher wie Wanderfalken nisten. An windgeschützten Landzungen wachsen duftender Rosmarin, Ginster und Oleaster, die kleine Haine bilden können; in Meeresgrotten suchen Mönchsrobben Schutz. Die Insel ist mit ihrem durchsichtigen Wasser ein Paradies, sowohl für leidenschaftliche Taucher als auch für Wanderer. Leider sind echte Wildziegen und Wildhasen heute so gut wie ausgestorben, und die verwilderten Ziegen, die es noch gibt, stammen von einer Herde, die irgendwann von seinem Eigentümer verlassen wurde.

Dante soll angeblich das felsige Eiland als Vorbild für seinen Läuterungsberg in der *Göttlichen Komödie* (im Fegefeuer) genommen haben. Erste Menschen haben hier vielleicht vor viertausend Jahren Fuß gefasst, doch die Tavolara blieb auch für lange Perioden immer wieder unbesiedelt. Im 19. Jahrhundert wanderte dann die Familie Bertoleoni aus Korsika (nach anderen Quellen aus Genua) hier ein. Nicht fehlen darf deshalb die Geschichte von den »Königen der Tavolara«, von der es mehrere Varianten gibt. Eine lautet so: Als der Savoyer-König Carlo Alberto bei einem Sardinienbesuch 1836 zur Ziegenjagd auf die Tavolara kam, soll ihm ein Bertoleoni-Junge den Gruß seines Vaters ausgerichtet haben: »Der König von Tavolara heißt den König von Sardinien willkommen und wünscht eine gute Jagd.« Carlo Alberto reagierte amüsiert und schenkte angeblich Vater Bertoleoni nach erfolgreicher Jagd die ganze Insel samt dem Ehrentitel »König von Tavolara«. Andere erzählen, er habe das getan, weil die Ziegen »goldene Zähne« hatten (eine Verfärbung des Zahnschmelzes wegen einer besonderen Futterpflanze). Wie auch immer, die Familiengrabstätte der »Könige von Tavolara« ist auf dem klitzekleinen Friedhof des Eilands mit einer Krone geziert. Die Nachfahren der Bertoleoni betreiben heute eines von zwei Restaurants der Insel. Kulturell ist sie ebenfalls interessant:

Jeweils Ende Juli findet hier seit 1991 ein gut besuchtes Festival mit neuen italienischen und sardischen Filmen statt, das jedes Jahr neue Liebhaber findet.

Auf der Tavolara mischen sich aufregende landschaftliche Schönheiten und ein riesiger Bund Geschichten. Die Insel wirkt irgendwie zeitlos, denn wenn man sich die paar Häuser wegdenkt, hat es hier vor drei- oder viertausend Jahren nicht viel anders ausgesehen – typischer könnte Sardinien seine Gäste nicht begrüßen. Ins Bild passt auch, dass ein Teil der Tavolara als militärisches Sperrgebiet der NATO unzugänglich, gleichsam besetzt ist, da sich Sardinien im Laufe seiner Geschichte immer mit irgendwelchen Besatzern arrangieren musste.

Während für den Reisenden aus anderen Ländern die Fähre ein Zubringer ins Abenteuer sein kann, umweht sie für Einheimische nicht selten ein Hauch von Melancholie. Man musste sie früher benutzen, um die Insel zu verlassen. Als Fliegen noch ein Luxus war, stieg man auf die Fähre, um zum Militärdienst zu fahren, zu einer schwierigen Operation in einem Krankenhaus des *continente*, um anderswo Arbeit zu suchen oder zu einer Prüfung für den Staatsdienst. Heutzutage kann man das Flugzeug nehmen. Aber die Nächte, so der Schriftsteller Salvatore Mannuzzu (1930–2019), die man bei der Überfahrt auf dem Meer verbracht habe, »bleiben eine kulturelle Erinnerung«. Sich von der Heimat zu lösen ist für viele Sarden ein schmerzlicher Schritt. Man verlässt den festen, bekannten Boden und begibt sich aufs Meer mit seiner Weite, seiner Leere und den vielen Gefahren einer ungewissen Zukunft. Wenn die Motoren anlaufen, das Schiff anfängt zu vibrieren und die Möwen ihr Abschiedslied singen, dann wächst jedes Mal die Angst, der Abschied könne unwiderruflich der letzte sein – auch wenn ihm noch viele weitere folgen.

Zweite Annäherung: mit dem Flugzeug

Es gibt Tage, die sind wolkenverhangen, und man fällt geradezu von einem Leben in ein anderes. Eben noch dem Mailänder Verkehr entkommen und das Niemandsland des Flughafens Malpensa durchschritten, durchsticht man die letzte Wolkenschicht und fliegt an der Hafenfassade von Cagliari vorbei, sieht die Via Roma mit ihrer langen ernsten Häuserfront und dem abstrus-historistischen Rathaus, streicht über den Stagno di Santa Gilla, die sich weit ausbreitende Westlagune, und setzt auf der Rollbahn vom Flughafen Elmas auf. Wieder ein paar Schritte durch die Schleusen eines Niemandslands und man ist da. Man spürt sogleich, dass hier vieles anders ist, obgleich man das gar nicht so genau benennen kann. Gewiss, hier stehen Palmen, aber es existieren genauso Autobahnzubringer, moderne Häuser, Stadtverkehr, ein Bahnhof für Busse und der staatlichen Eisenbahnen … Vielleicht ist es das Licht, eine Stimmung, der erste Kontakt mit den Menschen. Mit dem Busfahrer am Flughafen etwa, den man fragt, ob man im Bus die Fahrkarte kaufen kann, weil der einzige Automat, den man im Ankunftsgebäude entdeckt hat, streikt. »Salga« (Steigen sie ein), sagt er, »das regeln wir bei der Ankunft!« Und dann fährt man die paar Minuten zum Busbahnhof an der Piazza Matteotti, steigt aus, folgt dem Fahrer und den anderen, die ebenfalls keine Fahrkarte haben, geht durch die vom Geruch nach frittiertem Fett gesäuerte Luft eines McDonald's, der sich hier eingenistet hat, und landet schließlich vorm Schalter der Busgesellschaft, wo man sich die Karte kauft und gleich wieder wegwerfen kann. Auf der Piazza grüßen mächtige, hundertjährige Feigenbäume den Gast.

Man sollte sich, vom Norden kommend, beim Einchecken für den Flug nach Cagliari einen Fensterplatz auf der rechten Seite geben lassen. Dann hat man, gutes Wetter vorausgesetzt, einen schönen Blick zunächst auf Korsika. Bei der Kontinentalverschiebung im Tertiär (vor gut 65 Millionen Jahren) lösten sich Korsika und Sardinien als ein zusammenhängender Landblock vom europäischen Festland, etwa in der Position des heutigen Südfrankreichs. Auf seinem Weg in den Süden drehte sich die Landmasse um rund 45 Grad gegen den Uhrzeigersinn und zerbrach schließlich, wobei Korsika und Sardinien getrennt wurden. Beim Flug kann man deutlich die Bocche di Bonifacio erkennen, die Meerenge, welche die beiden Inseln heute trennt. Sie ist wegen schwieriger Strömungsverhältnisse, den vielen Klippen und des oft stürmischen Wetters bei Seeleuten gefürchtet. Viele Schiffe sind hier im Laufe der Jahrhunderte zerschellt, und seit dem Unglück eines Tankers im Jahr 1999 dürfen Schiffe, die umweltgefährdende Substanzen geladen haben, gar nicht mehr passieren.

Geologisch ist die Landmasse Sardiniens also sehr viel älter, als seine heutige Position vermuten lässt. Sie ist auch älter als die italienische Halbinsel und unterscheidet sich von ihr deshalb vollkommen in ihren Stein- und Erdformationen. In vielen Millionen Jahren hat sich das Land gehoben oder gesenkt, wurde vom Meer überflutet und trocknete wieder aus, Vulkane taten sich auf und erloschen wieder, und ein Graben brach im südlichen Teil ein (die heutige Ebene des Campidano). Ablagerungen und Auswaschungen haben vielfältige geologische Schichtungen hervorgebracht. Deshalb heißt es auch, als Gott die Erde schuf, blieben ihm von allen Teilen der Welt noch ein paar Krümel übrig. Er knetete sie zusammen, warf sie ins Mittelmeer und trat mit dem Fuß darauf. So entstand Sardinien. Die Griechen nannten die Insel *Hyknusa* oder *Ichnusa* (Sohle), weil ihre Form sie an einen Fußabdruck erinnerte. »Ichnusa« ist heute unter anderem der Name eines einheimischen hellen Lagerbiers, das in Assemini bei Cagliari gebraut wird, inzwischen aber zum niederländischen Großkonzern Heineken gehört. Historiker kennen auch die Zeitschrift *Ichnusa*, die von Antonio Pigliaru 1949 in Sassari gegründet wurde und um die sich bis zu ihrer Einstellung 1956 die junge Intelligenz der Insel versammelte.

Die Stele von Nora

Die Intelligenz der Antike, Schriftsteller wie Sallust oder Pausanias, erzählen, dass ein gewisser »Sardus«, Sohn des Herkules, zusammen mit einem Volksstamm aus Libyen nach Sardinien eingewandert sei und den alten Namen der Insel von *Ichnusa* in *Sardò* verändert habe. Eine Gottheit »Sardus Pater« wurde, wie Sallust berichtet, im antiken Antas (bei Fluminimaggiore) verehrt. In Nora, einer Ruinenstadt bei Pula im Süden Sardiniens, fand man bei Ausgrabungen eine Tafel mit einer phönizischen Inschrift aus dem 9. Jahrhundert. Diese »Stele von Nora« gilt als das älteste schriftliche Dokument im westmediterranen Raum. In Konsonantenschrift kann man auf ihr das Wort *b-šrdn* lesen, was übersetzt Sardinien bedeutet. Es gibt Wissenschaftler, die vermuten, dass sich der Name der Insel von dem alten Seevolk der Šardana (Scherden) ableitet, die auf Sardinien auch die Nuraghen-Kultur hervorgebracht haben könnten. Doch viele dieser Forschungen sind reine Interpretationsfragen. Die Nebel um den vorgeschichtlichen Verlauf und die Rolle, die dabei sagenhafte Seevölker wie die Scherden im mediterranen Raum gespielt haben könnten, lassen sich nur schwer lüften.

Den Flug über die Insel kann man übrigens ganz gut mit Google Earth simulieren, wenn man »Capo Testa, Sardinien« eingibt und sich dann nach Süden weiterbewegt. Man erkennt schnell, dass die Insel zwar im Unterschied zu Korsika weniger hoch und gebirgig erscheint, aber dennoch zerklüftet, vielfach sogar undurchdringlich wirkt. Von ausgedehnten Wäldern bedeckt und von Schluchten zerrissen, vermittelt dieses Landschaftsbild eine erste Ahnung von den Schwierigkeiten der Menschen vergangener Zeiten, sich außerhalb ihrer Siedlungen zu bewegen. Eroberer besiedelten kaum mehr als die Küstenbereiche, fremde Einflüsse prallten vom Inneren weitgehend ab. Deshalb hat sich hier mit der sardischen Sprache – *sa limba sarda* – auch eine der ältesten neolateinischen Sprachen erhalten. Linguisten sprechen sogar von drei verschiedenen Sprachen: dem Logudorese im Zentrum und im Westen, dem Campidanese im Süden und dem (allerdings stärker vom Toskanischen und dem Korsischen durchsetzten) Gallurese im Norden mit einer eigenen Dialektform, dem Sassarese. Wer spätabends fliegt, erlebt Sardinien als eine von Lichtern nur teilweise gesäumte Küste und eine weite stille Dunkelheit, die erst im dicht besiedelten Großraum Cagliari von glitzernden Lichtflecken abgelöst wird.

Sassari, die zweitgrößte Stadt, kann man gut sehen, wenn man vom Raum Mailand kommend nach Alghero fliegt. Dann sollte man sich aber einen Fensterplatz auf der linken Seite geben lassen. Von dem kann man zwischen Korsika und Sardinien die Granitklippen und das Archipel der Maddalena im Osten erkennen. Vom Golfo dell'Asinara und von Porto Torres geht es dann mit Blick auf die Strände der Asinara in einem Bogen über weitgehend flaches oder leicht gewelltes Land, das teils von Buschwerk bedeckt ist, teils auch landwirtschaftlich (etwa durch Weinanbau) genutzt wird. Schließlich fliegt man entlang der Küste, mit Blick auf Sassari im Hintergrund, zum Flughafen Fertilia, wo einen beim Verlassen des tiefgekühlten Flugzeuges wohlige Wärme und ein Gemisch aus würzigem Duft von Macchia und Meer empfängt.

Dritte Annäherung: mit Reisenden anderer Zeiten – von La Marmora bis Maltzan

Via Alberto La Marmora – dieser Straßenname taucht in fast allen sardischen Ortschaften auf. La Marmora gehörte zu einer piemontesischen Offiziersfamilie und diente in der ersten Hälfte des 19. Jahrhunderts viele Jahre als Militärkommandant im Generalsrang auf Sardinien. Ausgebildet wurde er unter Napoleon (der ihn 1813 in Dresden mit dem Orden der Ehrenlegion auszeichnete). Während seiner Studien an der Militärakademie von Fontainebleau belegte er auch mathematische und naturwissenschaftliche Fächer und erwarb sich bald mit Veröffentlichungen etwa über die Küstenformationen Sardiniens früh den Ruf eines Wissenschaftlers. Zu seinen Hauptwerken gehören zwei in französischer Sprache abgefasste Reisebeschreibungen der Insel, in denen er – den Schriften eines Alexander von Humboldt verwandt – natürliche Beobachtungen mit der Geschichte des sardischen Volkes verband. Auf den Spuren dieser Beschreibungen reisten die Sardinienbesucher des 19. Jahrhunderts. Doch es waren wenige, und einige kamen gar nur zufällig.

Am 10. Februar 1868 schiffte sich Heinrich Freiherr von Maltzan zu Wartenberg und Penzlin in Palermo ein, um nach einer 25-stündigen Überfahrt Cagliari zu erreichen, wo er »entzückt vom Anblick dieses herrlichen Golfes« an Land ging. Eigentlich wollte er hier nur umsteigen, um das Schiff nach Tunis zu nehmen, da es von Palermo aus keine Direktverbindung nach Nordafrika gab. Aber das Boot nach Tunis war wenige Stunden vor Maltzans Ankunft in Cagliari abgefahren, und so musste der Freiherr sieben Tage auf die nächste Verbindung warten. Was er in dieser Woche erlebte, beeindruckte ihn so tief, dass er beschloss, auf dem Rückweg von Tunis mehrere Monate auf der Insel zu verbringen. Über seine Erlebnisse berichtet er in seinem Buch *Reise auf der Insel Sardinien. Nebst einem Anhang über die phönicischen Inschriften Sardiniens*, das ein Jahr später im Verlag der Dyk'schen Buchhandlung Leipzig erschien. »Man möchte glauben, dass diese Insel gar nicht in Europa läge, so wenig kümmert man sich um sie. Namentlich in Deutschland scheint man dieses interessante Stück Erde sehr zu unterschätzen. Dass das Land einige landschaftliche Schönheit besitzt, dass es eine interessante Fauna aufzuweisen hat, und dass sich daselbst große, geheimnisvolle, thurmartige Denkmäler, die Nuraghen, befinden, das wäre so ziemlich Alles, was man in unserem Vaterland von Sardinien wissen dürfte.«

Heinrich von Maltzan, der 1874 im Alter von nur 48 Jahren starb, stammte aus Mecklenburg, war in England aufgewachsen und hatte sich bereits einen Ruf als Privatgelehrter und Orientalist erworben, bevor er Sardinien besuchte. Durch seine Kenntnisse des Mittelmeerraumes konnte er auch bei kleinen Beobachtungen kulturelle Verbindungen zu anderen Kulturen erkennen. Zum Beispiel als er »seltsame kleine Rohrstühlchen« aus dickem Schilfrohr, wie sie die Bewohner der Insel Asinara ganz im Norden herstellen, entdeckte: »Solche Stühlchen, oder richtiger Schemel, gleichen durchaus denen, welche man in Oberägypten und Nubien sieht; und bilden vielleicht das primitivste Möbel, welches jetzt in irgendeinem europäischen Land verfertigt wird.« Diese wie Kinderstühle anmutenden Sitzgelegenheiten findet man noch heute in vielen ländlichen Haushalten. Sie sind leicht zu tragen und man kann sie etwa mit nach draußen nehmen, wenn man sich vors Haus setzen will. Zuletzt habe ich sie beim Literaturfestival von Gavoi (siehe Seite 197) gesehen, an dem auch regelmäßig viele Bewohner des Ortes im Herzen der Barbagia teilnehmen. Lesungen finden auf kleinen Plätzen statt, als Bühne dient manchmal ein schöner Balkon, und weil die Sitzgelegenheiten oft nicht ausreichen, bringen die Bewohner einfach ihren kleinen Stuhl mit.

Auch bemühte sich Maltzan, der offensichtlich sehr sprachbegabt war und die Sprache der Insel in Windeseile gelernt haben muss, um die oralen Formen der sardischen Literatur und Poesie. Besonders um Stegreifdichter, die den ärmsten Ständen angehörten und ihre »Improvisationen gewöhnlich bei Kirchweihfesten oder Jahrmärkten« anboten. Doch sie taten das nicht »in bänkelsängerischer Weise«, um sich ein paar Geldstücke durch das Herumziehen von Straße zu Straße zu verdienen. Denn, so kommentiert der deutsche Besucher erstaunt, »dergleichen hält der Sardinier, sei er noch so arm, tief unter der Würde der Poesie und seiner selbst«. Sondern es findet bei einer »respectablen Versammlung« ein poetischer

Wettkampf zwischen jeweils zwei Sängern statt – »ähnlich wie er in den Makamen des arabischen Dichters Hariri beschrieben wird«. Der Wettkampf hält so lange an, bis ein »Kunstrichter dem Sänger die Palme zuerkennt«.

Viele seiner Beobachtungen des Brauchtums, zum Beispiel die über den Rundtanz *ballo tondo*, kann man heute noch nachvollziehen. Das Sonderbare an dieser »volksthümlichen Belustigung« besteht, wie Maltzan schreibt, in der »großen Graviatät und langsamen majestätischen Gemessenheit«, mit der man sich dabei bewegt. Das scheint ein Kinderspiel zu sein, aber in Wirklichkeit gehört dazu ein schwer nachzuahmender, ganz eigener Tanzschritt, »so dass Ausländer, denen der Ballo tondo Anfangs höchst leicht mitzumachen dünkt, doch gewöhnlich, nach einigen fruchtlosen Versuchen auf alle weitere Theilnahme an demselben verzichten müssen, da sie aus dem Takt fallen und das Gespött der übrigen Tänzer werden«.

An einem Septemberabend vor vielen Jahren auf dem *campo sportivo* von Bosa ist mir beim Fest der *Madonna di Regnos Altos* genau das passiert. Das Lachen jedoch, das sich aus meinen bärenhaften Tanzschritten ergab, mit denen ich die Partner rechts und links von mir aus dem Takt brachte, war nicht spöttisch, sondern eher der Festtagsstimmung entsprechend heiter, ausgelassen. Ich verließ die Runde, trat einen Schritt zurück, um dem Rundtanz zuzusehen, der jetzt ungestört wieder aufgenommen wurde. Ich steckte mir, auch aus Verlegenheit, eine Zigarette in den Mund, fand aber in meinen Taschen keine Streichhölzer. Hilfesuchend blickte ich mich im Halbdunkel um. Da blitzte vor mir ein Feuerzeug auf, mit dem mir eine junge Frau Feuer anbot. Mit dieser Frau bin ich nun seit 45 Jahren verheiratet.

Der Engländer D. H. Lawrence bereiste im Januar 1920 zusammen mit seiner deutschen Frau Frieda von Richthofen Sardinien. Lawrence war kaum mehr als zehn Tage auf der Insel, er zeigte sich begeistert von der ursprünglichen Natur und der Gradlinigkeit der Menschen, aber er war entsetzt über die sozialen Verhältnisse und über unvorstellbar schmutzige Herbergen. Sein Buch *Das Meer und Sardinien*, das nach diesem Kurztrip entstand, prägte lange Zeit das Sardinienbild in der europäischen Öffentlichkeit. Es war das Bild eines Landes, das noch im Mittelalter zu stehen schien. Denn, so Lawrence über die Bewohner, »zwischen uns und ihnen ist ein Abgrund. Jeder von Ihnen ist in sich selbst gegründet und auf sich begrenzt, wie es wilde Tiere sind. Der Nachbar ist nur ein Fremder. Ihr Leben verläuft zentripetal. Es ist in sich selbst gegründet und kümmert sich um keinen Nächsten und nicht um die Menschheit. Das erste Mal fühle ich diese Wirklichkeit mittelalterlichen Lebens, das in sich ruht und kein Interesse an der Welt draußen hat.«

Gleichzeitig bewunderte Lawrence die »essentielle Höflichkeit«, mit der man etwa seiner Frau begegnete: »Sie gingen mit einer feinfühligen, männlichen Schlichtheit mit ihr um, für die man nur dankbar sein konnte.« Dass sie weder demütig noch anmaßend waren und sich nicht aufspielten, schätzte er: »Es ist eine wahre Erholung, bei Gott, unter Leuten zu sein, die keinen Eindruck schinden wollen.«

Der Engländer genoss es, dass es etwa in Nuoro nichts zu sehen gab: »Sehenswürdigkeiten sind eine ermüdende Sache. Glücklich die Stadt, die nichts zu bieten hat! Das erspart einem eine Menge Scherereien und Getue. Das Leben bleibt Leben und wird nicht zum Museum.« Und Nuoro hatte damals noch keine Museen (heute sollte man schon allein wegen des Museums für moderne und zeitgenössische Kunst in die Hauptstadt der Barbagia reisen). Lawrence sah deshalb den Frauen beim Schwatz zu und beobachtete »ein altes Weib mit einem Brotkorb auf dem Kopf«. Gemälde hat er in Italien genug bestaunt, »doch an einem alten, graubärtigen Bauern mit seinen schmutzig-weißen Hosen und seinem schwarzen Wams, der weder Mantel noch Rock trägt, wenn er neben seinem kleinen Ochsenwagen dahinzieht, kann ich mich nicht satt sehen«.

Etwa zur selben Zeit begann der deutsche Romanist Max Leopold Wagner kreuz und quer über die Insel, von Ort zu Ort, von Dorf zu Dorf, zu reisen. Er wollte die mundartlichen Eigenarten erforschen, nachdem er sich bereits in seiner Doktorarbeit mit der *Lautlehre der südsardischen Mundarten* befasst hatte. Wagner wurde zum wichtigsten Erforscher der sardischen Sprache. Er schrieb das heute noch gültige linguistische Standardwerk und versorgte nebenbei verschiedene Zeitschriften mit Reiseberichten. Zum Beispiel über die Barbagia, die wilde Berggegend bei Nuoro, wo auch die Sprache »am schönsten und reinsten« sei. »Es ist eine männliche, klangvolle Mundart mit schönen altlateinischen Resten und altertümlicher Syntax, die in von Dorf zu Dorf wechselnden Schattierungen in diesen Bergen fortlebt.«

Durch Wagner erfahren wir auch etwas von den Rivalitäten auf der Insel: »Der Sarde der Berge ist ein ganz anderer Geselle als sein Bruder von der Ebene. Während dieser von kleinem Wuchse, fahler Gesichtsfarbe und servilem Charakter ist und den spanischen Einschlag deutlich verrät, ist der Bergsarde hochgewachsen. Das Blut schwillt und kocht in seinen Adern, er hängt an seinem ungebändigt freien Leben in der wilden Gottesnatur. Den Südsarden verachtet er, den ›Mauréddu‹, wie man im Nuoresischen spöttisch alle Bewohner der Ebene nennt. Es ist auch gar kein Zweifel, dass in diesen Bergen sich die alte sardische Rasse viel reiner erhalten hat als in der beständig von neuen Eindringlingen überfluteten Ebene.«

Untereinander sind sich die Sarden auch heute nicht ganz grün. Die Bosaner gelten als arbeitsscheu, die Sassaresen als berechnend, die Nuoresen als nachtragend und die Cagliaritaner haben den traurigen Ruf von Kleinkrämern. Reisende, die von außen kommen, können das nicht immer nachvollziehen. Sie – der Autor dieser Gebrauchsanweisung eingeschlossen – erleben die Bewohner der Insel zwar oft zunächst als zurückhaltend, wenn nicht sogar verschlossen. Wenn aber erst einmal ein Schritt zur Bekanntschaft gemacht ist, zeigen sie alle, von Porto Torres bis Porto Teulada, ein großes Herz.

Carlo Levi, Maler und Schriftsteller, dessen autobiografischer Roman *Christus kam nur bis Eboli* ein Weltbestseller wurde, besuchte Sardinien 1952 und 1960. In seinem Tagebuch *Aller Honig geht zu Ende* folgt er den Spuren von D. H. Lawrence und reist einige Etappen, die dieser beschrieben hatte, geradezu minuziös nach. Doch zwischen dem Blick von Levi und dem von Lawrence liegen Welten. Der Engländer suchte Archaik und war begeistert, dass er auf Sardinien dem Mittelalter begegnen konnte, einer fremden Welt, die wie Balsam auf seiner von Zivilisation geschundenen Seele wirkte. Reisen war ihm ein Abenteuer – mit allen Unannehmlichkeiten, die dazugehörten. Levi, der mit dem historischen Abstand von vier Jahrzehnten hierherkam, suchte dagegen die Vermittlung von Alt und Neu. Sardinien, so schreibt er, »ist ein eifersüchtiges und dunkles Land, das Gemeinplätze und übernommene Ideen abweist«.

In einer Bar im Dorf Orune oberhalb von Nuoro trifft er einen jungen blonden Sarden mit einem Regenmantel aus Nylon. Der spricht über Deutschland, wo er in Hamburg als Arbeiter in einer Kunststofffabrik gutes Geld verdient. Die Hälfte seines Einkommens schickt er seiner Mutter nach Orune. Einst half er hier als Knecht bei Hirten aus und verdiente im Jahr so viel wie jetzt in einem Monat. Allerdings will er, so erzählt Levi, nicht für immer in Hamburg bleiben, weil zu Hause so vieles besser sei. Er komme mit dem dortigen Essen nicht zurecht: meist nur fade Speisen und viele Kartoffeln. So isst er ausschließlich den Käse und das Brot, das die Mutter ihm schickt. Zu Feiertagen kommt er immer nach Sardinien – aber, so schließt der Autor seinen Bericht, »er wird wieder nach Hamburg fahren, mit seinem blonden Studentengesicht und seinem Überzieher aus Nylon, ein Hirtenknecht, der zugleich draußen und drinnen in seiner antiken Hirtenwelt lebt«.

Wie Lawrence zeigt sich Levi fasziniert von der sardischen Welt. Doch dessen Suche nach Weite und Entgrenzung, ersetzt Levi durch Sehnsucht nach Tiefe. Vielleicht, heißt es in einem Aufsatz der Zeitschrift *Zibaldone*, sollte man »diesem geistigen Abenteuer« dadurch gerecht werden, dass man beide Reiseberichte, von denen jeder auf seine Weise ein Höhepunkt der Sardinienliteratur ist, »nacheinander zur Hand nimmt, um das spontane Erlebnis des Anderen durch dessen reflektierte Aneignungen zu ergänzen.«

Jüngers Höhlenerlebnis

»Illador, 20. Mai 1954. Zwischen den Binsen und Tamariskenbüschen weidete eine Herde der großen, rotbraunen Rinder, in denen noch viel Wildblut stecken muss. Vergeblich sah ich mich nach dem Hirten um, doch stieß ich an einem Felsen auf seine Wohnung, die mir zu denken gab.« Ernst Jünger bereiste mehrfach Sardinien. Er hielt sich meist an der Südküste auf, in Villasimius, dem er in seinem Tagebuch *Am Sarazenenturm* den Namen »Illador« gab. Dort entdeckte er auch in einem Felsen eine »der kapuzenförmigen Höhlungen, die man auf der Insel so häufig antrifft, dass sie zu ihren Kennzeichen gehören«. Auf dem Boden dieser halboffenen Höhlung hatte der Hirte mit einer Schicht Binsen, die kaum den nackten Stein verbarg, sein Lager eingerichtet. »In einer kleinen Mulde der Felswand lag eine Handvoll grobes, aus dem Meere gewonnenes Salz. Vor der offenen Seite war eine Feuerstelle, daneben lagen einige in der Asche geröstete Bohnen und ein kleiner Brennvorrat. Das war die Einrichtung.«

Ernst Jünger stand lange davor, »mit Ehrfurcht, denn es war die älteste Wohnung, die ich jemals gesehen hatte, und älter kann keine sein«. Und mit dem ihm eignen Pathos setzte er hinzu: »Zuweilen wird der Mensch im Schicksalzwange aus den Palästen der Geschichte vor diese seine erste Wohnung geführt und gefragt, ob er sie wiedererkennt, ob er ihrer noch gewachsen, ihrer noch würdig ist. Hier wird er gerichtet und ausgerichtet vom Unveränderlichen, das der Geschichte zugrunde liegt.«

Die Malaria, die erst in den Jahren nach dem Zweiten Weltkrieg mit massivem Einsatz von DDT (einem Insektizid) endgültig ausgerottet werden konnte, hat sicher viele Reisende in den vergangenen Jahrhunderten von einem Besuch Sardiniens abgehalten oder sie nur im Winter reisen lassen. Die Geschichte der großen Krankheiten, schreibt Jünger, sei ein Kapitel der Universalhistorie, das nur geahnt werden könne. Die Frage sei, wie die Malaria die Geschichte der Insel bestimmt oder mitbestimmt habe? Und er kommt zu dem Schluss: »Wenn nun in diesen alten Fiebergründen die neuen Mittel so überraschend die eingesessene Seuche bändigen, wird sich das alte Gesetz bestätigen. Die Ureinwohner werden einer Geißel ledig werden, zugleich wird die Bahn für neue Eroberer frei. Zu Ihnen gehören dann die Reisenden, sodann die Maschinentechnik und das Heer von anspruchsvollen Funktionären, die in ihrem Gefolge auftreten. Man wird dann leben wie überall. Wahrscheinlich besser – ob aber glücklicher, das bleibt eine Streitfrage.«

Vierte Annährung: mit der Speisekarte

Ein erster Blick auf die Speisekarte zeigt ein kulinarisches Sardinien, das gar nicht so viel anders zu sein scheint, als das kontinentale Italien. Es gibt dieselbe Speisenfolge vom *antipasto* (Vorspeise), über *primo* (erster Gang) und *secondo* (zweiter

Gang/Hauptgang) bis zu *dolce* (Dessert) und *frutta* (Obst). Besonders in Gegenden mit einer ausgeprägten touristischen Infrastruktur wird man all das finden, was man vom »Italiener« in Malente wie in München kennt. Und wie dort tut man auch hier gut daran, den einen oder anderen Gang zu überspringen, wenn man sich ein bisschen körperliche und geistige Frische für die Zeit nach der Mahlzeit erhalten und zugleich das Portemonnaie schonen will.

Wenn man herumreist, fallen jedoch erste Unterschiede, fremde Begriffe auf. Oft steht auf dem Tisch bereits ein Korb, in dem das blattdünne *pane carasau* liegt. Weil es so knackig trocken ist und geräuschvoll gebrochen wird, nennt man es auch *carta da musica*. Das frühere Hirtenbrot liefert ebenfalls ein einfaches aber wohlschmeckendes *primo*, wenn es kurz in siedendes Salzwasser getaucht, mit Sugo bedeckt und geriebenem Pecorino (Schafskäse) bestreut wird und als *pane frattau* auf den Tisch kommt. Auf der Speisekarte findet man dann die *malloreddus*. Die bilden einen gnocchiartigen Pastatyp aus frischem Hartweizengries (manchmal mit etwas Safran versetzt), der meist mit Tomaten oder auch ganz unterschiedlichsten Soßen angeboten wird. In Cagliari gehört auch die typische *fregula* zum Menu. Das sind couscouskleine Grießkörner mit Safran, der ja reichlich auf der Insel wächst. Sie werden in Fleischbrühe al dente gekocht und dann manchmal im Ofen überbacken. Man kann sie auch mit *arselle* (Muscheln) essen. *Culurgiones* sind Teigtaschen, die mit Ricotta und Pecorino gefüllt werden können.

Im Landesinneren überwiegen beim Hauptgang gegrillte Fleischgerichte: *porcheddu* (Spanferkel) oder *agnello* (Lamm). Eine typische Gemüseart Sardiniens sind die *carciofi* (Artischocken, meist mit Dornen), die gekocht oder roh mit nativem Olivenöl gereicht werden. Fisch gehört natürlich zur Küste, obgleich früher der Fischfang weiten Küstenbereichen mit Ausnahmen von Cagliari, Sant'Antioco (Thunfisch) oder Alghero (Langusten) fremd geblieben war. Im *stagno* (also in der Lagune) von Cabras fängt man traditionell die Meer äsche, deren Rogen (*bottarga*) als Kaviar Sardiniens bezeichnet wird. Da öffnen sich geschmacksmäßig Jahrtausende, denn die *bottarga* war bereits zu Zeiten der Phönizier auf Sardinien bekannt, als man damit Eierspeisen veredelte. Zusammen mit einem Teller Spaghetti bildet sie heute eine unvergessliche Köstlichkeit. An der Küste zeigen sich auch fremde Einflüsse, wie die Fischsuppe *cassola*, die deutlich an die spanische *zarzuela* erinnert. Die *burrida* (Katzenhai mit Nusssoße) hat dagegen eindeutig ligurische Ursprünge.

Der Olivenbaum gehört seit der Antike zu den weitverbreiteten Nutzpflanzen auf Sardinien. Neben aus Spanien eingeführten Arten spielen Eigenzüchtungen wie die Sorten Tonda, Bosana oder Semidana eine wichtige Rolle. Man achte beim Kauf von *olio di oliva extra vergine* (kaltgepresstes natives Olivenöl) auf den entsprechenden Sortenhinweis und misstraue allgemein gehaltenen Hinweisen, die einhundertprozentiges italienisches Öl versprechen. Im Gegensatz zur Olive ist die sardische Tomate (*pomodoro camone di Sardegna)* erst kürzlich auf der Insel heimisch geworden, das ist eine kleine rot-grün schimmernde und sehr herzhaft schmeckende festfleischige Tomate, die vor allem als Salat gegessen wird.

Geradezu biblische Dimensionen zeigen sich in der Hirtenkultur und ihrer Käseproduktion von Schafskäsen wie dem *pecorino sardo* oder dem *fiore sardo*. Mit kleinen Gebäckstückchen schließlich, mit den variantenreichen *dolcetti sardi*, kann man nicht nur ein Essen formvollendet abschließen. Sie bilden eigentlich zu jeder Tageszeit eine süße Versuchung.

Der *corbezzolo*, der sogenannte Erdbeerbaum, ist eine buschartige, immergrüne Pflanze, auf die man überall in der Macchia stößt (siehe Seite 59). Ihre Früchte kann man zu Marmelade verarbeiten, aus ihnen lässt sich ebenfalls ein wohlschmeckender Likör destillieren. Die Blütezeit liegt im Spätherbst und der Bienenhonig (*miele amaro di corbezzolo*), der aus ihrem Nektar gewonnen wird, hat einen aufregend bitteren Nebengeschmack. Zusammen mit einem Stück Pecorino ergibt das eine Köstlichkeit – fragen Sie den Kellner. Aber er wird auch für viele Süßspeisen wie die *sebadas* (aus Frischkäse, Mehl und Honig) genutzt.

Speisekarten, die etwas auf sich halten, führen Weine nationaler wie internationaler Provenienz auf. Doch sei allen Besuchern geraten – auch in preislicher Hinsicht –, sich an die lokalen Weine zu halten. An den weißen »Vermentino«, der in der Gallura überdurchschnittliche Qualitäten erreichen kann. Oder die roten autochthonen Sorten wie »Cannonau« oder »Monica«, die vor allem im Süden angebaut werden. In den vergangenen Jahren hat sich durch die Kunst von Önologen der »Carignano«, besonders der aus dem Sulcis, vom lokalen Zechwein zu einem raffinierten Spitzengetränk gemausert. Aus Bosa stammt der sherryartige »Malvasia« und aus Oristano der »Vernaccia« – beides Weine mit über 15 Prozent Alkoholgehalt, die sich etwa zum Aperitif eignen. Der »Mirto« (ein Kräuterschnaps auf Basis der Myrte) kann am Ende einer Mahlzeit die Verdauung anregen. Wenn man schließlich etwas Hochprozentiges möchte, lasse man sich ein Glas »Filu 'e ferru« servieren – wörtlich übersetzt »Draht und Eisen«. Nomen est omen: Mit meist weit über 40 Prozent Alkoholgehalt sorgt dieser Aquavit für Kratzen im Hals (und bei übermäßigem Genuss auch in der Seele).

Genug der Annäherungen. Die Nebel sind verzogen. Wir sind bereits mitten auf Sardinien. Die Kräfte der Natur ergreifen den Reisenden. Das Abenteuer hat begonnen.

Vom Winde verweht – Landschaft und Urgewalten

Der Name des Gennargentu, des höchsten Berges der Insel, bedeutet »Tor des Windes«. Die Winde haben Sardinien im Griff. Sie biegen Bäume krumm und modulieren Granitfelsen. Sie drücken die wilden Pistazien, die sonst 3 bis 4 Meter hoch wachsen können, auf den Boden und trocknen weite Landstriche aus. Der *Maestrale*, der Mistral, sei der »Hund Sardiniens«, heißt es im Campidano, »er leckt alles ab, wo er vorbeikommt«. Weht Wind aus einer anderen Richtung, ist er dagegen äußerst willkommen. *Bentu bosanu battit abba* (Wind aus Bosa bringt Wasser), lautet eine Bauernregel im Logudoro und bezeichnet damit den regenträchtigen Wind aus Südwest, ungefähr da, wo Bosa liegt. Man zählt kaum mehr als dreißig windstille Tage auf der Insel Asinara im Norden. Und im Süden, am Capo Spartivento, dem »Kap, wo sich die Winde teilen«, sind es sogar noch weniger. Was Surfer und Segler (etwa im nördlich gelegenen Surfparadies Porto Pollo) viel Freude bereiten kann, nervt Badeurlauber, wenn ihnen gelegentlich nicht nur der Wind, sondern auch der Sand ins Gesicht weht.

Woher die Winde wehen

Land des Windes heißt eines der letzten Bücher von Grazia Deledda. Gemeint ist natürlich Sardinien. Für ihren Roman *Schilf im Wind* wurde sie 1926 mit dem Literaturnobelpreis ausgezeichnet. Der Wind rauscht durch viele ihrer Erzählungen: »Türen und Fenster waren an jenem Tag wegen der großen Kälte geschlossen. Aber der Wind, der mit dem anbrechenden Abend zunahm, stieß plötzlich die Tür zur Küche auf, die hin und her polterte. Annarosa, von dem Geräusch aufgeschreckt, lief herbei, um nachzusehen, was passiert war. Als sie hinaus in den kleinen Hof trat, drückte ihr der Wind den Kleiderstoff zwischen die Beine, was ihre noch harten, ein wenig halbwüchsigen Formen unterstrich. Er ließ die Fransen ihres schwarzen Schals über ihrem roten Hemdchen tanzen und wirbelte ihre krausen schwarzen Haare um das braune Gesicht« (aus *Der Brand im Olivengarten*).

Aber woher weht der Wind hier im Mittelmeer genau? Aus dem Norden kommt die *Tramontana* (der einzige Wind, der weiblichen Geschlechts ist). Ihr folgen auf der Windrose im Uhrzeigersinn der *Graecale* (Nordost), der *Levante* (Ost), der *Schirokko* (Südost), der *Austro* (Süd), *der Libeccio* (Südwest), der *Ponente* (West) und schließlich der *Maestrale* (Nordwest), der am häufigsten über die Insel herfällt. Der *Maestrale*, der aus dem südfranzösischen Raum kommt und alles »trocken leckt«, gilt nicht nur im Campidano als gefürchteter Gesell. Er kann Geschwindigkeiten weit über 100 Kilometer pro Stunde erreichen und formt mit seiner Kraft ganze Landstriche. Ihm widerstehen eigentlich nur Eukalyptusbäume, die im ehemaligen Sumpfgebiet von Arborea angepflanzt wurden, um die Felder der Bauern vor seinen Wutstürmen zu schützen. Im Winter bringt der *Maestrale* Kälte, im Sommer kann er Cagliari mit drückender Hitze wie mit einem Föhn durchpusten, meist bringt er aber willkommene Frische. »Der Wind aus der Provence«, schreibt der deutsche Schriftsteller

Alfred Andersch, »kühlt, nimmt der Mittagshitze ihren Stachel, hat aber auf die Dauer etwas Zerrendes, vor dem man in die Hügel flüchtet.« Er ist jedoch immer trocken und hält meist nicht länger als drei bis vier Tage an. Als frischer Wind, der die Kultur der Insel durchlüftet, hat er einem kleinen, äußerst rührigen Literaturverlag (»Il Maestrale«) in Nuoro seinen Namen gegeben.

Sein Gegenüber auf der Windrose, der *Schirokko* von Südost, weht nicht ganz so oft, ist allerdings weit mehr gefürchtet. Der *Schirokko* kommt aus trockenen Gegenden Afrikas, lädt sich jedoch über dem Meer mit Feuchtigkeit auf. Er weht nicht so stark wie der *Maestrale*, legt sich aber lauwarm und schwer auf Natur und Gemüter. Tiere und Menschen fühlen sich genervt, und Lebensmittel verderben schneller als gewöhnlich. Wenn er im April weht, kann er die Befruchtung von Getreide beeinflussen und ganze Ernten in Gefahr bringen. Und Andersch kommentiert: »Nie wirkt Sardinien afrikanischer, saharesker, als wenn der Schirokko gegen die Küste treibt.«

Nicht alle Winde sind so leicht zu bestimmen. Durch Ebenen und Gebirgsmassive innerhalb der Insel ändern sie nicht selten ihren Charakter. In Muravera an der Ostküste ist der *Levante* im Sommer hochwillkommen, denn er ist feucht aber frisch. Ein »Schönwetterwind mit dem Parfüm von Sandelholz und Myrrhen«, heißt es bei Andersch. Derselbe Wind hat Wärme aufgenommen, wenn er das 40 Kilometer weiter westlich liegende Campidano erreicht und dort unangenehm klebrig wirkt. Winde von Nordost, die nichts mit dem *Schirokko* zu tun haben, können ebenfalls im Logudoro schwülen Föhncharakter annehmen, nachdem sie die Höhenzüge der Gallura überwunden haben.

Wenn man weiß, woher der Wind weht, lernt man auch etwas über innersardische Vorurteile. Der Schriftsteller und Krankenhausarzt Giorgio Todde erzählte von einer Krankenschwester in Cagliari, die sich über den kalten *Maestrale* beklagte. Todde fragte, ob sie denn wisse, woher der *Maes-*

trale eigentliche wehe. Nach kurzem Nachdenken antwortete sie: »Aus Sassari, woher sonst?«

Feuer und Rauchzeichen

Wenn ein Baum brennt, stirbt ein Lebewesen. Zuerst verfangen sich die Flammen in seiner Krone und berauschen sich an seinem Laub und seinen Ästen. Dann zerfressen sie den Stamm und die Erinnerungen, die sich in den Jahresringen um seinen Körper gelegt haben. Und schließlich zieht sich der Tod bis in die im Erdreich gekrümmten Wurzeln.

Wenn ein Wald brennt, stirbt ein ganzes Ökosystem. Der Boden verarmt oder wird nicht mehr geschützt, niedere Pflanzen machen sich breit. Wie in anderen Mittelmeerregionen gehören Naturbrände von Wäldern, aber vor allem von der Macchia auf Sardinien zum Alltag. Das ist eine geradezu biblische Plage: Zwischen 1971 und 2005 wurden im Durchschnitt 40 000 Hektar Fläche pro Jahr zerstört. Von 1983 bis 2006 starben dabei 41 Menschen, die meisten von ihnen kamen bei der Brandbekämpfung ums Leben. Ganz besonders schlimm war es im Jahr 1983:

Am 28. Juli rollt eine Hitzewelle über Italien. Sardinien kocht bei rund 40 Grad im Schatten. Zwischen 11 und 14 Uhr gehen bei der Zentralstelle der Forstverwaltung Brandmeldungen aus dem Küstenbereich der Gallura ein. Wind kommt auf und facht das Feuer an. Die Forstbeamten unter der Leitung von Enea Cuccu setzen sofort alle verfügbaren Hubschrauber zur Brandbekämpfung ein. 1983 sind allerdings nur fünf ältere Maschinen, die Löschwasser transportieren können, auf Sardinien stationiert (heute elf eines moderneren Typs). Der *Maestrale* peitscht das Feuer bis auf die Hochebene von Tempio Pausania, Wolken schwarzer Asche verdunkeln die Sonne und erschweren den Löscheinsatz. Die Luft ist erfüllt von einem infernalischen Rauschen, das die Macchia und

Korkeichenwälder durchzieht. Bevor solch ein Korkbaum richtig Feuer fängt, zerplatzen die Eicheln mit einem lauten Geräusch. Ein gespenstisches Feuerwerkskonzert geht so dem eigentlichen Brand voraus.

Enea Cuccu fordert bereits am Nachmittag Verstärkung aus Rom an, wo auf dem Flughafen Ciampino eine ganze Einsatzflotte zur Brandbekämpfung stationiert ist. Doch der diensthabende General in Ciampino lehnt einen Einsatz mit der Begründung ab, es könnten ja im restlichen Süditalien weitere, größere Brände ausbrechen. Cuccus Leute und der Zivilschutz geben ihr Bestes. Alle Feuerwehren der Umgebung sind im Einsatz, aus ganz Sardinien werden Hilfskräfte in die Gallura geschickt, doch die Lage wird immer dramatischer. Alle zwei Stunden lässt sich Cuccu mit dem General in Rom verbinden, aber der bleibt weiterhin stur. In der Nacht schließt das Feuer, das unberechenbar hin und her springt, eine Gruppe von Hilfskräften auf dem Curraggia-Hügel bei Tempio ein. Erst am nächsten Morgen setzt Rom seine Flugzeuge in Marsch. Als schließlich die meisten Flammen erstickt werden können, zieht sich ein beißender Geruch von verbrannter Natur durch die Gallura, über 18 000 Hektar sind in Flammen aufgegangen. Es ist ein Geruch des Todes. Bis zum Abend werden am Curraggia neun Leichen von Mitarbeitern der Einsatzkräfte geborgen. In den Krankenhäusern von Tempio kämpfen derweil weitere Menschen um ihr Leben. Sie überleben, aber viele von ihnen tragen dauerhafte körperliche Schäden davon. Die Brandkatastrophe am Curraggia ist der Höhepunkt des Unglücksjahres 1983, bei dem in ganz Sardinien 124 000 Hektar Naturfläche (davon 37 000 Hektar Wälder) zerstört werden.

Auf Sardinien brennt es seit Menschengedenken. Es sind vor allem Hirten, die am Ende des Sommers kontrolliert ihren Weidegrund abbrennen, wobei der Wuchs auf der Oberfläche zerstört wird, die Triebe in der Erde aber erhalten bleiben.

Mit der Nachtfeuchtigkeit fangen so einige Pflanzen an, noch vor den Regenfällen des Herbstes neue Keime zu bilden, die aus dem Boden wachsen und eine willkommene Nahrung für die ausgehungerten Herden sind. In der *Carta de Logu*, dem ersten Gesetzbuch, das sich die Sarden in einer kurzen Zeit der Selbstständigkeit im 14. Jahrhundert selbst gegeben haben (siehe Seite 85), wird bereits der Missbrauch der Brandrodung drastisch geahndet. Wer sein Feuer nicht unter Kontrolle hatte und den angerichteten Schaden nicht wieder gutmachen konnte, dem wurde die rechte Hand abgeschlagen. Ging bei dem Brand sogar ein Haus in Flammen auf, musste der Täter mit der Todesstrafe rechnen.

Brandrodung ist heute einmal im Jahr zwischen dem 15. September und dem 15. Oktober unter Umständen erlaubt, wenn man sie bei den Behörden anmeldet und entsprechende Schutzmaßnahmen garantiert. Doch auch heute noch greifen viele Hirten in den unbewohnten Weiten der Insel zur Selbsthilfe, wenn es ums Überleben ihrer Herden und damit um ihre eigene Existenz geht. Und es genügt eine Unachtsamkeit oder ein Drehen des Windes, dass aus dem kontrollierten Brand eine Katastrophe werden kann. Aber mehr noch als solche »Unglücke« spielt Brandstiftung eine Rolle.

Die jahrtausendealte, meist natürlich gegebene Zersplitterung der Lebensräume auf der Insel in viele kleine Einheiten hatte tiefe Feindschaften zwischen Dörfern und zwischen Familienverbänden zur Folge, vor allem wenn fruchtbarer Weidegrund knapp war. Man neidete einander den Bestand der Herden, versuchte den anderen zu behindern oder gar zu schädigen. Es kam zu Viehdiebstählen und zur Vendetta, zu Racheakten, die neue Racheakte auslösten. Auch heute noch gehört Brandstiftung dazu. Wenn man etwa in eine Konservendose am Boden Blätter oder trockenen Tierdung füllt und eine Kerze hineinsteckt, hat man einen primitiven aber genialen Zünder. Die Kerze brennt langsam nieder, bevor sie die Bodenfüllung in Brand steckt. Der Täter kann sich in aller

Ruhe entfernen, und wenn das Feuer – von mehreren solcher Zünder entfacht – schließlich auf die Natur überspringt, ist er bereits im wahrsten Sinne des Wortes über alle Berge. Seitdem eine Spezialabteilung der Forstbehörde mit Polizei und Staatsanwaltschaft bei der Aufklärung solcher Verbrechen zusammenarbeitet, hat man das Phänomen etwas einschränken, aber nicht auslöschen können.

Natürlich gibt es noch andere Faktoren, die für einen Flächenbrand verantwortlich sind. Pyromanisch veranlagte Menschen betreiben zwar seit einigen Jahren ihr krankes Geschäft, oft spielen jedoch ganz triviale Gründe eine Rolle. Das reicht von schlecht gewarteten Hochspannungsleitungen bis hin zur illegalen Jagd in geschützten Gebieten. Brände unweit von Eisenbahnschienen wurden schon mal ausgelöst durch heiß gelaufene und funkenschlagende Bremsen. Und als in den Neunzigerjahren des vergangenen Jahrhunderts der *Trenino verde*, die grüne Touristenbahn auf den alten Gleisanlagen der Planargia zwischen Bosa und Tresnuraghes eingeweiht wurde, setzte man noch eine alte Dampflokomotive an seine Spitze. Das war zwar romantisch, aber hochgefährlich. Inzwischen zieht ein Dieseltriebwagen den Zug.

Manchmal sind es auch die Unachtsamkeiten einer weggeworfenen Zigarette oder eines Lagerfeuers, die schreckliche Folgen haben können. Noch im Sommer 2011 kam es vor allem in der Gallura zu weitflächigen Bränden. Sie waren zum Glück weniger dramatisch als im Juli zwei Jahre zuvor. Da mussten Touristen am Strand von Capo Pecora an der im Südwesten gelegenen Costa Verde von Hilfskräften befreit werden, nachdem sie ein plötzlich ausgebrochenes Feuer im Buschland hinter dem Strand eingeschlossen hatte. 2009 brannte es in mehreren Teilen Sardiniens lichterloh, Gefängnisse wurden teilweise evakuiert, und aus Sicherheitsgründen stellte das hiesige Elektrounternehmen in einigen Gebieten die Stromversorgung ein. Zwei Menschen kamen bei den Juli-Bränden 2009, den schlimmsten seit dem Unglücksjahr

1983, ums Leben. Mithilfe von Löschflugzeugen des Zivilschutzes, auch aus dem benachbarten Korsika, konnte man ihrer schließlich Herr werden. Doch sei bei solchen Hiobsbotschaften auch gesagt: In der Regel bemerkt der Besucher nur von Weitem das Drama, das jeden Sommer in Sardinien aufgeführt wird. Wie ein fernes Rauchzeichen.

Die Wasser der schäumenden Spendula

Ein Besuch der Wasserfälle des Rio Muru Mannu und des Rio Seddanus bei dem Ort Villacidro im mittleren Campidano ist im Winter wie im Sommer beeindruckend und sagt viel über die Rolle aus, die das Wasser auf der Insel spielt. Nach ausgiebigen Regenfällen im November/Dezember oder zwischen Februar und April stürzen die Wassermassen hier spektakulär in eine 70 Meter tiefe mit Myrten und Oleander bewachsene Granitschlucht. Dem berühmtesten dieser Wasserfälle, der *Cascata Sa Spendula*, hat der Dichter Gabriele D'Annunzio nach einem Besuch 1882 eine Ode gewidmet: »Wild fließen Oleanderströme,/und über plebejisches Zwergengrün;/ins Kiesbett fallen/die Wasser der schäumenden Spendula.«

Wenn man jedoch im späten Sommer kommt: nichts. Kein Tropfen. Nur Grillengesang über knochentrockenem Kiesbett. Man steht in der Schlucht, bewundert die wild-natürliche Architektur der Granitfelsen, die, wo es immer geht, mit Sträuchern oder sogar mit Steineichen bewachsen sind. Am Parkplatz vor der kleinen Schlucht steht eine Bude, wo man Getränke und Tüten mit Chips oder Popcorn kaufen kann. Ein Radio plärrt, und ein Mann sitzt im Schatten an einem Tisch und löst Rätsel in der *Settimana Enigmistica*, der wöchentlich erscheinenden italienischen Rätselzeitung. Und das Wasser? Der Wasserfall? »Wenn der Regen kommt«, sagt er. »Es hat hier seit fünf Monaten nicht mehr geregnet.« Und wann kommt der Regen, wir haben Anfang September? Der

Mann zuckt mit den Schultern. »Ende des Monats, vielleicht auch erst im Oktober.«

Es kann im Sommer den einen oder anderen Regentag geben, doch im Allgemeinen herrscht zwischen Mai und September trockenes Wetter. Das heißt: Wasser ist dann auf Sardinien Mangelware, Flüsse werden zu Rinnsalen oder trocknen ganz aus. Besonders für die Landwirtschaft war das ein Problem (und ist es teilweise heute noch). In der Antike war ein Gott wie Dionysus, der auf Sardinien *Maimone* genannt wurde, für Regen zuständig. Verse, in denen *Maimone* um Wasser angerufen wird, haben sich bis heute in der Volkskultur erhalten: »*Maimone, Maimone / abba cheret su laore / abba cheret su siccau / Maimone laudau* (Maimone, Maimone / Wasser will der Grund / um Wasser bitten vertrocknete Wiesen / Maimone sei gepriesen). Brunnen und Quellen waren in der Antike heilige Orte, die man *Dea Madre Terra*, der göttlichen Mutter Erde weihte. Vom christlichen Mittelalter an, das noch bis vor Kurzem seine Ausläufer in abgelegene Dörfer der Insel streckte, wurden dafür Ortsheilige oder sogar der Gottessohn selbst zur Verantwortung gezogen. Und wenn der Regen allzu lange ausblieb, holte man – wie die sardische Schriftstellerin Michela Murgia erzählt – das Kruzifix aus der Kirche und steckte es zur Strafe so lange in den Brunnen, bis die ersten Tropfen fielen.

Im vergangenen Jahrhundert hat man dann angefangen, sich weniger um die Launen der Gottheiten zu kümmern und überall auf der Insel Stauseen für die Wasserversorgung und Stromerzeugung anzulegen. Der größte von ihnen ist der Lago Omodeo, den man gut von der Schnellstraße Nuoro–Oristano zwischen den Ortschaften Sedilo und Ghilarza sehen kann (besser noch man nimmt die höher hinaufführende parallel laufende Landstraße). Er ist in den Zwanzigerjahren durch den Stau des Tirso, des mit 159 Kilometer Länge wichtigsten Flusses Sardiniens, entstanden. Sein riesiges 20 Kilometer langes und bis zu 3 Kilometer breites Becken trocknet manchmal im Sommer aus, und dann blickt man auf ein ödes Tal, in dem vereinzelt jahrhundertealte Bäume und die typischen Kegel von Nuraghen auftauchen. Der Omodeo hat auch die kleine Ortschaft Zuri überspült, deren Einwohner am Rand von Ghilarza neu angesiedelt wurden. Mit den Menschen zog ebenfalls die alte Pfarrkirche San Pietro um, die man Stein für Stein abtrug und im neuen Dorf wieder aufbaute. Nur unter dieser Bedingung hatten die Leute von Zuri der Umsiedlung zugestimmt, und zugleich wurde damit ein bedeutendes Kulturdenkmal gerettet. Die Kirche stammt aus dem Jahr 1291 und gilt als ein Werk des norditalienischen Baumeisters Anselmo da Como. In ihren spätromanisch-lombardischen Formen stellt sie ein Unikum auf Sardinien dar, deren romanische Kirchen sich in der Regel an pisanische Vorbilder anlehnen. Auf einem Kapitell von San Pietro kann man Figuren beim *ballo sardo* erkennen. Das ist vermutlich die älteste Abbildung des traditionellen Tanzes überhaupt.

Stauseen wie der Lago Omodeo haben das Wasserproblem entschärft, aber nicht gelöst. Zudem ist das Trinkwassernetz auf Sardinien löchrig wie kein anderes in Italien. Einem Bericht der Tageszeitung *La Nuova Sardegna* nach gehen von 100 Litern, die eingespeist werden, 80 Liter verloren. In den 1970er- und 1980er-Jahren habe ich sogar in einer Küstenstadt wie Bosa noch erlebt, wie Wasser nur zu bestimmten Tageszeiten aus den Hähnen floss. Die Menschen, die etwa am Hang unterhalb des Kastells in schmalen Häusern wohnten, halfen sich, indem sie sich einen Wasservorrat in einem mannsgroßen Behälter anlegten. Aus diesem Behälter konnten sie dann mit einer Elektropumpe das Wasser in die Hausleitungen pumpen, wenn es aus dem Hahn sonst nur traurig tropfte. Dieses Wasser wurde für die Körperpflege oder die Waschmaschine benutzt. Zum Trinken oder zum Zubereiten der Speisen musste man es von einem der Trinkwasserbrunnen im Ort holen, wenn man nicht für teures Geld Mineralwasser kaufen wollte. Viele Male habe ich Kunststoffbehälter in meinen alten VW Käfer geladen und bin zum Brunnen von Santa Filomena gefahren, wo heute eine Statue von Padre Pio steht, und wo es nach einhelliger Meinung der Gasse, in der die Wohnung meiner Verwandten liegt, das beste Trinkwasser von Bosa gibt. Heute fließt Wasser zwar Tag und Nacht aus dem Hahn, aber viele Einwohner von Bosa sind immer noch nicht von seiner Qualität überzeugt und stehen lieber am Brunnen von Padre Pio Schlange.

Es kann jedoch ganz anders kommen. Dann fallen plötzlich sintflutartig Regenmassen auf die Insel herab. Aber ganz selten kommt es so schlimm wie Ende November 2013, als sich das Sturmtief »Cleopatra« über dem westlichen Mittelmeer und über Sardinien austobte. Der Sturm entwurzelte Bäume und zerriss Überlandleitungen. In wenigen Stunden fiel Regen vom Himmel wie sonst in einem halben Jahr. Besonders betroffen wurden das östliche Nuorese und die Gegend von Olbia, wo Brücken zusammenbrachen, Straßen abrutschten, Felder und Stadtviertel überschwemmt wurden. Insgesamt starben 18 Menschen, über 2000 Personen mussten zeitweilig evakuiert werden. Zahlreiche Tiere verendeten und Gebäude wurden beschädigt. Der Flughafen von Olbia blieb für eine Woche gesperrt. Als Cleopatra weitergezogen war und man mit den Aufräumungsarbeiten begann, stritten die Medien über die Schuldfrage. Warum wurde eine Unwetterwarnung des Zivilschutzes nicht rechtzeitig in Schutzmaßnahmen umgesetzt? Und warum wird auf Sardinien auch dort auf Teufel komm raus gebaut, wo Geologen vor möglichen Gefahren warnen? Der Schriftsteller Giorgio Todde forderte nach dem Unwetter in einem Interview »Mut zur Dekonstruktion«. »Betonstöpsel«, die die natürlichen Umweltbedingungen verstopfen würden, müssten verschwinden. Das ginge alle Sarden an, ein Mentalitätswechsel sei nötig, »um Kurzsichtigkeit und Ignoranz Schranken zu setzen«. Dieses Problem wird uns auf unserer Reise durch Sardinien leider noch mehrfach beschäftigen.

Das Wetter also

Eine kleine Zusammenfassung an dieser Stelle: Die Sommer auf Sardinien sind in der Regel ab Mai/Juni trocken. Die Temperaturen können auch infolge von Klimakrise und Erderwärmung im Juli/August locker die 30 Grad überspringen, im Osten und im Süden manchmal auch die 35-Grad-Marke. Und wenn dann noch der *Schirokko* einsetzt ... Äußerst unsicher sind dagegen die Bereiche zwischen den Jahreszeiten, denn mal setzt der Regen bereits im September ein, mal etwas später, manchmal bleibt er ganz aus und wahre Dürrekatastrophen sind die Folge. Oder er fällt plötzlich mit einer Gewalt vom Himmel, die – wie Cleopatra gezeigt hat – zu gefährlichen Erdrutschen führen kann. Im Januar gibt es wieder ein paar trockene Tage (oder Wochen), den sogenannten *secche di gennaio*. Regenreich geht es im Herbst/Winter besonders in den zentralen Gebirgsregionen um den Gennargentu, auf der Hochebene der Gallura bei Tempio im Norden oder am Monte dei Sette Fratelli oberhalb der Costa Rei im Süden zu. Die Temperaturen bleiben im Winterhalbjahr an den Küsten mild, im Binnenland kann es aber empfindlich kalt werden und über 800 Meter Höhe fällt auch Schnee. Wer sich im Februar nicht mit dem Surfbrett, sondern mit Skiern auf dem Autodach nach Sardinien einschifft, befindet sich auf keinem Holzweg. Muss es denn immer Courmayeur im Aostatal sein? In Fonni, 1000 Meter hoch im Herzen der Barbagia Ollolai gelegen, findet man mehrere Pisten, einen Skilift und das ganze Drum und Dran, was zu einem zünftigen Winterurlaub gehört. Und Schnee natürlich auch. Aber ich gestehe, diese Informationen habe ich nur vom Hörensagen. Beim Skifahren stelle ich mich ebenso ungeschickt an wie beim Tanzen. Und Fonni mit seiner barocken Kirchen- und Klosteranlage der Basilica Madonna dei Martiri neben ihren großartigen, vielhundertjährigen Ulmen kenne ich allein aus Sommertagen.

Unterwegs – Bäume, Räume und Stadtansichten

Die Bäume sind für mich, nach den Menschen, die wirklichen Helden Sardiniens. Sie sind krumm oder knorrig, oft sind sie klein, unscheinbar und stehen ganz allein in der manchmal sehr herben sardischen Landschaft. Aber immer hat man den Eindruck, sie möchten dem Reisenden, der den weiten Weg zu ihnen gefunden hat, eine Geschichte aus ihrem Leben erzählen.

Der wilde Olivenbaum neben dem Kirchlein S. Maria Navarrese unweit von Tortoli ist vielleicht zweitausend Jahre alt, und man rühmt seine herrliche Lage. Er hat bereits Römer gesehen, die Vandalen, byzantinische Beamte, spanische Adelige und die Tochter des baskischen Königs von Navarra, die hier, kaum war das Jahr 1000 angebrochen, einen Schiffbruch glücklich überlebte und aus Dankbarkeit für den von der Gottesmutter gewährten Schutz die Kirche Santa Maria bauen ließ. Aber man muss nicht alles glauben, was alte Bäume erzählen. Heute ist um S. Maria Navarrese ein Ort mit einem kleinen Freizeithafen gewachsen, wo es im Sommer lebhaft zugeht. Im Winter, wenn die Touristen ausbleiben und viele recht plump und rücksichtslos in die Landschaft gebaute Häuser leer stehen, können sogar Bäume melancholisch werden.

Ozzastru nennen die Sarden den Oleaster, den weitverbreiteten wilden Olivenbaum, der dem Landstrich zwischen Ostküste und Gennargentu (und damit auch der heutigen Provinz) den Namen »Ogliastra« gegeben hat. Doch findet man den Oleaster überall auf Sardinien, zum Beispiel auch in der Gallura. Anders als sein Kollege von Tortoli breitet das Urgestein von Luras seine Krone relativ einsam in freier Landschaft unweit der Kirche S. Baltolu im Hinterland von Tempio aus. Er ist vielleicht sogar noch älter (3800 Jahre?) und mit 15 Meter Höhe und 10 Meter Umfang noch mächtiger als der Baum von der Ostküste. Keine 10 Kilometer von ihm entfernt warten am Ufer des Lago di Liscia weitere dieser Methusalemgewächse auf Bewunderer. Auch im Süden Sardiniens bilden etwa die Oliven von Villacidro, wo wir schon die Wasserfälle besucht haben, im Ortsteil S. Sisinnio einen tausendjährigen Hain.

Es gibt so viele alte Bäume auf dieser Insel, die nicht unbedingt Tausende, doch immerhin noch Hunderte von Jahren mit ihren Ästen tragen. Zwanzig Meter hohe Korkeichen im windgeschützten Luogosanto unweit der Staatsstraße zwischen Tempio und Santa Teresa di Gallura, atemberaubende Kastanien in der Barbagia auf dem Weg von Tonara über den Tascusi-Pass Richtung Fonni, oder 30 Meter hohe Flaumeichen bei Talana an den östlichen Ausläufern des Gennargentu. *Roverella* heißt diese Eichenart auf Italienisch, *Kerku* oder *Kelku* sagen die Sarden zu ihm. Und *Opinu* nennen sie die Pinien, deren Kronen sich an der Costa Verde zum Beispiel zwischen Fluminimaggiore und Buggerru im Wind wiegen. Das ist nur eine kleine Auswahl dieser majestätischen Gewächse, die in ihrem Holz Erinnerungen an vergangene Jahrhunderte tragen. Wer seine Hand auf ihre knorrige Rinde legt, kann vielleicht die schwermütige Kraft und Ruhe spüren, die aus fernen Zeiten aufsteigt.

Wo die Bäume nicht in den Himmel wachsen

Es gibt wenige Regionen in Europa, in denen die bewachsene und von Menschenhand weitgehend nicht kultivierte Landschaft eine so große Rolle spielt wie in Sardinien. Die von Macchia und Wald bedeckte Fläche macht rund 40 Prozent der Gesamtfläche der Insel aus. Flaumeichen und Kastanien stehen rings um das Massiv des Gennargentu, je weiter man zur Ostküste kommt, werden sie von immergrünen Steineichen verdrängt, die das Landschaftsbild auch im Süden der Insel bestimmen. Die Eiche ist über Jahrtausende in der Binnenregion ein wichtiger Baum gewesen. In Ermangelung von Getreide aß man in armen Dörfern das *pan 'ispeli*, ein mit Eichelmehl und Talkerde geknetetes Brot, wie es auch Wagner noch erlebt hat. Von einigen Ausnahmen abgesehen sind Pinien erst seit dem 19. Jahrhundert auf Sardinien heimisch. Und in ehemaligen Sumpfgebieten wie bei Arborea in der Nähe von Oristano fand der hier seit den 1930er-Jahren angebaute Eukalyptus, der immer durstig den Boden geradezu aussaugt, eine ideales Umfeld und schützt zudem die frisch gewonnenen Weideflächen vor Wind.

So großartig einige Bäume wirken, desto dürftiger ist jedoch der Eindruck, den viele Wälder vermitteln. Lawrence sah auf seiner kurzen Winterreise nur »verstreute Gruppen grauer niedriger Eichen und geschmeidiger Kastanien«, wo Maltzan zuvor etwa in höheren Gebirgsgegenden »majestätische Wälder, wahren Urwäldern vergleichbar« gesehen hatte. Sich selbst überlassen, zeigten sie sich ihm »finster und schauerlich«. Aber auch Maltzan beklagte bereits eine Politik, bei der die Regierung »die Axt anlegt«, um ganze Wälder »auszurotten«. Und rund einhundert Jahre später zitiert der französische Geograf Maurice Le Lannou eine Untersuchung, nach der die sardischen Eichenwälder den Eindruck einer überalterten Bevölkerung machen würden, »die in Ermangelung eines Stammhalters zum Untergang verurteilt ist«.

Ein Blick in die Geschichte hilft zu verstehen. Bereits in der Antike wollte man etwa im Campidano durch großflächige Rodungen Raum für den Getreideanbau gewinnen. Vor allem aber hat die jahrtausendealte Suche der Hirten nach Weidegrund die Waldfläche kontinuierlich zurückgedrängt und sogar die Macchia verarmen lassen. Wenn man regelmäßig den Pflanzenteppich abbrennt, und die Tiere frische Triebe fressen, können sich keine Bäume bilden. Und wo die Hirten nicht zuschlugen, vernichtete die Staatsmacht weite Flächen. Le Lannou erzählt, wie Anfang des 19. Jahrhunderts im Sulcis, unweit des heutigen Carbonia, ein riesiger Wald mit Korkeichen und die umgebende Macchia von den Piemontesen abgebrannt wurde, um den Unterschlupf von Banditen zu zerstören. Der Eisenbahnbau jenes Jahrhunderts und der Ausbau des Bergbaus an verschiedenen Orten Sardiniens führten dann zu einem wahren Kahlschlag, bei dem in wenigen Jahrzehnten an die 50 000 Hektar bester Waldfläche vernichtet wurden. Aufforstungsprogramme, die heute den Waldbestand immerhin bei rund 5 Prozent der Gesamtfläche stabil halten, gibt es erst seit neuerer Zeit.

Schließlich trugen und tragen auch die Winde zur Bildung von Landschaft bei. Wo der *Maestrale* freie Bahn hat, sieht man vom Wind gekrümmte Bäume. In der Gallura biegen sich Gruppen von Korkeichen mit ihren nackten Stämmen wie Schauspieler, die sich nach der Vorstellung vor dem Publikum verneigen. Le Lannou behauptet übrigens, dass es nicht allein die physische Kraft des Windes sei, der die Stämme krümmt und etwa die Korkeichen nicht ganz bis an die Küste wachsen lässt. Sondern es läge an dem Salz, das der Wind mit sich trägt und dem der Baum auszuweichen versuche.

Zimtrote Nacktheit und das Feuer des heiligen Antonius

Die wertvollste Frucht der Korkeichen wächst nicht an den Zweigen, sondern an seinem Stamm mit der besonders dicken Borke. »Ich liebe Korkeichen«, schreibt der Autor Virgilio Lilli, »und empfinde tiefes, frommes Mitleid mit ihnen. Denn die Korkeiche ist der Christ unter den Bäumen, der Held und Märtyrer der sardischen Flora.« Dem armen Baum wird »das Fell über die Ohren gezogen« und sein Stamm erinnert »an ein aufgeschnürtes Bein«.

Immerhin darf der Baum nur in langen Zeiträumen abgeerntet werden. Seinem Stamm nähern sich die *scorzini*, die Schäler, mit ihren geschärften Äxten erst, wenn der Baum 25 bis 30 Jahre alt ist und der Stamm mindestens einen Umfang von 60 Zentimeter besitzt. Dann wird ein Einschnitt ringsherum auf halber Höhe geschlagen und ein zweiter knapp über dem Boden. Je nach Dicke des Stamms folgen dann mehrere vertikale Rillen, von denen aus die *plance*, die abzulösenden Stücke, vorsichtig angehoben werden, ohne dass sie zerbrechen. Der nackte Stamm leuchtet dann zimtbraun, und der Baum muss mindestens zehn Jahre in Ruhe eine neue Rinde ansetzen, bevor die *scorzini* erneut »ernten« dürfen. Ausgebildet werden die Schäler in der Berufsschule von Calangianus bei Tempio, dem Zentrum der Korkgewinnung auf Sardinien.

Die erste Schälung ergibt einen weniger wertvollen Kork, der vor allem im Bereich Wärmedämmung eingesetzt wird. Das Material der weiteren Schälungen, das dann immer feinporiger und wertvoller wird, dient zur Herstellung von Flaschenkorken, man nutzt es jedoch auch in der Schuhfertigung. Der Abfall wird zermahlen und zu Presskork weiterverarbeitet. Doch die Korken werden bald nicht mehr so knallen wie früher. Die Umstellung auf Kunststoffprodukte könnte in den kommenden Jahren die Korkgewinnung erheblich einschränken. Der WWF erwartet, dass im Mittelmeerraum drei Viertel der Korkwälder ihre wirtschaftliche Bedeutung verlieren werden. Das wäre eine Katastrophe für die Insel, denn Sardinien ist der wichtigste Korkproduzent Italiens. In Badde Manna, nahe bei Nuoro, will man dieser Entwicklung trotzen und rund 4000 neue Korkeichen pflanzen. Der Reisende kann diesem Material eigentlich nicht entgehen, da es sich auch um Flaschenbäuche legt, Tonbecher einfasst oder sogar als Bilderrahmen dient. Der Phantasie sind hier keine Grenzen gesetzt, wie der Besuch eines Andenkenladens lehrt.

Korkeichen können Geschichten erzählen aus jener Zeit, als ihre Rinde allein als Brennmaterial diente – und zwar zuerst in der Hölle. Damals gab es auf der Erde noch kein Feuer, und weil den Menschen kalt war, gingen sie zum heiligen Antonius und baten ihn um Wärme. Der hatte Mitleid mit den armen Menschen, begab sich, wie immer in Begleitung eines kleinen Ferkels, in die Unterwelt und klopfte mit seinem Stab an die Höllenpforte. Die Teufel wollten aber einen Heiligen wie ihn nicht einlassen, und Feuer wollten sie schon gar nicht rausrücken, das sollte ein für alle Mal in der Hölle bleiben. Nur mit dem Ferkel hatten sie Mitleid, das durfte sich am höllischen Feuer wärmen. Aber wie kleine Schweine manchmal sind, es rannte hier hin und da hin, riss die sorgfältig aufgestapelten Korkscheiben um, brachte die Folterwerkzeuge durcheinander und stellte außerdem noch andere Dummheiten an. Die Teufel wussten sich nicht anders zu helfen, als den Heiligen hereinzubitten, um sein Schwein wieder einzufangen. Der berührte es einmal mit seinem Stab und schon war es wieder friedlich. Wenn er nun schon einmal hier sei, sagte Antonius, würde er sich gerne ein bisschen aufwärmen, und er setzte sich ans Feuer. Doch jedes Mal, wenn ein Teufel vorbeilief, um Luzifer die Seele eines Menschen zu bringen, steckte der Heilige ihm seinen Stab zwischen die Beine, und der Teufel fiel auf die Nase. So geht das nicht weiter, riefen die Teufel, rissen Antonius den Stab aus der Hand und warfen ihn ins Feuer. Im selben Augenblick flitzte das Ferkel los und wirbelte den eben wieder aufgeschichteten Kork erneut durcheinander. »Wenn es friedlich sein soll«, sagte der Heilige, »dann gebt mir meinen Stab wieder!« Das taten die Teufel. Sie zogen den angekohlten Stab aus dem Feuer und sogleich war das Schweinchen wieder friedlich. »Jetzt aber raus!«, schrien die diabolischen Wesen drohend (»Scher dich zum Teufel!« konnten sie ja nicht sagen). Dem Heiligen wurde es langsam zu brenzlig. Er verabschiedete sich hastig und suchte mit seinem Ferkel schnell das Weite. Weil aber der Stab aus Rutenholz gemacht war, glimmten in seinem Inneren noch einige Funken. Kaum zurück an der frischen Luft, versprühte Antonius sie – es muss wohl der 17. Januar (sein Namenstag) gewesen sein –, und die Welt fing Feuer. Dazu reimte der Heilige im schönsten Sardisch: »Fogu, fogu / Peru su logu / Peri su mundu / Fogu cecundu.« Frei übersetzt: »Feuer, Feuer / Für jeden Ort geheuer / Für die ganze Welt so viel / Ein Feuerspiel.« So kam es also, schreibt Italo Calvino, der die Legende in seine Sammlung italienischer Märchen mit aufgenommen hat, dass auf Sardinien der heilige Antonius zum Prometheus wurde. Seitdem brennt Kork nicht nur in der Hölle, sondern hat jahrtausendelang auch beim Heizen des *foghile* (auch *tzidda* genannt), der Feuerstelle im Haus, eine Rolle gespielt. Und manchmal kann auch gleich der ganze Baum in Flammen auf gehen und eine Tragödie auslösen. So hat das Feuer bis heute seine diabolische Seite nie ganz abgelegt.

Der betörende Duft der Macchia

Spröde Landschaftsformen, manchmal eben durch Waldbrände verursacht, üben einen ganz urtümlichen Reiz aus, zumal sich das Panorama laufend ändert. Giuseppe Dessì beschreibt das sehr schön in seinem Roman *Das Lösegeld*, der im Umland von dem Ort Villacidro spielt, den er in seinem Buch Cuadu nennt: »Je weiter sie sich von Cuadu entfernten, umso seltener wurden die Gemüse- und Obstgärten. Das Land wurde einsamer, ein paar magere Obstgärten, Weinberge hinter hohen Hecken, die das kleine Stück Erde und die paar Rebenreihen, die sie schützen sollten, zu ersticken schienen. Dann kam nichts mehr als eine kahle, abschüssige Heidelandschaft, die ganz mit Zistrosen bedeckt war. Während das Pferd seinen langsamen, schiefen Trab fortsetzte, schwiegen die beiden Freunde und wurden von der Kalesche hin und her geschüttelt. Don Pietro ließ seine Blicke über das Heideland bis zum Fuß des Berges schweifen. Seit langer Zeit hatte er nicht mehr das Vergnügen gehabt, zu dieser frühen Morgenstunde draußen auf dem Land zu sein. In der Ferne sah das Rostrot der Zistrosen und der Erika wie ein dichtes, warmes Vlies aus, mit langen wellenförmigen Linien, die unterbrochen waren, wo die Vegetation endete und der Kies auf der unebenen rötlichen Erde lag. Wie oft war er hier durchgegangen! Wie viele Kilometer hatten seine langen Beine vom Berg in die Ebene, von der Ebene zum Berg gemacht, hinter seinem Hund her! Wie viele Flintenschüsse hatte er abgegeben! Wie viele Rebhühner und Hasen hatten schwer in seiner Jagdtasche gelegen! Je weiter sie kamen, umso mehr entfaltete sich das blaue Profil des Berges und nahm verschiedene Formen an, die Don Pietro jedoch immer wiedererkannte. Wenn er diese Hügel, diese Felsvorsprünge, diese Sättel sah, die kleinen schwarzen Bäume, die wie Gewürznelken auftauchten, über den Abgrund ragten und langsam wieder verschwanden, wusste er, wie die Landschaft im nächsten Augenblick aussehen würde.«

Der Armut der Wälder entspricht der Reichtum der Macchia, deren Duft oft betörend wirkt. Das kann die »hohe Macchia« sein, in der immergrünes Busch- und Baumwerk (zum Beispiel Mastix, wilde Oliven, Oleander oder Wacholder) mehrere Meter hoch wachsen und ein waldartiges dichtes Gestrüpp bilden. Oder die »niedrige Macchia«, die aber mit den auf Sardinien immer noch recht hoch wachsenden und kräftig duftenden Zistrosen und mit wucherndem Rosmarin, verzweigten Buchsbäumen und schlingenhaftem Lorbeer auch nicht leicht zu durchqueren ist. Und am Boden können sich, etwa im Süden bei Pula, Teppiche kleiner Orchideen ausbreiten. Wenn der Humus nachlässt und der Boden verarmt, verkümmert und verflacht auch die Bewachsung. Die Fachleute reden dann von »Grasflur«, die in »Bodenflur« übergeht, wo nur noch niedrige Heide- und Kleearten wachsen und überall der nackte Boden zum Vorschein kommt. Ich bin kein Botaniker und kann in der freien Natur keine der Pflanzen erkennen, wenn wissenschaftlich gebildete Reisende von Wolfsmilch, Besenginster und Kreuzdorn reden. Aber wer in den Frühlingsmonaten kommt, wird sich mit mir an dem einmaligen, überwältigenden Blütenspektakel erfreuen, mit dem die Insel ihre Besucher empfängt.

Es gibt jedoch Pflanzen, die es kennenzulernen lohnt. Die struppige duftende Myrte gehört dazu, die mehrere Meter hoch wachsen kann. Ihre Zweige mit den oben dunkelgrün glänzenden Blättern symbolisieren die ewige Liebe. Deshalb gehören Myrtenzweige in den Blumenstrauß, den die Braut zur Hochzeitsfeier erhält. Die ätherischen Öle der Pflanze spielen in der Naturheilkunde eine Rolle, und mit Myrtenblättern würzt man Schweinebraten aufs Feinste. Schließlich gewinnt man aus den schwarzblauen Beeren jenen Kräuterlikör, der als »Mirto« zu den Nationalgetränken Sardiniens zählt.

Ein besonderer »Baum« ist auch die »Wilde Erdbeere«, das ist eigentlich ein riesiges Heidekrautgewächs. *Corbezzolo* nennen ihn die Italiener. Wegen seiner im Herbst roten und gelbweißlichen Früchte, die zusammen mit den grünen Blättern an die italienischen Nationalfarben erinnern, galt der *corbezzolo* als ein natürliches Symbol der Einheitsbewegung, und Giovanni Pascoli hat ihm sogar ein Gedicht gewidmet. Aber auf Sardinien ist viel wichtiger, dass man Bienen, die seine Blüten lieben, einen ganz besonderen, einen zartbitteren Honig (*miele amaro di corbezzolo*) abgewinnen kann, den schon Vergil lobte. Asthmatiker sollen ihn sogar täglich essen.

Und dann wächst da noch der weiß blühende Affodill (*asfodelo* auf Italienisch, *isciareu* auf Sardisch). Er schießt wie Unkraut in die Höhe und breitet sich besonders in Grasfluren aus. Schafe, Ziegen und andere Tiere halten das Kraut allerdings für ungenießbar und machen einen großen Bogen darum herum. Aus seinen Wurzeln lassen sich appetithemmende Essenzen gewinnen. Harry-Potter-Leser wissen mehr: Die fein zerhackte Wurzel in Wermutsud gekocht, so lernt Harry bereits im ersten Band, bildet die Basis für den »Zaubertrank der lebenden Toten«. In der griechischen Mythologie spielte Affodill in der Unterwelt eine wichtige Rolle. Neben dem Tartaros, wohin die Bösewichter verbannt wurden, und dem Elysium, wohin es die Guten verschlug, gab es ja noch ein Gebiet im Hades, wo diejenigen blieben, die im Leben weder sonderlich gut noch böse aufgefallen waren. Dort wandelte der verstorbene Normalmensch auf Affodillwiesen, weshalb die Griechen und auch die Sarden früher ihre Gräber sicherheitshalber mit Affodill bepflanzten. Die Bewohner des Dorfes Flussìo in der Planargia im Hinterland von Bosa denken da praktischer und nutzen die Stängel des Liliengewächses als Ausgangsmaterial für die Kunst des Korbflechtens (siehe Seite 189).

Wolkenlos, 30 Grad im Schatten und eine leichte Brise

Für manche Sardinienurlauber sind sie *das* Thema: die Strände. Sie können einfach fabelhaft sein. Wie der Strand mit dem rosa Sand auf der Insel Budelli im Maddalena-Archipel, der ja so märchenhaft schön ist, dass man ihn, wie wir bereits erfahren haben, sperren musste. Und all die anderen? Sie können ein Thema für ein eigenes kleines Märchen sein. Spieglein,

Spieglein an der Wand, welches ist der schönste Strand im Land? So, oder so ähnlich fragte Manfred in einem Weblog auf der Internetseite www.*sardinienforum.de* und löste eine Debatte aus, die in Auszügen folgt (nur die Namen wurden geändert und die Rechtschreibung vorsichtig der gängigen angepasst):

Autor: Manfred

»Hallo Sardinienfreunde, erst einmal allen nachträglich ein gutes Jahr natürlich auch mit schönen Tagen auf Sardinien. Ich wollte mal eure Meinung zu den Stränden wissen. Ich weiß, das ist schwierig, Geschmackssache usw. Aber trotzdem, welcher Strand auf Sardinien ist für euch der schönste, vorab vielen Dank. Ciao«

Auf diesen Beitrag antworteten:

»Ciao Manfred, laut Fotos natürlich die Spiaggia Rosa auf Budelli (kann man leider nicht hin, bin aber mal ziemlich nah vorbeigefahren). Einige nur per Boot erreichbar: die auf Spargi, Cala Mariolu und, wenn man sich die Massen wegdenkt, auch die Cala di Luna. Weiter im Süden den Tuerredda, im Westen den Is Arenas wegen der Wellen, im Osten den Berchida, weil man endlos am Wasser laufen kann, und all die anderen … Wenn ich mir einen Strand erträume, dann eben Spiaggia Rosa auf Budelli mit einigen lieben Menschen, wolkenlos, 30 Grad mit leichter permanenter Brise, das reicht, Essen und Trinken haben wir dabei. Wenn's denn nur ginge … Aber träumen ist doch erlaubt, oder??? Ciao, Uwe«

»Ich sag nur: Capo Spartivento, Tuerredda und Baia Chia. Endlos lange Traumstrände mit karibischem Flair, Sandstrand wie Puderzucker und kristallklarem Meerwasser … Saluti, Petra«

»Der schönste auf Sardinien? Unmöglich so zu sagen. Einmalig sicher die abgelegene Cala Domestica (mit kleinem Nebenstrand, zu dem ein in Fels gehauener Gang führt). Oder auch der Bilderbuch-Paradiesstrand Rena Majore bei Santa Teresa di Gallura. Oder die märchenhaft schöne Marina di Cea mit ihren roten, aus dem türkisgrün schimmernden Wasser ragenden Felsen. Oder die von Uwe schon genannten. Oder, oder, oder … Sardinien hat tatsächlich so viele »schönste Strände«, dass ich nicht den einen benennen kann. Und immer wieder neue entdecke. Paul«

»Bucht von Marinedda :-) sst«

»Wir waren oft mit dem Boot rund um Sardinien unterwegs, und ich habe viele der vielen schönen Strände gesehen. Was ich umwerfend schön fand, war die Cala Coticcio (Insel Caprera). Ein kleines Paradies!!! Grüße, Brigitte«

»Hallo Sardegna-Fans! Mein absoluter Lieblingsstrand ist die Cala Goloritzé an der Ostküste. Bequem mit dem Boot zu erreichen oder etwas mühsamer über das Hochplateau zu Fuß. Belohnt wird man mit einer traumhaften Bucht mit weißem Kiesel (kein Sand in den Kleidern!), einem Felsentor zum Durchschwimmen, Schnorcheln oder für Kletterer zum Runterspringen, und einem Wasser, das in allen Blau-, Grün- und Türkistönen schimmert. Die anderen großen Calas sind in der Saison leider viel zu überlaufen. Ciao, Stella«

»Hallo Manfred, sooo viele schöne Strände auf Sardinien! Mein persönlicher Lieblingsstrand war die Cala di Sinzias zwischen Villasimius und Costa Rei. Karibikflair total – absolut nach meinem Geschmack. Viele Grüße, Manuela«

»Hallo Sardegna-Fans. Wenn ihr erlaubt, schließe ich mich im Großen und Ganzen den vorherigen Meinungen an, habe eben das Glück schon viele Jahre in Sardinien zu wohnen und glaube so ziemlich alle besichtigt zu haben. Das Einzigartige ist eben, dass die Insel über 2000 Strände haben soll – irgendwann werde ich mal nachzählen – und dass jeder seinen Lieblingsstrand früher oder später findet; vergessen sollte man nicht die Strände von Villasimius, im Südosten. Aber man kommt auf keinen Fall an den Traumstränden von Chia, im Südwesten Sardiniens, vorbei. Nicht nur weil es eben gleich drei Strände aneinander sind, sondern man geht einfach noch mal einen Hügel hoch und hat dann wiederum Schönst-Strände, wie Cala Cipolla bis hin zum schon genannten Tuerredda-Strand oder Cala Niedda. Übrigens, der mittlere Teilabschnitt (mit kleinem vorliegenden Inselchen) des Chia-Strandes wird *su giudeu* auf Sardisch genannt, was so viel heißt wie: ›Hier, wo selbst Gott heruntersteigt, um zu baden.‹ Und das Wasser, Leute, nicht nur glasklar wie überall auf Sardinien, sondern aufgrund der Nähe Afrikas (ca. 180 Kilometer) immer etwas wärmer als andere, ist eben der südlichste. Auf bald, hier in Sardinien. Gruß, Markus«

Und wenn sie nicht gestorben sind, dann chatten sie noch heute … Nur ein kleiner Hinweis an Markus. Er hat sicherlich recht, wenn er den Namen der herrlichen *Spiaggia su giudeu* dahin interpretiert, dass sogar ein Gott hier baden würde. Zur Vollständigkeit sei noch gesagt, dass *su giudeu* auf Sardisch »der Jude« heißt. So werden auch die kleinen Felsen genannt, die vor dem Strand aus dem Wasser ragen. Vielleicht weil sie so dunkelfarbig sind. Oder weil sich um sie herum kleine Oktopoden tummeln, die hier im Volksmund *pruppu giudeu* genannt werden. Diese Informationen und Interpretationen kann man den höchst nützlichen Beschreibungen entnehmen, die die Zeitung *L' Unione Sarda* einem Verzeichnis (fast) aller wichtigen Strände Sardiniens beigegeben hat, das auch im Internet (siehe Literaturverzeichnis) einsehbar ist.

In Villamassargia Anschluss nach Carbonia

Auf Sardinien überwältigt die Vielfalt der Räume. Manche, oftmals eintönige Ebenen scheinen sich in »entgleitenden Entfernungen« zu verlieren, wie Lawrence schrieb: »Nichts endet, nichts ist endgültig.« Wie auch hinter jeder Straßenkurve im Gebiet des Gennargentu immer noch eine weitere folgt, und man das Gefühl bekommt, man würde nie ankommen. Auf der südwestlich gelegenen Insel San Pietro benutzt man am besten ein Fahrrad, um ihre kleinen Buchten und die alten Anlagen zum Thunfischfang zu erkunden. Zu den *Tacchi* der Barbagia di Seulo, den turmartigen Kalksteinformationen südlich vom Gennargentu rund um Ussassai, wo man schon eine Schaltung mit mindestens einem halben Dutzend Gängen benötigen würde, sollte man doch besser ins Auto umsteigen oder das Motorrad benutzen. Gegensätze zeigen sich vom Asinara-Nationalpark, wo die Wanderfalken nisten (das Gelände kann man nur mit Führungen besichtigen), bis zum Stagno di Molentargius am Stadtrand von Cagliari, wo Flamingos brüten. Wer wilde Pferde sucht, den zieht es auf die Hochebene der Giara di Gesturi im Inneren der Insel, zu den Wildschweinen und Geiern bewegt man sich auf den Supramonte in der Barbagia. Hier findet man auch beeindruckende tiefe Schluchten wie die Gola su Gorroppu, den Grand Canyon Sardiniens. Ein magischer Ort ist der Monte Tiscali unweit von Dorgali in der Provinz Nuoro, den man am besten mit einer Führung besteigt. In einer bereits in der Vorzeit eingebrochenen Karsthöhle stößt man auf eine Nuraghen-Siedlung, die angeblich vom 6. Jahrtausend bis zur römischen Besatzung der Insel bewohnt war und den Sarden als Zufluchtsort vor Eroberern diente – heute zahlt man 5 Euro Eintritt. Und dann, etwa im Südwesten auf dem Weg von Arborea ins Sulcis: kilometerlange gerade Straßen, links und rechts sieht man Kanäle. Und wenn am Horizont keine Berge wären, könnte man sich in Holland wähnen …

Wer auf Sardinien unterwegs sein will, muss sich Zeit nehmen. Zwischen Sant'Antioco ganz im Süden und Santa Teresa di Gallura, der nördlichsten Stadt Sardiniens, liegen 376 Straßenkilometer; zwischen Bosa und Cagliari 247 Kilometer und zwischen Olbia und Iglesias 285 Kilometer. Es gibt keine Autobahnen, nur einige Schnellstraßen. Die älteste davon, die SS 131 zwischen Cagliari über Sassari nach Porto Torres ganz im Nordwesten (230 Kilometer), trägt den Namen *Carlo Felice*, weil sie in der Regierungszeit von König Carlo Felice von Savoyen zwischen 1821 und 1831 trassiert wurde. Heute ist sie weitgehend zweispurig ausgebaut, wird aber dennoch wegen einiger gefährlicher Kreuzungen und Einfädelungen weiterhin als Landstraße (Höchstgeschwindigkeit 90 Kilometer pro Stunde) eingestuft. Von der *Carlo Felice* zweigt etwa auf halber Strecke bei dem kleinen Dörfchen Abbasanta eine echte Schnellstraße ab, die über Nuoro nach Olbia (265 Kilometer) führt. Außerdem ist Cagliari über eine solche mehrspurige Straße mit Iglesias (58 Kilometer) verbunden. Eine weitere von Sassari über Tempio nach Olbia befindet sich im Bau beziehungsweise in Planung. Der Rest sind Land- und Kreisstraßen, und wenn es nicht die Kurven sind, dann ist es eine Herde Schafe, die die Fahrt verlangsamt. In jüngster Zeit haben allerdings Motorradraser aus Nordeuropa an den kurvigen Straßen ihre maßlose Freude entdeckt – die nicht selten in tödlichen Unfällen endet. Und während man im Küstenbereich überall Benzinsäulen findet und hier und da sogar für E-Mobilität gesorgt wird, sollte man rund um den Gennargentu nicht mit fast leerem Tank unterwegs sein. Oft ist man auf Nebenstrecken herrlich allein, aber wo sich die Wege von Touristen und Einheimischen kreuzen, kann es nervige Staus geben. Das gilt ebenfalls für den Verkehr im Raum Sassari oder den Straßenring um Cagliari.

Der junge Schriftsteller Flavio Soriga hat ein freches Buch über Sardinien unter dem Titel *Nuraghe Beach* geschrieben. Untertitel: *Das Sardinien, das ihr nie besuchen werdet.* Im Gespräch mit seiner Cousine erklärt der Protagonist des Buches, dass er einen Reiseführer der besonderen Art schreiben möchte. »Wenn ein Reisender wirklich etwas Intelligentes erzählen will, wenn er nach Berlin oder München oder Rom oder Mailand zurückkommt und bei einem Abendessen ist, bei dem alle Teilnehmer schon mal in Sardinien gewesen sind, und sie davon reden, wie schön und authentisch dieses Sardinien doch ist und großzügig und stark seine Bewohner, dann sollte er diesen Reiseführer über die absurdesten Orte lesen und über die, über die sonst keiner redet.«

»Zum Beispiel?«, fragt die Cousine. Er nennt einen Straßenzug in der Peripherie von Cagliari: »Viale Marconi im Feierabendverkehr. Und der Bahnhof von Villamassargia.« – »Wie bitte?« – »Viale Marconi zur Rushhour, das Stück bei Quartu, mit der Lagune auf der rechten Seite, auf der linken der Wahnsinn der Einkaufszentren und der Multiplexkinos. Also, alle die bei den Berliner, Römer, Mailänder Abendessen sagen, dass Sardinien eine Insel der Stille, des Friedens und der unberührten Erde sei, müssten zu einem Besuch der Vorortschnellstraße Viale Marconi zur Rushhour gezwungen werden.«

Und was hat es mit dem gottverlassenen Bahnhof zwischen den beiden Orten Villamassargia und Domusnovas an der Strecke von Cagliari nach Iglesias auf sich? »Also, hör zu: der Bahnhof von Villamassargia. Du weißt doch Cousine, dass unsere Jugendzeit, die Zeit des Erwachsenwerdens einer ganzen Generation von kleinen Sarden aus dem Süden, von der Ansage geprägt wurde, die man unendlich oft auf den Bahnhöfen von Cagliari, Elmas, Assemini, Decimomannu, Uta, Siliqua und Domusnovas gehört hat, diese ewige, hammerartige, immer gleiche Ansage, morgens oder abends, Tag für Tag, Monat für Monat, Jahr für Jahr, an all den Tagen unseres Pendlerdaseins, immer, bis sie Teil unserer selbst geworden ist wie ein gelungener Werbespot, den man nicht mehr loswerden kann: ›Wo Barilla ist, da ist Zuhause‹ oder: ›Brrr, Brancamente‹, unauslöschlich eingraviert in die Masse der grauen Zellen: *in Villamassargia Anschluss nach Carbonia.*«

Auf der sard'schen Eisenbahne

Heute gibt es im Süden Sardiniens sogar ein paar durchgehende Züge von Cagliari nach Carbonia, aber meistens muss man immer noch in Villamassargia den Zug wechseln. Ein ähnlicher Umsteigebahnhof, der irgendwie mitten in einer Wildwestlandschaft liegt, ist Chilivani-Ozieri im Norden an der Strecke Olbia – Sassari / Olbia – Macomer. Hier könnte man Filme wie aus alten Zeiten drehen. Sardinien hat in den vergangenen Jahrzehnten einen Modernisierungsschub erlebt, der atemberaubend ist. Doch an den Eisenbahnen ist er (bislang) vorbeigegangen. Die Strecken sind veraltet, die Waggons ebenfalls. Und immer wieder fallen Züge aus. Die Fahrt von Cagliari nach Golfo Aranci an der Nordostküste dauert vier bis fünf Stunden für 300 Schienenkilometer, die von Porto Torres nach Cagliari mit Umsteigen gut vier Stunden für 271 Kilometer Strecke. Selbst die schnellste Zugverbindung zwischen den beiden wichtigsten Städten Cagliari und Sassari ist nicht unter knapp drei Stunden zu haben (im Auto geht es übrigens, wenn man sich an zulässige Geschwindigkeiten hält, kaum schneller). Immerhin gibt es jetzt schnelle Zugverbindungen zum Flughafen Cagliari Elmas, die auch den Bus zur Stadt teilweise ersetzen. Mehrere Fluggesellschaften bieten für ganz Eilige Flüge zwischen Olbia und Cagliari (Dauer: 35 Minuten) an.

Es gibt aber immer noch Nostalgiker wie mich, denen das Eisenbahnfahren Spaß macht. Das hat etwas mit dieser Langsamkeit zu tun, mit denen sich die Züge ratternd durch die Landschaft bewegen. Man blickt (wenn die Fensterscheiben nicht mit Schlieren überzogen sind) meist auf Macchia, da stehen vereinzelte Bäume, manchmal tauchen Reste von Nuraghen auf, und im Hintergrund ziehen Hügelketten vorbei. Man kommt in der Bahn, die trotz vieler Unbequemlichkeiten oft gut besetzt ist, schnell mit Mitreisenden ins Gespräch. Anders als im Bus, wo man wie die Hühner in festen Reihen hintereinander sitzt und höchstens mit seinem Sitznachbarn ein Gespräch anfängt, ist die offene Sitzverteilung in den alten Zügen recht kommunikativ. Da wird fröhlich über den Mittelgang hinweg geschnattert. Und wenn der Zug mal wieder mit Verspätung fährt, bringt jeder gern missliche Erfahrungen von vergangenen Reisen ein. Ein Reisender steigt aus und verabschiedet sich laut, ein anderer, der einsteigt, wird überschwänglich begrüßt. Man kennt einander bereits auf der Strecke. Ein Bahnhof folgt auf den anderen. Denn auf der »sard'schen Eisenbahne« gibt es viele Haltestationen.

Relativ leer sind dagegen die Wagen der Schmalspurstrecke von Macomer nach Nuoro, die inzwischen vom regionalen Verkehrsunternehmen ARST betrieben wird. Mit neuen Schienenbussen versucht das Unternehmen gerade, die alte Strecke wieder rentabel zu machen. Die Fahrzeiten (knapp über eine Stunde) haben sich jedenfalls denen der Omnibusse auf der Straße angenähert. Auch wenn man vielleicht etwas länger auf den nächsten Zug warten muss, ist doch die eindrucksvolle Bahnstrecke vorzuziehen, die sich mit Kurven und Kehren durch Wälder und Macchia windet, um schließlich zur Hochebene von Nuoro aufzusteigen.

Einige bereits stillgelegte, touristisch aber interessante Nebenstrecken sind während der Saison (Mitte Juni bis Anfang September) für Urlauber durch den *Trenino verde*, den »grünen Zug« wieder belebt worden, der mit höchstens 30 bis 40 Kilometer pro Stunde über die alten Gleise schnauft. Wobei die Züge in der Regel nur am Wochenende verkehren. Dazu gehören die Strecken Sassari – Tempio (2,5 Stunden) und Tempio – Palau (1,5 Stunden), Bosa Marina – Macomer (2 Stunden), Mandas – Arbatax (5 Stunden) und Mandas –

Isili-Sorgono (3,5 Stunden). Besonders diese letzte Trasse über die Pässe der zentralen Barbagia di Belvi und über Schluchten mit Brücken, die als Meisterwerke der Ingenieurskunst gelten, muss ein Erlebnis sein. Lawrence ist sie gefahren, und er schreibt: »Es überraschte mich, wie tüchtig die kleine Lokomotive die stetigen Steigungen nahm und wie wacker sie immer vor uns aus dem Horizont heranbrauste. Es ist eine närrische Eisenbahn. Ich wüsste gerne, wer sie gebaut hat. Sie rattert durch Berg und Tal, nimmt gelassen die schärfsten Kurven; nicht wie das eine richtige große Eisenbahn tut, sondern mit einem tiefen Grunzen wendet sie sich und stänkert durch die Tunnel, rennt wie ein keuchendes Hündchen die Hügel hinan, tut einen Rundblick, saust in einer anderen Richtung davon und schleift uns alle bedenkenlos hinter sich her … Bei einem neuen Blick aus dem Fenster sehen wir hinter uns das Gennargentu-Massiv, einen höckerigen Gipfel in tiefem Schnee, der sich hinter langen, steilen Ausläufern erhebt … Es ist ganz anders als der Ätna, das einsame, selbstherrliche Wunder Siziliens. Das Massiv ist viel menschlicher, fasslicher mit seinem mächtigen Rumpf und seiner gewaltigen Gliederung. Es ist ein kraftstrotzender Bergleib. Es gleicht den Bauern.«

Ich gestehe: In über vierzig Jahren Sardinien habe ich noch nie die Gelegenheit gefunden, diese Strecke abzufahren. Aber was nicht ist, kann ja noch werden.

In meinen ersten Jahren auf Sardinien war die Eisenbahn noch das wichtigste Verkehrsmittel – zumindest für die großen Verbindungen. Ein Auto konnten sich nur wenige leisten. 1971 fuhren etwa 214 000 Kraftfahrzeuge auf der Insel, heute sind es fast eine Million. Die Mobilität hat enorm zugenommen. Die Eisenbahnverbindungen haben sich dagegen kaum verändert, sie sind, besonders auf den Nebenstrecken, eher abgebaut worden. Wie anderswo auch, hat der Busverkehr die Lücke gefüllt. Inzwischen kann man die Mehrheit der Orte auf der Insel mit einem Bus erreichen. Aber mal ehrlich, was kann man bei einer Busfahrt schon erleben?

»Country Chic« in den Stadtlandschaften

Was die Bühnen angeht, auf denen sich eine Insel wie Sardinien eindrucksvoll dem Reisenden präsentiert, so stellt die Landschaft den Protagonisten, und den Städten fallen eher Nebenrollen zu. Gewiss, Cagliari kann sich einer herrlichen Lage am Golfo degli Angeli rühmen; wer sich Bosa von Macomer aus nähert, wird bei der Abfahrt ins Temo-Tal von den (heute) bunten und verschachtelten Häuserreihen angezogen, die sich längs am Hügel entlangschlängeln; die Altstadt von Alghero hat Charme, und es gibt Orte wie Gavoi in der Barbagia Ollolai, die sich ordentlich herausgeputzt haben. Trutzige urbane Schönheiten zeichnen auch das an der Nordküste gelegene Castelsardo und sein *castello* hoch über dem Meer aus, doch zeigt sich gerade hier die Gefahr, dass Identität verloren geht, wenn man sich ganz dem Tourismus ausliefert, und Andenkenläden, Restaurants und Boutiquen das städtische Leben veröden lassen. Zum Glück gibt es aber auch in Castelsardo Gassen, die noch nicht »gekippt« sind.

In den ersten Jahrzehnten nach dem Zweiten Weltkrieg haben sich viele Orte und Städte »wild« entwickelt, es wurde gebaut, was das Zeug hielt, aber oft mit schlechten oder falschen Materialien, und wenn man nicht an den Steinen gespart hat, dann am Architekten. Einige Häuser sehen aus, als seien sie direkt beim Mauern entstanden. Auch heute noch legt man, wenn das Geld ausgeht, eine Baupause ein, die manchmal eine ganze Generation andauern kann und halb fertige, unverputzte Gebäude hinterlässt. Hinzu kommt, dass es gelegentlich schwierig ist, sich auf den Straßen zu bewegen, die noch für Esel, Pferde und Ochsenkarren gebaut wurden und nicht für differenzierte Verkehrsströme von Autos und Fußgängern.

In Nuoro standen sich traditionell zwei Stadtviertel gegenüber: San Pietro (*Santu Predu*), das Viertel der Hirten und

Grundbesitzer, und Seùna, das Viertel der Bauern und Landarbeiter. San Pietro war also das Viertel der Wohlhabenden und ist auch heute noch gut zu erkennen. Das Bauernviertel Seùna hingegen ist dem Bauboom des 20. Jahrhunderts zum Opfer gefallen. Wer durch die Gassen von San Pietro schlendert, kann noch an einigen Stellen den Geist der Stadt spüren, wie ihn Salvatore Satta (*Der Tag des Gerichts*) oder vor ihm Grazia Deledda (etwa in *Cosima*) beschrieben haben. Das Geburtshaus der Deledda liegt mitten in San Pietro und kann besichtigt werden. Doch mitunter reichen schon kleine Veränderungen aus, um einen schalen Eindruck zu hinterlassen und das Viertel zu verändern: Kunststofftüren, Klinkersteine oder angebaute Veranden überziehen San Pietro gerade mit einem Stil von »Country Chic«. So nennt es der Architekt Antonello Cuccu vom Ilisso Verlag, der in Nuoro seinen Sitz hat. Lebendige Städte können natürlich kein Museum sein, sie verändern sich und wir uns mit ihnen. Aber muss deshalb gleich der schlechte Geschmack triumphieren?

Sassari hat sich in seiner städtebaulichen Entwicklung scheinbar mehrmals um die eigene Achse gedreht, sodass dem Anfänger ganz schwindelig wird, wenn er sich zu orientieren versucht. Was man zunächst überhaupt nicht bemerkt, ist der enge Kontakt, den die Stadt zum Wasser und zu vielen Quellen hat, und dass sie dementsprechend reich an Gärten und Pflanzungen war. Das wird in der sogenannten Valle di Rosello deutlich, einem etwa 50 Meter breiten grünen Graben gleich neben der alten Stadtmauer, den man gut von der Via Giovanni Pascoli einsehen kann, die eine Brücke über ihn schlägt. Hässliche Bauten der Nachkriegszeit säumen an beiden Seiten das ziemlich verkommene Gelände, und doch wuchsen hier Orangen und erntete man Oliven. An einigen wenigen Stellen lassen sich sogar noch Reste der alten Gartenkulturen erkennen. Am Rande des Grabens, gleich unterhalb der Brücke, liegt Sassaris schönster Brunnen, die Fontana di Rosello aus der Spätrenaissance. So verdrängte man eines der ganz wenigen Renaissancedenkmäler auf Sardinien gleich zweifach: aus dem Stadtbild und aus der Erinnerung. Die Agronomin Maria Grazia Marras hat zusammen mit Gleichgesinnten ein Projekt angestoßen, das die Aufwertung der Valle di Rosello, die heute noch die Stadt mit den Obst- und Weinplantagen des Umlands verbindet, zum Ziel hat. Die pflegliche Nutzung der Valle, Neuanpflanzungen und die Schaffung eines Spazierwegs könnten Sassari etwas von der Würde der Gartenstadt zurückgeben, die sie einstmals gewesen ist.

Sassari, natürlich Cagliari, dann das Sulcis um Carbonia, aber auch Oristano und Olbia sind Ballungsräume, die in den vergangenen Jahrzehnten explosionsartig gewachsen sind. Man muss sich auf seinen Wegen durch diese Räume durch Hässlichkeiten und ein hohes Verkehrsaufkommen regelrecht durcharbeiten, bis man in die Zentren gelangt. Aber trotz aller Widrigkeiten lohnt der Weg, denn es gibt eigentlich immer eine Piazza, einen Palazzo, eine Kirche, einen kleinen Park, einen Aussichtspunkt oder einfach nur eine Eisdiele zu entdecken. Wer etwa im Herzen von Cagliari einen angenehmen, ruhigen Platz sucht, der noch nicht vom Tourismus und seinen Straßencafés vereinnahmt worden ist, findet ihn nicht weit vom Bahnhof in der baumgesäumten, ganz unspektakulären Piazza Del Carmine, wo sich die Bevölkerung aus dem Stampace-Viertel trifft und man auf schlichten Holzbänken ein Buch oder seine Zeitung lesen kann. Der große rechteckige Platz, in dessen Mitte eine Marienstatue an das Dogma der Unbefleckten Empfängnis erinnern soll, ist in der ersten Hälfte des 19. Jahrhunderts bei der Erweiterung von Stampace entstanden. Seine Anlage und der Stil der Palazzi, die ihn umgeben, lassen piemontesisches Denken erkennen. Aber er ist sicherlich nicht das Schlechteste, was die Savoyer auf Sardinien hinterlassen haben.

Der Lauf der Zeit – Geschichte und Geschichten

Er war der Sohn von Apoll und einer Nymphe, und er hatte gelernt, Bienen zu züchten, aus Oliven Öl zu gewinnen und aus der Milch seiner Herden Käse herzustellen. Ebenso war er gut unterrichtet in der Jagd und kannte sich in weiteren nützlichen Dingen aus, zum Beispiel in der Medizin. Dieser Prachtkerl der griechischen Mythologie hieß Aristaios, stammte aus Kyrene (dem heutigen Kyrenaika in Libyen), zog durch den Mittelmeerraum, und überall wo er hinkam, wurde er als Bringer von Kultur gefeiert. So reiste er auch nach Sardinien, verbreitete sein Wissen und gründete Städte wie Olbia und das antike Gurulis Vetus (heute Padria in der Provinz Sassari), wo Römer später eine Silbermine einrichteten. Vielleicht hat alles mit Aristaios angefangen, den die Italiener Aristeo nennen. Jedenfalls wurde er in der Nuraghen-Zeit auf Sardinien wie ein Gott verehrt. Im Museum von Cagliari ist eine kleine Statue von ihm zu sehen, ihr Körper ist mit Bienen geschmückt. Die Bronzearbeit wurde in der Nähe von Oliena bei Nuoro gefunden, einer Gegend die auf Sardisch den Beinamen *sa vidda 'e su medde* trägt, was so viel wie Dorf des Honigs heißt. Noch heute wird hier Honig von Bienen gewonnen, die ihren Nektar aus den Blüten des Erdbeerbaumes saugen. *Miele amaro* – bitterer Honig.

Ein paar Daten – Geschichte im Zeitraffer

Die Anfänge Sardiniens liegen im Dunkeln. Kann man das sagenhafte Atlantis, das laut Platon um 9600 v. Chr. unterging, mit Sardinien lokalisieren, wie es der Italiener Sergio Frau in seinem Buch *Atlantika. Eine detektivische Untersuchung des antiken Mittelmeerraums* versucht? Auch die Einwanderung des alten Seevolks der Šardana, welches die Kultur der Nuraghen hervorgebracht haben soll, bleibt nicht mehr als eine (ziemlich wackelige) historische Hypothese. Sicher ist, erste Spuren lassen auf eine Besiedelung irgendwann in der Altsteinzeit, zwischen 350 000 und 100 000 Jahren v. Chr. schließen. Der schwarze glasartige Lavastein Obsidian, ein in der Vorgeschichte begehrtes Gut, aus dem sich wertvolle haltbare Werkzeuge herstellen lassen, wurde von Sardinien aus im Mittelmeerraum vertrieben. Unter anderem nach Korsika, nach Ligurien oder in die Toskana. Handel und Wandel laufen bekanntlich nicht entlang von Einbahnstraßen, es könnten also griechische Einwanderer gewesen sein, die im 3. Jahrtausend v. Chr. die sogenannte »Ozieri-Kultur« hervorgebracht haben. In Sassari, im *Museo Nazionale »G. A. Sanna«*, sind ein paar faszinierende Keramikarbeiten aufbewahrt, die uns mit ihren kreisrunden Motiven rätselhaft anblicken.

Die erste große, die ganze Insel vereinende Kultur war die der Nuraghen, die in der Bronzezeit in der ersten Hälfte des 2. Jahrtausends v. Chr. aufkam und bis etwa 500 v. Chr. reichte. Dann begann mit der Besetzung der Küstenbereiche durch Karthago die Zeit der Fremdherrschaften. Seitdem rangeln – von einer kurzen Unterbrechung im Mittelalter abgesehen – bis heute die verschiedensten fremden Völker und Staaten um die Macht auf der Insel. So sehen es etwa die radikalen Verfechter der (kleinen) sardischen Autonomiebewegung. Ob Sardinien seine Identität im heutigen republikanischen Italien bewahrt hat oder auch nicht, darüber kann man gewiss streiten, dass es aber über zwei Jahrtausende hinweg weitgehend fremdbestimmt war und man von einer Kolonialgeschichte reden kann, gilt inzwischen als Gemeingut.

Die Phönizier und Punier (Karthager), die Städte wie Karalis (Cagliari), Turris (Porto Torres), Nora oder Tharros und vielleicht auch Bosa gründeten, mussten seit 238 v. Chr. den Römern weichen. Diese wurden wiederum etwa siebenhundert Jahre später, um 455 n. Chr. von den Vandalen vertrieben. 534 eroberte der oströmische Kaiser die Insel. Die Byzantiner überließen sie jedoch ab 697 weitgehend ihrem Schicksal. Sarazenen griffen regelmäßig wie Heuschreckenschwärme an, zogen sich jedoch meist nach den Plünderungen wieder zurück. Die Einwohner von Porto Torres wichen vor ihnen ins Landesinnere aus und gründeten Sassari, die von Tharros machten es ihnen nach und flüchteten nach Oristano. Eigene Verwaltungseinheiten, Judikate, entstanden und bescherten Sardinien eine kurze Phase der Unabhängigkeit, die aber bereits im 11. und 12. Jahrhundert von den neuen Seemächten Pisa und Genua und von Spanien (Aragon) bedroht wurde. Das war eine verworrene Zeit. Wer immer in Europa gerade die Macht hatte, fühlte sich berechtigt, Sardinien verschenken zu dürfen. Mal war es der Papst, der es Pisa zum Lehen gab, und dann war der Kaiser an der Reihe. So zeichnete der Staufer Friedrich II. seinen Sohn Enzio 1239 mit dem Titel »König von Sardinien« aus – und machte damit Sardinien zum Königreich (was Folgen hatte). 1297 war der Papst wieder am Zug: Bonifaz VIII. verlieh große Teile der Insel, die er zum *Regnum Sardiniae et Corsicae* zählte, dem König von Aragon als Lehen. Aber erst im Laufe des folgenden Jahrhunderts konnten die Spanier die Macht der Judikate ganz brechen. Am längsten hielt sich noch das von einer Frau (Eleonora) verteidigte Arborea, bevor es schließlich 1410 an Aragon fiel. Korsika geriet damals unter den Einfluss von Genua.

Eine Volkszählung von 1688 ergab, dass 230 267 Menschen auf der Insel lebten. In den Jahren 1713/14 wurden nach den spanischen Erbfolgekriegen die Staaten hin und her geschoben, sodass man in Europa fast den Überblick verlor. Sardinien fiel an Österreich und Sizilien an das Herzogtum Savoyen. Aber zufrieden war keiner. Wollte man nicht lieber tauschen? Im Vertrag von London von 1718 ging es anders herum. Die Savoyer durften den durch die Herrschaft über Sizilien erworbenen Königstitel behalten, denn auch Sardinien war, Staufer-Friedrich sei Dank, ein Königreich. Volkszählung von 1728: 309 994 Einwohner. Derweil brauchte Genua Geld und verkaufte 1769 Korsika an die Franzosen. Damit waren die beiden Inseln endgültig getrennt. 1799 wurde der Savoyer-König Carlo Emanuele IV. nach der Eroberung Norditaliens durch Napoleon aus Turin verstoßen. Er verzog sich mit dem ganzen Hof nach Cagliari, wo er zugunsten seines Bruders Vittorio Emanuele I. auf den Thron verzichtete. Erst 1814, als Napoleon besiegt war, konnten König und Hofstaat von Cagliari wieder nach Turin zurückkehren.

Volkszählung 1824: 461 976 Einwohner. 1861 ging das Königreich Piemont-Sardinien im italienischen Staat auf. Worüber Italiener nicht gerne reden: Beinahe hätte Piemonts Ministerpräsident Cavour nicht nur Nizza, sondern auch Sardinien an Frankreich verschachert. Die englische Diplomatie war zum Glück dagegen und der Haudegen Garibaldi, der mit seinen militärischen Aktionen die italienische Einheitsbewegung entscheidend gestärkt hatte und schließlich auf Caprera sein Leben beendete, vermutlich auch. 1948: Ende der Monarchie. Sardinien erhielt in der Republik Italien den Status einer autonomen Region. Jüngst, im Jahr 2021 hat man 1 592 730 Einwohner gezählt. Ungefähr weitere 550 000 Sarden leben im Ausland, wohingegen rund 50 000 Ausländer (3 Prozent der Einwohner) auf Sardinien gemeldet sind.

Nuraghen, Feenhäuser und Riesengräber

Die Geografie hat die Geschichte Sardiniens geprägt. Die große Insel war durch ihre Lage fremden Einflüssen und Kulturen ausgesetzt, doch Eindringlinge hatten es immer schwer, sich geltend zu machen. Steilküsten, felsige Vorlagerungen oder sumpfige Gebiete erschwerten die Landung. Hügel reichten fast überall direkt bis ans Meer, sodass sich gute und schnelle Verkehrsverbindungen im Küstenbereich nur am Rande der Ebenen auftaten. Die schwer zugänglichen Bergregionen wirkten wie Burgregionen. Schroffe Felsen, tiefe Schluchten, undurchdringliche Wälder trennten eine menschliche Siedlung von der anderen und verhinderten eine gemeinsame Entwicklung. Über Jahrtausende hinweg existierten voneinander gelöste Dorfgemeinschaften mit eigenen Regeln des Zusammenlebens und eigenen Rechtssystemen, die oft mit dem der jeweils übergestülpten Staatsmacht in Konflikt gerieten. Die wenigen urbanen Zentren an den Küsten kommunizierten mehr mit der Außenwelt als mit dem Land selbst. Noch heute sagt man etwa, dass Cagliari der Insel den Rücken zuwendet. »Wir waren immer untereinander verfeindet«, schreibt der Politiker und Schriftsteller Emilio Lussu, »unter den Spaniern, unter den Aragonesen, unter den Richtern, unter den Römern, unter den Karthagern, immer. Sie waren sich immer einig. Aber ihr Staat war nicht unser Staat. Unfähig, sie hinauszuwerfen, zogen wir uns auf uns selbst zurück, jeder auf seine Person, in der Familie und im Dorf. Und Dorf gegen Dorf, jeder gegen jeden im selben Dorf.« Die ersten Nuraghen-Siedlungen bildeten sich deshalb auch zunächst im unwirtlichen Bergland aus, bevor sie sich auf der ganzen Insel verbreiten konnten. Und sie hielten sich im Hochland, wie man am Monte Tiscali sehen kann, als Zufluchtsstätte bis in die Zeit der römischen Fremdherrschaft, während die Nuraghen-Kultur in den Ebenen von der römischen Zivilisation überlagert wurde und unterging.

Umur, so stellt sich der Schriftsteller Sergio Atzeni eine Phantasiefigur vor, lernte Feuer zu machen, und baute darum einen steinernen Turm, der sich nach oben, wo er offen war, konisch verjüngte. Das war die erste Nuraghe. In der Nacht konnte Usir, der im entfernten Na lebte, sehen, wie die Flammen aus Umurs Turm herausschlugen. Und so baute auch er eine Nuraghe. In der Nacht darauf sahen die Bewohner von Se die Flammen und bauten die dritte Nuraghe. Das Feuer wurde darin vor dem Wind geschützt und konnte seinerseits die Bäume nicht angreifen. Umur war so in der Lage, ein Signal zu geben, wenn Gefahr drohte, wenn der Feind sich näherte, und die Botschaft rannte wie ein Leuchtfeuer um die Insel.

Das ist wohl Dichterphantasie, aber es gibt heute durchaus Leute, die darin ein Körnchen Wahrheit sehen wollen. Nach anderen Deutungsversuchen sollen es Grabanlagen gewesen sein, Sonnentempel, Hochöfen, kultische Schweigetürme, Schlaftürme, um sich vor der Malaria zu schützen, die damals schon die Insel plagte, oder astronomische Observatorien. Anregender sind da die Geschichten, die sich die Menschen früher an Abenden erzählten, an denen sie sich um ein Feuer versammelten oder auch im Dunkeln beisammensaßen, weil sie das Brennmaterial sparen mussten. Die wussten Bescheid: Riesen waren es natürlich gewesen, denn nur sie konnten solche, zum Teil an die 15 Meter hohen Türme aus Steinen aufrichten. In denen hatten die Riesen ihre Reichtümer versteckt. Nach ihrem Tod bestattete man sie in den *tumbas de sos zigantes*, in den Gigantengräbern, die ebenso zur Kultur der Nuraghen-Zeit gehörten; fast 10 Meter lange aus Stein- und Felsplatten errichtete Grabkammern, die allerdings nicht für Riesen gebaut wurden, sondern als Gemeinschaftsgräber für den Familienverbund. Aber das konnten die Menschen, die damals am Feuer zusammensaßen, noch nicht wissen. Heute ist bekannt, dass es rund 350 solcher Gigantengräber auf Sardinien gibt.

Dagegen hat man über 7000 Nuraghen gezählt. Mehr oder weniger ist man sich in der Nachfolge des großen sardischen

Archäologen Giovanni Lilliu darüber einig, dass es sich besonders in der Anfangszeit bei den »Protonuraghen« um Wehrtürme zur Überwachung des Geländes und um Verteidigungsstellungen gegen Angreifer gehandelt haben muss: militärische Anlagen der zahllosen Hirtensippen, die sich ständig untereinander bekriegten und ihre Besitztümer verteidigen wollten. Damit zeigte sich auch ein Bruch in der Inselgeschichte, denn die vorangegangene Ozieri-Kultur war noch eine Kultur von friedlichen Bauern gewesen, die vom Matriarchat bestimmt wurde und bei der man Gottheiten wie die »Mutter Erde« verehrte. Von wo die Einwanderer kamen, die sich geschickt mit der ursprünglichen Bevölkerung vermischten und die die Hirtenkultur und mit ihr das Patriarchat verbreiteten, auch darüber darf gerätselt werden. Jedenfalls besaßen sie Bronze und konnten Waffen schmieden. So bildete sich der geradezu biblische Gegensatz von Kain gegen Abel aus, aber eben auch der von Kain gegen Kain.

Die Siedlungen begannen dann in einer zweiten Phase zu Dörfern mit größeren Einwohnerzahlen um ausgesprochene Nuraghen-Festungen zu wachsen, die aus zehn oder mehr Türmen bestehen konnten. »Sie werden zu den ›Hauptstädten‹ der nuraghischen Kleinkönigtümer oder Kleinstaaten«, schreibt Rainer Pauli, Autor eines lesenswerten Führers zur Kultur und Geschichte der Insel. Denn »Sardinien bietet immerhin Platz für 150 Liechtensteins oder 375 San Marinos!« Erst in einer letzten Phase bildeten sich, als die ersten Städte an den Küsten wuchsen, vermutlich unter dem Einfluss und durch die Vermittlung phönizischer Handelsleute größere Gemeinschaftsverbände heraus, »als die Verbindungen zur übrigen mittelmeerischen Welt enger wurden und bei den Nuraghiern Ansätze eines politischen Bewusstseins reifen ließen«. Die Kultur der Nuraghen ging während der Kolonialisierung der Küstenstreifen durch die Karthager (Punier) unter, überlebte allerdings noch im Inneren der Insel, in das sich ein Teil der einheimischen Bevölkerung zurückzog.

Beeindruckende Siedlungsanlagen kann man heute mit der Nuraghe Su Nuraxi bei Barumini unterhalb der zentralen Hochebene Giara di Gesturi oder mit der Nuraghe Santu Antine bei Torralba im sogenannten »Tal der Nuraghen« im Meilogu südlich von Sassari besichtigen. Zur Kultur dieser Nuraghen-Zeit gehörte ebenfalls der Kult, den von Geistern belebten Elementen zu huldigen, zum Beispiel dem Wasser. Brunnentempel wie der von Su Tempiesu bei Orune (Nuoro) entstanden an karsischen Quellen, wo vermutlich Reinigungs- und auch Fruchtbarkeitsriten abgehalten wurden. Dem Wasser schrieb man Heilkräfte etwa gegen Rheuma zu. Zudem wurde hier auch nach übernatürlichen Zeichen gesucht, um etwa in strittigen Rechts- und Strafangelegenheiten eine Entscheidung herbeizuführen. Bei solch einem »Gottesurteil« setzte man zum Beispiel die Augen des Angeklagten dem Wasser aus. Wurde er blind, galt er als schuldig, konnte er weiterhin (und vielleicht sogar besser) sehen, durfte er als freier Mann die Tempelstätte verlassen.

Aus der Ozieri-Kultur hatten sich außerdem Höhlengräber mit verschiedenen Kammern erhalten, die auch noch zur Nuraghen-Zeit genutzt wurden. Jene von Santu Pedru bei Olmedo zwischen Alghero und Sassari ist zum Beispiel direkt in den Felsen gearbeitet. Nach einem alten Glauben nennt man diese Höhlengräber *domus de janas*, also Feenhaus. Die *janas* sind kleine, zarte Wesen mit leuchtenden Körpern, die, kaum so groß wie ein Handballen, mit goldbestickten Stoffen bekleidet sind. Wer sie gesehen hat, kann man auf www.contusu.it lesen, sagt, dass sie wunderschöne Gesichtszüge tragen. Sie arbeiten tagsüber in ihren Wohnungen unter der Erde, weben auf ihren goldenen Rahmen die herrlichsten Stoffe, die sie nachts bei Vollmond auf den Wiesen ausbreiten. Dann fliegen sie umher, suchen die Nähe der Menschen und leuchten in die Krippen der Neugeborenen hinein. Und je nachdem wie das Licht einfällt, wird das zukünftige Schicksal des kleinen Erdenbürgers bestimmt. Fragt nicht, wie das sein kann. Es ist so. Und erschreckt nicht, wenn eine süße Stimme nachts dreimal euren Namen ruft. Dann ist es eine *jana*. Vielleicht will sie euch ihre Schätze zeigen. Wenn ihr die nur mit den Augen bewundert, wird sie euch Gutes tun. Aber wenn ihr versucht, diese zu berühren, wird alles zu Asche verfallen. Die *janas* sind liebe Wesen, wer ihnen jedoch Böses will, den bestrafen sie. Vorsicht: Manchmal gibt es auch kleine Hexen, die sich als *janas* ausgeben. Mit ein bisschen Fingerspitzengefühl werdet ihr aber den Unterschied herausfinden.

Mit Kopf und Kragen

Kleine Hexen lassen sich selten blicken, Riesen kann man dagegen bestaunen. Wer das nicht glaubt, sollte sich die »Giganten von Mont'e Prama« angucken. Die überlebensgroßen Sandsteinfiguren, vermutlich aus dem 9. oder 8. Jahrhundert v. Chr., gehören seit Kurzem zu den Höhepunkten der archäologischen Museen von Cagliari und Cabras. Es sind archaische Darstellungen von Bogenschützen, Kriegern und Handschuhkämpfern. Bei mehreren Grabungskampagnen zwischen 1975 und 1979 legten Wissenschaftler in Westsardinien unweit von Cabras (Provinz Oristano), am Hang des Hügels Mont'e Prama kleine Bereiche einer vermutlich ausgedehnten Nekropole aus der Zeit der späten Nuraghen-Kultur frei. Direkt über den Grabanlagen stieß man dabei auf unzählige Fragmente dieser Figuren mit einer bislang auf Sardinien und im westlichen Mittelmeerraum unbekannten Körpergröße von bis zu 2,10 Metern. Einige Archäologen vermuten sogar, dass es sich um die älteste frei stehende Großplastik in Europa überhaupt handeln könnte. Jahrzehntelang blieben die Fragmente in Lagerräumen verborgen, bis man 2007 auf Druck der Öffentlichkeit begann, sie zu restaurieren und zu insgesamt 38 Statuen zusammenzusetzen. Erst im April 2014 fanden sie dann eine wissenschaftlich würdige und fürs Publikum attraktive Ausstellung in den Museen von Cagliari und Cabras.

Sie werden bald Zuwachs bekommen, denn nach einer Unterbrechung von 35 Jahren haben weitere Ausgrabungen bei Mont'e Prama auf einem etwa 12 mal 5 Meter großen Areal begonnen. Als ich auf das Gelände kam, konnte ich beobachten, wie das Archäologenteam der Universitäten Sassari und Cagliari zwei weitere Statuen freilegte. Eine davon, ein Faustkämpfer, ist zum ersten Mal mit Kopf, Körper, Armen und Beinen fast vollständig erhalten. Bislang hatte man immer nur Teile gefunden und einander zugeordnet. Die Archäologen hoffen nun auf weitere Finanzmittel, um die Grabungen auszuweiten. Nach Probeuntersuchungen umfasst das antik genutzte Gelände unterhalb des Mont'e Prama, das zum überwiegenden Teil unerforscht ist, eine Fläche von etwa 5 bis 6 Hektar. Wobei es auch immer wieder zu zerstörerischen Raubgrabungen kommt, obgleich in der Nekropole bislang keine Grabbeilagen aufgetaucht sind.

Während Mikrobiologen antike DNA-Spuren in den Gräbern selbst sichern wollen, suchen Archäologen vor allem nach Hinweisen zur ursprünglichen Aufstellung der Figuren und dem Grund ihrer Zerstörung. Ersten Theorien nach könnte es sich bei Mont'e Prama um eine Nekropole mit einer Art Heroon gehandelt haben. Damit ist ein Kultort der Oberschicht der Nuraghen-Gemeinschaft gemeint. Er bestand aus einer monumentalen Straßenanlage, an deren Rand die »Giganten« zur Feier militärischer und religiöser Anlässe aufgestellt waren. Eine andere Hypothese geht von einer kreisförmigen Aufstellung aus. Unter den beteiligten Archäologen gilt jedenfalls als sicher, dass die Statuen absichtlich zerstört und auf die Grabanlagen geworfen wurden. Möglicherweise bei der Eroberung der sardischen Küsten durch die Punier im 6. Jahrhundert v. Chr.

Hatten die Sarden mit den eher friedlich auftretenden Karthagern bereits ihre Schwierigkeiten, so erlebten sie mit den Römern ein blaues Wunder. Die traten von Anfang an als Kolonialherren auf, zerstörten Weideflächen, um Korn (und Wein) für die italienischen Heimatregionen und ihre Soldaten anzubauen, und verschleppten die Einwohner als Sklaven, die dann in Rom niedrige Dienste leisten mussten. Ein letzter Aufstand gegen die Kolonialmacht scheiterte 215 v. Chr. in einer blutigen Schlacht gegen die Römer, als es auch auf dem Festland hoch herging und Hannibal vor den Toren Roms stand. Aber seit dieser Auseinandersetzung ranken sich Legenden um den sardischen Helden Amsicora (lat. *Hampsicora*, ital. *Ampsicora*).

Der antike Historiker Livius erzählt, dass Amsicora, ein sardischer Großgrundbesitzer, mithilfe der alten Besatzungsmacht aus Karthago einen Aufstand anzettelte und einen Teil der Ebene vor Karalis (Cagliari) besetzte. Dabei konnte er nicht nur auf die sardisch-punische Küstenbevölkerung zählen, sondern auch auf die *sardi pelliti*, die »Fellsarden« aus dem Landesinneren. Sie wurden von den Römern so genannt, weil sie eine ärmellose Jacke aus Ziegen- oder Schafsfell (*mastruca*) trugen. Die *mastruca* blieb bis ins 20. Jahrhundert noch ein typisches Kleidungsstück der Hirten. Als Rom dann unter der Führung von Titus Manlius Torquatus weitere Truppen (22 000 Fußsoldaten und 1600 Reiter) zur Verstärkung schickte, rückte man gegen die Aufständischen vor, die in dem Augenblick von Iosto, dem Sohn des Amsicora befehligt wurden, während Amsicora selbst im Landesinneren unterwegs war, um weitere Fellsarden zu rekrutieren. Iosto griff unvorsichtigerweise die Übermacht der Römer an. Die Sarden, von denen 3000 Mann auf dem Schlachtfeld starben, wurden in die Flucht geschlagen und zogen sich nach Cornus (nahe dem heutigen Cuglieri) an die Westküste zurück, von wo der Aufstand seinen Ausgang genommen hatte. Hier übernahm Amsicora wieder das Kommando und verbündete sich mit Truppen, die Karthago zu Hilfe geschickt hatte. Doch die Römer konnten auch diese Streitmacht in einer Schlacht besiegen, die in einem Gemetzel mit über 20 000 Toten, darunter auch Iosto, endete. 37 000 Mann, so Livius, wurden gefangen genommen und in die Sklaverei geschickt. Als Amsicora, der sich mit ein paar Getreuen auf der Flucht und bereits auf sicherem Gelände befand, die Nachricht vom Tod seines Sohnes erreichte, ließ er ein Lager aufschlagen, wartete die Nacht ab und nahm sich das Leben.

Die Figur des Helden als ein Gegenspieler Roms ist in Geschichten und Legenden auf der Insel lebendig geblieben. Amsicora wurde übrigens auch zum Namenspatron des alten Fußballstadions von Cagliari. In diesem *Stadio Amsicora* gewannen die elf Helden von Cagliari Calcio 1970 mit ihrem bärenstarken Linksaußen Gigi Riva die italienische Fußballmeisterschaft – das war das erste und bislang auch letzte Mal, dass eine Mannschaft, die nicht vom italienischen Festland stammt, den Titel gewinnen konnte. Als ich kürzlich eine Verabredung im regionalen Landschaftsschutzamt hatte, das in der Via dei Salinieri genau hinter dem (heute nicht mehr genutzten) *Stadio Amsicora* liegt, spürte ich, wie auch Fußballstadien eine historische Aura haben können.

Wie es bei Eleonora mit rechten Dingen zugeht

Was die Männer nicht schaffen, schafft eine Frau. Unter den Helden Sardiniens ist Eleonora D'Arborea eine Lichtgestalt. In vielen Legenden wird sie als eine Kriegerprinzessin dargestellt, die zu Pferd eine Armee sardischer Rebellen gegen die Angreifer aus Aragon führt, um die Unabhängigkeit Arboreas zu sichern. Bedeutender ist aber, dass sie als weitsichtige

Staatsfrau mit der *Carta de Logu* ein Gesetzeswerk entwickelt hat, das Sardinien von 1395 bis zur Bildung des italienischen Staates Mitte des 19. Jahrhunderts als Rechtsgrundlage diente. Und es versteht sich von selbst, dass man sie immer auch als liebende, aufopfernde Mutter und Ehefrau darstellt.

Kriegerin, Richterin, Mutter – Historiker haben in den letzten Jahrzehnten verstärkt versucht, das Leben der Eleonora D'Arborea auszuleuchten. Viel wissen wir tatsächlich nicht über diese tapfere Sardin, nicht einmal eine zeitgenössische Abbildung ist von ihr bekannt. Aber Eleonora ist die einzige Frau, die in der sardischen Geschichte bis heute eine machtpolitische Rolle spielen konnte, und sie gilt zusammen mit Mathilde von Canossa als eine der ganz großen italienischen Frauengestalten des Mittelalters.

Was sind das für Zeiten? Hoch geht es her, nachdem Byzanz die von Epidemien und Malaria heimgesuchte Insel weitgehend aufgegeben hat und aus den lokalen Herrschaftsbereichen Sardiniens vier Judikate, Regierungsbezirke, hervorgegangen sind (Cagliari, Torres, Gallura und Arborea). Ihre Herren, die sich Richter nennen, bekämpfen sich untereinander, die Seemächte Pisa und Genua schalten sich ein, die spanischen Aragonier kommen hinzu, und jeder versucht die Vorherrschaft der strategisch wichtigen Insel im Mittelmeer zu erringen. Arborea ist mit der Hauptstadt Oristano das größte und auch wirtschaftlich stärkste der Judikate. Papst Bonifaz VIII. gibt es 1297 der Krone Aragons zum Lehen, dennoch erhält sich Arborea dank eigener Stärke und kluger Herrschaft nicht zuletzt durch eine Frau wie Eleonora die Unabhängigkeit.

Die Spanier respektieren zunächst die Autonomie des Judikats, Eleonores Vater Mariano wird sogar am Hof von Saragossa erzogen und heiratet eine katalanische Prinzessin. Als er 1347 an die Spitze des Judikats rückt, ist Eleonora gerade sieben Jahre alt. Unter der Herrschaft von Mariano IV. erlebt Arborea eine Blütezeit, wird reich, groß und mächtig. Und

Mariano hat einen Traum, er möchte Sardinien in einem einzigen Staat vereinigen. Dank einer Agrarreform sind die Kornspeicher zum Überlaufen voll, in den Kassen häuft sich das Gold, und das Heer gewinnt mit angeworbenen Söldnern an Schlagkraft. Während Mariano und sein Sohn Ugone eine Schlacht nach der anderen gewinnen und fast ganz Sardinien beherrschen, kümmert sich die blutjunge Eleonora in Oristano erfolgreich um die Verwaltung des Judikats und sammelt erste Erfahrungen, die sie später in die *Carta de Logu* einbringen kann. Noch ahnt sie nichts von ihrem Schicksal, das sie eines Tages selbst auf den Thron ihres Vaters bringen wird.

Dieser Tag kommt im Jahr 1383, nachdem zuerst ihr Vater gestorben ist, dann ihr Bruder ermordet wurde, und das Judikat führerlos ins Taumeln gerät. Eleonora, die mit einem Doria aus Genua verheiratet worden ist und zuletzt in Ligurien gelebt hat, reist sofort nach Oristano, wo sie im Namen ihres Sohnes Federico die Macht übernimmt – unterstützt von der *Corona de Logu*, der Ständekammer, in der man sich noch gut an ihr Verwaltungsgeschick erinnert. Denn schwere Zeiten sind angebrochen, ihr Bruder hatte nicht die Statur des Vaters besessen. Er hatte sich im Staat unbeliebt gemacht, durch immer neue Kriegszüge die Kassen geleert und so auch Bauern und Hirten von der Arbeit ferngehalten. Schlimmer noch: Inzwischen wollte auch Aragon, aufgeschreckt durch die Eroberungen Arboreas, seinen Herrschaftsanspruch auf Sardinien durchsetzen. Und es ist ausgerechnet jener Doria, der Ehemann von Eleonora, der nach Saragossa reist, um den König von Aragon zu unterstützen, denn der Genuese hält gar nichts davon, dass seine Frau den Thron in Oristano besteigt. Doch Doria wird verhaftet, und der König von Aragon hat nun eine Geisel in der Hand, mit der er Eleonora zum Einlenken zwingen möchte. Die allerdings denkt gar nicht daran, sich erpressen zu lassen, und lässt ihren verräterischen Gatten sieben Jahre im Kerker in Spanien schmoren, bis er endlich freigelassen wird. Eleonora muss aber Kompromisse schließen. Um die Unabhängigkeit Arboreas zu erhalten, gibt sie deshalb die von Vater und Bruder eroberten Gebiete auf und beschränkt sich auf das alte Kernland.

Endlich! Es herrscht wieder Frieden und die Richterin kann sich jetzt mit aller Kraft der guten Regierung widmen. Bereits ihr Vater hatte an dem neuen Gesetzeswerk gearbeitet, das sie nun zu Ende führt. Die *Carta de Logu* tritt 1395 in Kraft und ist – eine Sensation – in sardischer Sprache, der Sprache des Volkes geschrieben. Sie fasst Bestimmungen des Zivil- sowie des Strafrechtes zusammen, schützt zum Beispiel die Rolle der Frau ebenso wie den Besitz an Gütern, bestraft den Wucher, umschreibt die Pflichten der Obrigkeit und schafft so zum ersten Mal eine Art Rechtssicherheit. Noch heute gilt sie als ein Vorläufer des Verfassungsrechtes. Auch die Herren aus Aragon stützen sich später auf diesen Kodex, der bei allen Veränderungen durch die Zeitläufte bis zur Rechtsreform von Carlo Felice 1827 in Kraft bleibt. Eine zeitgenössische Abschrift findet sich in der Bibliothek der Universität Cagliari. Was hat bis heute überlebt: Eleonora liebte Falken über alles, und als Vogelfreundin erließ sie auch Bestimmungen zum Schutz von Greifvögeln. Der *Falco eleonorae* (Eleonorenfalke) ist nach ihr benannt.

Lange konnte Eleonora jedoch nicht die Segnungen der *Carta de Logu* verfolgen. Im Jahr 1403 holte sie der schwarze Tod zu sich. Einige behaupten, sie habe sich aufopferungsvoll um die Pestkranken gekümmert und dabei selbst angesteckt. Doch es ist wahrscheinlicher, dass die Pest auch in die Burg Oristanos hineinkam und Eleonora im Schlaf überraschte.

Klagende Rufe in der Nacht

Nach Eleonoras Tod ging Arborea bald unter. Spanier und Pisaner, Genuesen und der Vatikan rangelten um Macht und Einfluss auf der Insel, ohne sich weiter um die Sarden zu kümmern, die wie zu römischen Zeiten von den verschiedenen Kolonialherren verachtet wurden. Immerhin kam es während dieser Auseinandersetzungen zu einem gewissen ökonomischen und kulturellen Aufschwung. Der Papst setzte die Mönchsorden in Marsch, um das alte byzantinisch-östliche Kirchenverständnis und die orthodoxen Liturgien auf der Insel durch die römisch-westlichen Kulte zu ersetzen. Benediktiner und Zisterzienser errichteten Klöster und Kirchen, vom Festland kamen Baumeister und auch Handwerker, in der Architektur machten sich Einflüsse aus der Toskana, der Lombardei oder der Provence breit. So entstand ein Netz von romanischen Bauwerken, die sich auch heute noch in ihren ursprünglichen Formen zeigen und schon allein eine Rundreise wert sind. Ihr unverfälschter Zustand lässt sich darauf zurückführen, dass sich in den folgenden Zeiten, zumindest auf dem Land, kaum noch Bautätigkeit entwickelte, und die Spanier nur daran dachten, die Insel mit einem Feudalsystem zu überziehen, um sie auszubeuten. Zeugen von Renaissance und Humanismus, die im restlichen Europa triumphierten, wird man auf Sardinien kaum finden. Auf diese Weise blieben so stille Bauten wie die kleine frühromanische Kirche San Pietro Extramuros in Bosa oder die große Basilika San Gavino in Porto Torres erhalten. Beeindruckend sind auch der aus dunklem Trachyt gebaute »schwarze« Dom Santa Maria del Regno in Ardua oder, eingebettet in der weiten Landschaft in der Nähe Sassaris, die Abteikirche Santissima Trinità di Saccargia mit ihrer für die damalige toskanische Baukunst typischen zebrahaft hell-dunkel gestreiften Fassade. Aus der pisanischen Zeit stammen auch schöne Beispiele von Militärarchitektur wie der Turm von San Pancrazio und der Elefantenturm – beide in der Oberstadt von Cagliari – und außerdem der Nordostturm des Castello di Serravalle in Bosa.

Das Kastell wurde ab 1112 vermutlich von der gräflichen Familie Malaspina, die aus dem toskanischen Lucca stammte, auf einem Hügel oberhalb der Stadt errichtet. Angeblich hat es einen unterirdischen Gang gegeben, der von dem Kastell in die Unterstadt und unter dem Fluss in das Gebiet von San Pietro führte. Aus Sicherheitsgründen konnte man ihn wohl fluten für den Fall, dass Feinde ihn entdecken sollten. Und wie man sich in Bosa erzählt, hatte ein Doria aus Genua die stolze Tochter eines verstorbenen Grafen von Serravalle geheiratet und war zu ihr ins Kastell gezogen. Der neue, leichtlebige Herr, dem die strengen Sitten Sardiniens fremd waren, benutzte nun einen Sommer lang den Gang, um eine Hofdame, in die er sich verliebt hatte, in den Wiesen bei San Pietro zu treffen. Im Winter, als das Wetter schlechter wurde, verlegte er die Schäferstunden direkt in den Gang, wo er ein kleines Feuer aufschichten ließ. Die eifersüchtige Schlossherrin beauftragte schließlich ihre Kammerzofe, beim nächsten Stelldichein den Gang fluten zu lassen. Als man am Morgen das Wasser wieder abließ, fand man drei Tote: neben dem Liebespaar noch die Gräfin, die in letzter Minute ihren immer noch geliebten Ehemann hatte warnen wollen. Noch heute soll man nachts unterhalb des *castello* ihren klagenden Ruf hören. Ich habe anfangs meine Ohren gespitzt, wenn ich mal in Bosa wach lag. Aber meistens habe ich nichts anderes vernommen als die Schreie liebestoller Katzen.

Sardinien wird zerstückelt

Welche tiefe Bedeutung Steine haben können, ist auf Sardinien bereits an den sogenannten Menhiren aus vorgeschichtlicher Zeit abzulesen, die einsam an ehemaligen Kultorten in der Landschaft stehen. Wenige sind auf mysteriöse Weise in Reih und Glied gebracht, wie zum Beispiel im archäologischen Park Pranu Muteddu bei Goni oberhalb des Lago Mulargia (Provinz Cagliari). Teils sind es eindeutig phallische Symbole, teils hat man die Steine, wie stilisierte Brüste andeuten, zu Ehren der göttlichen Erdmutter aufgestellt. Da versteht es sich fast von selbst, dass es Sarden gibt, die sich keinen Knoten ins Taschentuch machen, wenn sie sich an etwas erinnern wollen, sondern sich einen kleinen Stein, *sa pedra de s'arregodu*, den Stein der Erinnerung, in die Tasche stecken.

Typisch für die offene sardische Landschaft sind aus Steinen aufgeschichtete Trockenmauern, die sich recht kurvig und hier und da ganz wirr durch das Land ziehen. Viele von ihnen sind eingestürzt und scheinen keine Bedeutung mehr zu haben. Aber sie haben den jahrtausendealten Grundsatz der Allmendewirtschaft zerschnitten, der gleichsam natürliches Recht war und sich sogar in der Gesetzgebung der *Carta de Logu* von Eleonora D'Arborea niedergeschlagen hatte. Danach wurde das Nutzland der Dörfer gemeinschaftlich verwaltet und im jährlichen Rhythmus nach bestimmten Kriterien an die Bevölkerung vergeben, wobei man klugerweise versuchte, zwischen der Nutzung von Acker- und Weideland zu wechseln. Ähnliches galt für die gemeinschaftliche Nutzung der Wälder.

In den letzten Jahrzehnten des 18. Jahrhunderts diskutierte man am Hof der Savoyer – die inzwischen Sardinien beherrschten – darüber, wie man die unter dem Feudalbesitz leidende Landwirtschaft der Insel modernisieren könnte. Zugleich wollten die Auseinandersetzungen innerhalb der Dörfer und der Kampf zwischen Hirten und Bauern kein Ende nehmen. Zuerst wurden Pflanzungen zerstört, dann starben Tiere, schließlich Menschen und die Blutrache löste Familienkriege aus, die Generationen überdauern konnten. Der Ruf nach Ordnung sowie nach Unterstützung wurde laut. 1805 versuchte Carlo Felice von Savoyen in seiner Position als Vizekönig von Sardinien, den Anbau von Oliven großflächig zu fördern, indem er all diejenigen mit Adelstiteln belohnte, die mindestens 4000 neue Bäume pflanzten. Wobei aber vor allem eine neue Junkerschicht entstand, die man bald etwas abfällig »Olivenadel« (*nobili dell'ulivo*) nannte.

Für die Einführung von weit gestreutem Privatbesitz, die Trennung von Weide- und Ackerland und die Förderung von ertragsintensiven modernen Agrarbetrieben nahm Turin sich das englische Modell zum Vorbild. Die englische Regierung hatte bereits Ende des 18. Jahrhunderts das Allmenderecht abgeschafft. Gemeinschaftliches Land konnte dort von privater Seite eingefriedet werden (allerdings auf Kosten der Kleinbauern, die entweder in die Fabriken der Industriestädte wechseln oder in die Überseegebiete auswandern mussten). So erließ der König von Piemont-Sardinien im Jahr 1820 ebenfalls ein Gesetz, das als »Erlass zur Einfriedung« (*Editto delle Chiudende*) in die Geschichte eingehen und das Leben wie die Landschaft Sardiniens verändern sollte. Danach konnte jeder den von ihm zu diesem Zeitpunkt bewirtschafteten Boden mit Mauern oder Hecken einfrieden und zu seinem privaten Besitz machen, soweit nicht öffentliche Einrichtungen (Wege, Brunnen usw.) davon betroffen waren. Teile der Bestimmungen waren bereits im Vorfeld in den oberen Schichten Sardiniens bekannt geworden, sodass Kleinbauern und Hirten von Feudalherren und Stadtbürgern, die unter dem Ruf »zäunt ein, was das Zeug hält« das Land unter sich aufteilten, regelrecht überrumpelt wurden. Die angestrebte Stärkung der Landwirtschaft blieb jedoch aus. Denn, wie Rainer Pauli kommentiert, »war es meist wesentlich einträglicher, auch das angeeignete Ackerland an Hirten zu verpachten«. Die betrogenen Bauern und Hirten konnten sich in dem bitterbösen Reim wiederfinden, der einen blinden Stegreifpoeten (Melchiorre Murenu) derart berühmt gemacht hat, dass ihn jedes Buch über Sardinien, das etwas auf sich hält, zitiert:

Tancas serradas a muru
fattas a s'afferra afferra,
si su chelu fit in terra,
l'haian serradu puru.

(Den Boden mit Mauern verschlossen / von denen die raffen und raffen, / und wäre der Himmel auf Erden, / den hätten sie auch geschlossen.)

Im Gebiet des Nordens im Großraum Sassari, wo bereits früher die Agrarwirtschaft vorherrschend war, blieben die Einfriedungen eher marginal, zumal sich hier schon vorher Formen von Privatwirtschaft, etwa beim Olivenanbau, herausgebildet hatten. Ähnliches galt auch im Süden, im Campidano. Dazwischen zog sich ein breiter Streifen quer durch die Insel, der dagegen stark eingefriedet, geradezu in Parzellen zerstückelt wurde, was auch zu sozialen Konflikten führte. Denn, so schreibt der Historiker Manlio Brigaglia, die Auseinandersetzungen zwischen Hirten und Bauern flauten nicht etwa ab, sondern weiteten sich aus. Die Armut verbreitete sich und machte sich in Aufstandsbewegungen rund um Nuoro Luft, die allerdings blutig niedergeschlagen wurden. Anführer wie Mitläufer, die von der Polizei gesucht wurden, versteckten sich im unwegsamen Gelände oder machten als mediterrane Robin Hood von sich reden. Angetrieben von traditionellen Ehrbegriffen, aber auch aus reiner Raublust wuchs besonders in den inneren Regionen ein Verbrecherwesen, das bis weit ins 20. Jahrhundert ein Problem für die Obrigkeit darstellen sollte und von Teilen der Bevölkerung toleriert wurde. Der Erlass zur Einfriedung und eine gut gemeinte Agrarpolitik, die allerdings Ackerbau und Pflanzungen einseitig förderte, erwiesen sich so als katastrophaler Fehlschlag.

Der Poet Melchiorre Murenu wurde selbst ein Opfer dieser Entwicklung. Murenu stammte aus einer einfachen Familie aus Macomer. Im Alter von drei Jahren nahm ihm eine Pockeninfektion das Augenlicht und entstellte sein Gesicht. Aber mit einem phänomenalen Gedächtnis ausgezeichnet, nahm er alles auf, was er in den Dörfern, den Kirchen, den Schenken oder auf Festen hörte. Bereits als junger Mann trat er bei Dichterwettbewerben auf, bei denen sich die Teilnehmer in lyrischen Improvisationen maßen. Seine spitze Zunge machte ihn berühmt, und bald nannte man ihn den »Homer der Armen«. Er stellte Alltagsprobleme und Familiengeschichten in Versen dar, widmete sich aber auch politischen und sozialen Fragen. Dabei schonte er nichts und niemanden, auch Orte der Umgebung wie Bosa nicht. *Sus Isporchizias de Bosa* (Der Schmutz von Bosa) lautet der Titel eines seiner bekanntesten Spottgedichte. Am Schluss heißt es, schlimmer als Feuer und Schwefel in der Hölle sei in Bosa der Gestank von Mist und Dreck auf den Straßen (*ch'in Bosa b'hat fiagu e ledamen*). Auf diese Weise machte sich Murenu eine ganze Stadt zum Feind. Eines Abends wurde der blinde Poet von drei Männern abgeholt, die ihn zu dem Banditen Maloccu bringen sollten, der ebenfalls ein bekannter Stegreifdichter war und sich im Hinterland von Bosa versteckt hielt. Am nächsten Morgen fand man den Körper von Melchiorre Murenu zerschmettert am Fuß eines steinigen Abgrunds. 1803 geboren, starb er so im Alter von 51 Jahren.

Antonio Gramsci, Emilio Lussu und die »verfehlte Nation«

Zwei kluge Köpfe haben versucht, in der ersten Hälfte des vergangenen Jahrhunderts ein neues Bild von Sardinien zu vermitteln. Der eine ist Antonio Gramsci, der 1891 in Ales, im Campidano di Oristano, geboren wurde und in Ghilarza am Lago Omodeo aufwuchs (in beiden Orten erinnern heute Museen oder Anlagen an ihn). Als 20-Jähriger ging er nach Turin, wo er studierte und sich in der Arbeiterbewegung engagierte. Nach dem Ersten Weltkrieg wurde er zum Mitbegründer der Kommunistischen Partei Italiens und vertrat sie als Abgeordneter im Parlament. 1926 – Mussolini befand sich seit vier Jahren an der Macht – wurde er verhaftet und wegen seiner politischen Ideen zu zwanzig Jahren Haft verurteilt. Hinter Mauern schrieb er seine berühmten *Gefängnishefte*, in denen er ein westlich geprägtes marxistisch-philosophisches Weltbild entwarf und dabei besonders die Rolle des Intellektuellen herausstellte. Schwer krank wurde er im April 1937 entlassen und kurz darauf starb er in Rom. Über Sardinien hat der junge Gramsci in einem Gleichnis geschrieben: »Ihr müsst euch Sardinien als fruchtbares und üppiges Feld vorstellen, das von einer unterirdischen Quelle bewässert wird, die auf einem weit entfernt liegenden Berg ihren Ursprung hat. Plötzlich stellt ihr fest, dass das Feld unfruchtbar geworden ist. Wo vorher üppige Kornfelder waren, wächst nur noch sonnenversengtes Gras. Ihr sucht nach der Ursache des Übels, aber ihr werdet sie niemals finden, wenn ihr nicht euer kleines Feld verlasst und auf dem Berg sucht, wo das Wasser herkam – wenn ihr nicht zu der Erkenntnis gelangt, dass irgendein Lump oder Egoist die Quelle verschüttet, die euren Acker fruchtbar gemacht hatte.«

Der andere ist der 1890 in der Nähe von Cagliari geborene Emilio Lussu. Der Jurist, Politiker und Literat entlarvte in seinem 1938 im Pariser Exil verfassten Antikriegsroman *Ein Jahr auf der Hochebene* den Hurrapatriotismus der Faschisten und ihre Heldenverehrung als leeres Geschwätz. Der in Dialogform geschriebene Roman, der auch auf Deutsch erschienen ist, basiert auf Lussus Erfahrungen als Offizier in der *Brigata Sassari* im Ersten Weltkrieg. Diese Infanteriebrigade wurde hauptsächlich aus jungen Bauern und Hirten Sardiniens zusammengestellt und oft in gefährlichen Situationen eingesetzt, weil die sardischen Soldaten als besonders motiviert und mutig galten. Lussu gründete Anfang der 1920er-Jahre mit anderen die regional orientierte Sardische Aktionspartei, der er jedoch bald den Rücken kehrte, weil die Mehrheit der Parteiführung sich mit dem Faschismus arrangieren wollte. Lussu ging ins Exil nach Frankreich, wo er zusammen mit den Brüdern Rosselli die antifaschistische Bewegung *Giustizia e Libertà* (Gerechtigkeit und Freiheit) aufbaute. Nach dem Zweiten Weltkrieg setzte er sich als Abgeordneter unter anderem der Sozialistischen Partei im Parlament für eine Stärkung der Autonomie der Insel ein, lehnte aber eine Loslösung vom italienischen Staat ab. Sardinien blieb für ihn eine »verfehlte Nation«. Emilio Lussu starb 1975 in Rom.

Von Mussolinia zu Arborea

Die Zeit der faschistischen Diktatur in Italien von 1922/24 bis 1943/45 verlief auf Sardinien weniger dramatisch als im restlichen Italien. Weder gab es eine Massenbegeisterung für das neue Regime noch formierte sich breiter Widerstand. Man arrangierte sich irgendwie. Doch auch auf der Insel hoben die neuen Herren die Grundfreiheiten auf und verfolgten gnadenlos diejenigen, die sich nicht anpassen wollten. Viele Antifaschisten folgten dem Beispiel von Emilio Lussu oder Dino Giacobbe, dem Vater der Schriftstellerin Maria Giacobbe, und gingen ins Exil nach Frankreich. Auf Sardinien griff derweil Mussolini geschickt einige Großvorhaben auf, die bereits von den Vorkriegsregierungen eingeleitet worden waren und sich auf Finanzierungen durch Mailänder Banken stützen konnten. Dazu gehörte etwa die Stauung des Tirso nach einem Projekt des Ingenieurs Angelo Omodeo, wodurch der damals größte Stausee Europas (siehe auch Seite 47) entstand. Zum Vorzeigeprojekt entwickelte sich die Urbarmachung von Sumpfgebieten am Golf von Oristano mit einer Grundfläche von 9000 Hektar. Auch hier stammten die Pläne aus der Vorkriegszeit. Unter der Leitung eines Industriellen aus Venetien wurden arme Bauern und Tagelöhner aus dem Po-Delta angeworben, mit ihren Familien nach Sardinien in die von einem Konsortium errichteten Höfe zu ziehen. Sie arbeiteten an der Trockenlegung des Landes und richteten landwirtschaftliche Betriebe von 16 bis 20 Hektar Größe ein, mit der Zusage, dass

Haus, Hof und Boden nach Abschluss aller Arbeiten in ihren Besitz übergehen würden. Mit Ausnahme des letzten Punktes übernahm die faschistische Regierung diese Planung und setzte neben Reis- und Gemüseanbau das Schwergewicht auf Viehhaltung und Milchproduktion. Anders als im übrigen Teil Sardiniens (und meist in ganz Süditalien) üblich, entstand so ein modernes Landwirtschaftssystem, bei dem die Bauern nicht im Dorf wohnten und sich auf langen und nicht immer gefahrlosen Wegen zu ihren verstreut liegenden Nutzflächen begeben mussten, sondern jeweils mitten in dem von ihnen angebauten oder durch Viehhaltung genutzten Land lebten und arbeiteten. Allerdings mussten sie nach dem Prinzip der Halbpacht einen Teil ihrer Erträge an das staatliche Leitungsunternehmen abgeben, das den Bodenbesitz verwaltete, aber auch für die Vertreibung der Produkte (hauptsächlich Milch) sorgte.

Der Staat sorgte dafür, dass Flüsse reguliert und neue Straßen angelegt wurden. Und am Rande des neuen Trockengebietes wuchs so eine kleine Stadt, die 1928 auf den Namen Mussolinia (heute Arborea) getauft wurde. Die Pläne für die Ortsmitte gingen ebenfalls auf die vorfaschistische Zeit zurück, und wenn man heute, die Eukalyptushaine hinter sich lassend, mit dem Auto in Arborea ankommt, sieht man sich einem historischen Disneyland gegenüber. Jugendstilvillen auf der einen Seite, eine kleine, mit Pinien bewachsene Piazza mit einer Kirche, einer Markthalle, sowie Schul- und Verwaltungseinrichtungen im neuromanischen, neugotischen Stilgemisch der frühen Zwanzigerjahre auf der anderen. Einige in den strengen rationalistischen Formen der Dreißigerjahre errichtete Bauten liegen am Ortsrand. Der Ort mit seinen 4000 Einwohnern wirkt fremd wie eine Filmkulisse, ganz anders fremd, als man es in diesem an Fremdheiten wirklich nicht armen Sardinien gewohnt ist – aber irgendwie hell, offen und sympathisch.

Nach dem Krieg kam es in Arborea zu einer Streikbewegung der Landbevölkerung, um den anfangs versprochenen (und von den Bauern ja auch erarbeiteten) Besitz an Haus und Boden einzufordern. Davon berichtet Leonardo Mura, ein alter Gymnasiallehrer, der heute die Gemeindebibliothek von Arborea leitet. Meist sitzt er ganz allein in seiner gut ausgestatteten Bibliothek und freut sich, wenn er neugierigen Besuchern die Geschichte von seiner Heimat erzählen kann. Erst nach langen Auseinandersetzungen wurde Mitte der Fünfzigerjahre das Land den Menschen gegeben, die es auch bearbeiteten, und eine Kooperative der Landwirte übernahm weitgehend den Vertrieb. Heute versorgt Arborea mit seinen modernen landwirtschaftlichen Anlagen nicht nur den Großraum Cagliari mit Milch, sondern auch weite Teile der Insel. Die zugewanderte Bevölkerung aus Venetien hat sich inzwischen mit der sardischen vermischt, dennoch hört man hier und da noch den alten Dialekt. Und im Gemeindesaal werden gelegentlich volkstümliche Theaterstücke aufgeführt, in denen sich die jeweiligen Sprachgruppen auf liebevolle Art gegenseitig auf den Arm nehmen. »Wir sind alle Sarden«, sagt Leonardo Mura – er fügt jedoch stolz hinzu, dass in Arborea die »fortschrittlichen Sarden« leben würden.

Ähnliches kann man in Carbonia hören, in der von Mussolini 1938 am Rande der Kohleminen des Sulcis gegründeten Stadt, die heute 26 000 Einwohner zählt. Hier haben sich Menschen aus allen Teilen Sardiniens aus ihren Traditionen gelöst, vermischt und eine Industriestadt aufgebaut, die sich jüngst ganz überraschend zur Gartenstadt gemausert hat (siehe Seite 153). Denn anders als die Geschichte der Landwirtschaft in Arborea ist die des Kohlebergbaus keine Erfolgsgeschichte. Die Bergwerke sind alle geschlossen, und Carbonia sucht (zusammen mit Iglesias) als Verwaltungsort der Provinz Sulcis Iglesiente eine neue Rolle in einem von Land- und Hirtenwirtschaft sowie vom Tourismus bestimmten Umfeld. Der Landstrich zählt nach der Deindustrialisierung zu den ärmsten der Insel. Ein Wanderweg (Cammino Minerario di Santa Barbara) verbindet über viele Etappen aufgelassene Industrieanlagen mit wilder Landschaft und eindrucksvollem Küstenland.

Spuren aus schweren Zeiten

Carbonia und Arborea sind neben der Urbarmachung von Fertilia bei Alghero, wo sich zunächst Leute aus der Provinz Ferrara und nach 1945 Istrienflüchtlinge ansiedelten, die sichtbarsten Hinterlassenschaften des *ventennio*, wie man in Italien die gut zwanzig Jahre währende Zeit der Diktatur nennt. Sie endete im Zweiten Weltkrieg, in dem Sardinien, das gleichsam als ein im Mittelmeer verankerter »Flugzeugträger« diente, zum Glück weitgehend von Kampfhandlungen verschont blieb. An der Westküste kann man gelegentlich noch Geschützstellungen aus Beton sehen, die andeuten, dass die Achsenmächte hier mit einer Invasion durch die Alliierten rechneten, die jedoch im Sommer 1943 auf Sizilien begann. Die Befürchtungen, dass eine Invasion tatsächlich kurz bevorstehen würde, um Sardinien als Stützpunkt für einen Angriff auf das italienische Festland einzunehmen, wurden durch Luftangriffe genährt, die von Februar 1943 an vor allem dem Raum Cagliari galten. Dabei starben über 1000 Menschen, und die Bomben zerstörten weite Teile der Innenstadt Cagliaris. Was man ihr heute noch an jenen Stellen ansieht, wo hektisch errichtete Neubauten die Bombenlücken in der unmittelbaren Nachkriegszeit schließen mussten. Es gab darüber hinaus Angriffe aus der Luft gegen Carloforte, Alghero, Olbia oder Arbatax.

Als Mussolini im Juli 1943 verhaftet wurde, hielt man ihn zunächst für mehrere Wochen auf der Maddalena gefangen, bevor er in die Abruzzen und auf den Gran Sasso gebracht wurde, wo ihn Hitler später befreien ließ. Zu dem Zeitpunkt, als Italien am 8. September 1943 einseitig den Waffenstillstand ausrief und deutsche Truppen widerrechtlich das Land besetzten, befanden sich auf der Insel rund 130 000 italienische Soldaten und knapp 30 000 deutsche Streitkräfte, überwiegend Resteinheiten des ehemaligen Afrikakorps von Rommel. Die hatten zunächst, von den gelegentlichen Bombenangriffen abgesehen, geglaubt, sie könnten hier eine ruhige

Kugel schieben. Dennoch kam es zu erheblichen Verlusten, wie der Soldat Walter Mork in einem Beitrag für das Deutsche Historische Museum (»Kollektives Gedächtnis«) noch im Jahr 2006 beschreibt: »Diese Verluste entstanden ohne Feindeinwirkung, sie waren eine Folge der Malaria, die wir unterschätzt hatten, trotz der Ermahnungen und der täglich einzunehmenden Anti-Malariamittel. Dass ›unsere‹ Insel als das bestverseuchte Malaria-Gebiet in Europa galt, war uns vorher nicht bekannt gewesen.« Von Anfang an, so erinnert sich der Soldat, wurde zwar eine Malaria-Prophylaxe mit Atebrin durchgeführt, »aber die herumschwirrenden Anophelesmücken störten sich daran nicht sonderlich und stachen trotzdem munter drauflos.« Die Einheit erhielt bald den bitteren Spitznamen »Malaria-Division«, und die Ausfälle dezimierten die Truppe teilweise auf 50 Prozent Sollstärke.

Dann kam der 8. September, die Achse Rom–Berlin zerbrach und Walter Mork verstand die Welt nicht mehr, plötzlich fanden sich Deutsche und Italiener in zwei verschiedenen Lagern wieder: »Das war nun nicht nur mehr eine sehr abstruse, sondern auch ziemlich kuriose Situation. Aus war es mit der gestern noch vorhandenen Waffenbrüderschaft, diese Kameraden waren nun unsere Feinde, und wir waren jetzt ihre Feinde.« Während auf dem Festland deutsche Truppen die italienischen entwaffneten, war hier wegen des eindeutigen Übergewichts der Italiener daran gar nicht zu denken. So handelte man aus, dass die Deutschen sich nach Korsika zurückziehen und den Italienern Sardinien überlassen sollten. Dennoch kam es unter wirren Umständen auf der Insel Maddalena, die ja ein Brückenkopf auf dem Weg nach Korsika bildet, zu einem kurzen Kampf, an dem sich auch sardische Widerstandskämpfer beteiligten, nachdem eine deutsche Einheit einige italienische Offiziere festgenommen hatte. Auf beiden Seiten starben mehrere Menschen, die Italiener wurden wieder freigelassen, und während der folgenden Tage konnten die deutschen Truppen dann endgültig nach Korsika übersetzen. Der italienische Befehlshaber auf Sardinien, Antonio Basso, der offensichtlich wider höherer Anweisung den friedlichen Abzug der Deutschen ausgehandelt und sich außerdem geweigert hatte, Waffen an die Zivilbevölkerung auszugeben, wurde deswegen später verhaftet und vor ein Militärgericht gestellt, das ihn jedoch 1946 freisprach. Die Stadt Cagliari hat in einer späten Ehrung im Dezember 2009 einen Platz (zwischen der Via Darwin und der Via Fermi) nach ihm benannt.

Auf Cagliaris Militärfriedhof San Michele liegen Gefallene des Zweiten Weltkrieges begraben, darunter auch über hundert deutsche Soldaten, die meisten Opfer der Malaria. Eines der Gräber gehört einem 20-Jährigen, Heinz Mai, dessen Körper im April 1944 bei Stintino an der Nordwestspitze der Insel gefunden wurde – sieben Monate nachdem die Deutschen abgezogen waren. Manlio Brigaglia hat vergeblich versucht, etwas über den jungen Mann in Erfahrung zu bringen, über seine Herkunft und darüber, wie und warum er so spät sterben musste.

Auf Spuren und Erinnerungen an diese schweren, schrecklichen Jahre stößt man auch in Arborea. Vor dem ehemaligen Gebäude der faschistischen Jugendorganisation Balilla steht ein Gedenkstein mit der Aufschrift: »Hier halte in Schweigen inne, aber wenn du dich entfernst, rede. Zur Erinnerung an 20 Kinder, die am Bullenhuser Damm getötet wurden, und an alle anderen Opfer der Naziverfolgung. Arborea, 27. Januar 2009.« In einem Keller der Schule Bullenhuser Damm in Hamburg waren 20 Kinder jüdischer Eltern Ende April 1945 ermordet worden, nachdem man sie zuvor für medizinische Forschungszwecke auf grausame Weise missbraucht hatte. Unter ihnen war auch ein Junge aus Italien.

Die Malaria wird besiegt, die Wiedergeburt misslingt

Nach dem Krieg richtete die italienische Regierung auf Sardinien eine Behörde zur Bekämpfung der Malaria ein. Mit internationaler Hilfe (Rockefeller-Stiftung, Marshall-Plan) sollte sie Herr einer Plage werden, die bereits seit der Vorzeit auf der Insel auftrat und sie zeitweilig sogar beherrscht und gelähmt hatte. Erst Ende des 19. Jahrhunderts war man überhaupt zu der Erkenntnis gelangt, dass die Krankheit durch den Stich der Anophelesmücken übertragen wurde und nicht etwa durch schlechte Luft (ital. *mal aria*). Die Evolutionsgeschichte hat die sardische Bevölkerung dagegen zu schützen versucht. Auf Sardinien war und ist die Mittelmeeranämie (Thalassämie) stärker verbreitet als in anderen italienischen Regionen. Bei dieser Krankheit, die Atemnot erzeugt (früher auch zum Tode führen konnte und heute in schweren Fällen mit Blutaustausch behandelt werden muss), produziert der Körper kleinere Blutkörperchen, aber in größerer Zahl als in gesundem Blut. Weil gerade die Blutkörperchen von der Malariainfektion angegriffen werden, haben Personen mit einer leichten Form der Mittelmeeranämie eine entsprechend größere Chance, die Malaria zu überleben. Das war so etwas wie eine genetische Lotterie, bei der der Mensch oft den Kürzeren zog.

Jetzt aber wurde das Übel endlich an der Wurzel gepackt. In vier großen Kampagnen setzten Hunderte Mitarbeiter der Anti-Malaria-Behörde ab 1947 massiv das Insektenvernichtungsmittel DDT ein. Dabei wurden in erster Linie die Wände der Wohnungen, Häuser und Hütten mit dem Gift besprüht, aber man bekämpfte damit ebenfalls direkt die Brutplätze der Mücken in Wasserläufen und Sumpfgebieten. Die Bevölkerung wurde über Zeitungen und Rundfunk und auch von den Kanzeln aus informiert und mit einbezogen. Vier Jahre später konnte die Behörde wieder aufgelöst werden – die Malaria war besiegt. 1944 hatte es 80 000 Fälle gegeben, 1951 waren es nur noch zwei.

In einer Entwicklung, die die ganze Insel erschütterte, versuchte Sardinien in der Nachkriegszeit, die Moderne einzuholen. »Wir sind nach dem Zweiten Weltkrieg aus einer Art Mittelalter ausgetreten«, berichtet Manlio Brigaglia im Gespräch. Das galt für die Schulen, die Elektrifizierung, die Straßen, das Abwassersystem und anderes mehr. Sardinien hat sich »drastisch, geradezu dramatisch« in den zwölf Jahren der sogenannten *Rinascita* verändert. *Rinascita* (Wiedergeburt) war der Name eines Regierungsprogramms, mit dem von 1962 bis 1974 die wirtschaftliche und soziale Entwicklung angekurbelt werden sollte. In Cagliari, bei Porto Torres und etwas später bei Ottana entstanden Raffinerien, eine Papierfabrik wuchs bei Arbatax in den Himmel, der Straßenbau wurde forciert und große Summen Regierungsgelder flossen ins Land.

Paradoxerweise setzte gerade in dem Augenblick, als neue Arbeitsplätze entstehen sollten, die erste Emigrationswelle, zunächst zu den Arbeitsplätzen Norditaliens, dann auch nach Deutschland, Frankreich oder England ein. Aber auch innerhalb Sardiniens bewegten sich die Menschen, sie verließen ihre Dörfer und zogen in die Städte. »Die Dörfer verlieren innerhalb weniger Jahre ein Fünftel ihrer Bewohner«, erzählt Brigaglia. »Menschen verlassen die Orte, wo ihre Familien seit Jahrhunderten gelebt hatten. Sie verlassen ihre Dialekte und ihre Gewohnheiten.« Der Wechsel kam plötzlich und wurde durch die Verbreitung des Fernsehens und durch die Alphabetisierung zusätzlich zugespitzt. Kurz zuvor galt noch rund die Hälfte aller Sarden als Analphabeten, bald darauf besuchten alle die Schule. Die industrielle Entwicklung revolutionierte nicht nur die Art zu arbeiten, sondern auch die Art zu denken. »In jenen Jahren hat sich das Denken des sardischen Menschen verändert, auch wenn sich gewisse Charakterzüge erhalten konnten. Das Verhältnis zur Welt hat sich verändert, die man nun anders erleben will, als man sie Jahrhunderte lang erlebt hatte.«

Ausgerechnet in dieser gesellschaftlich dramatischen Situation scheiterte der groß angelegte Plan der *Rinascita*. Die Raffinerien arbeiteten unproduktiv oder waren (und sind bis heute) nicht auf Arbeitskräfte aus Sardinien angewiesen. Die Papierfabrik durchlebte eine Dauerkrise, wurde später stillgelegt, und Teile von ihr hat man inzwischen wieder eingerissen. Die Milliardeninvestitionen versickerten in den Taschen der Großunternehmen, Arbeitsplätze, die man gerade geschaffen hatte, wurden wieder abgebaut, und es kam zu Streiks und Protestaktionen. Eine Perspektive öffnete sich mit dem langsam wachsenden Tourismus. Die Entwicklung stand zwar erst an ihrem Anfang, zeigte aber bereits mit prekären Teil- und Saisonarbeitsplätzen ihre Schwächen. Und eine wilde Bau tätigkeit begann die Landschaft anzugreifen. Als fast logische Folge der enttäuschten Hoffnungen, des Verlustes von Traditionen und der sozialen Spannungen nahm das Banditenwesen im Inneren der Insel wieder zu. Lösegeldforderungen hielten die Öffentlichkeit in Atem, und die römische Regierung schickte Militär in die entlegenen Gebiete um Nuoro, um die Verbrechen einzudämmen. Die hilflos bis arrogant agierenden Soldaten verstanden weder die Sprache der Einwohner, noch die Ursachen der Kriminalität. Widerstand machte sich breit, man sprach auch von einem »Vietnam in der Barbagia«.

»Hotel Supramonte«

Der Schriftsteller Marcello Fois, der 1960 in Nuoro geboren wurde, ist ein Kind jener Jahre: »Wir sind gegenüber anderen erst später in die Moderne eingetreten«, erzählt er. »Es gibt auf Sardinien noch Generationen, denen die Brückenzeit zwischen dem ganz Archaischen und dem ganz Gegenwärtigen bewusst ist. Als ich zur Grundschule ging, gab es noch Klassenkameraden, die keine Schuhe hatten, nie Schuhe anzogen. Der Lehrer hat sie ihnen dann gegeben. Das war nichts

Ungewöhnliches für uns. Wenn meine Kinder heute jemanden in der Schule sehen würden, der keine Schuhe hätte, sie kämen äußerst irritiert nach Hause.« Das Neue überlagert das Alte auf Sardinien. Aber nicht immer wird das Alte vom Neuen auch verdeckt.

In den Siebziger- und Achtzigerjahren des vergangenen Jahrhunderts machte erneut eine Welle von Entführungsfällen auf Sardinien von sich reden. Zu den Opfern zählte der Liedermacher Fabrizio De André aus Genua und seine Lebensgefährtin Dori Ghezzi. Sie kamen erst nach mehreren Wochen und nach Zahlung eines Lösegeldes frei. Der Fall erregte auch deshalb Aufmerksamkeit, weil der Liedermacher anschließend Verständnis für seine Entführer und die sozialen Verhältnisse auf Sardinien zeigte. Er sei heil aus der Geschichte herausgekommen, sagte er. Die, die ihn gefangen gehalten haben, würden das niemals können. Fabrizio De André hat diese Erfahrung in mehreren Liedern verarbeitet, unter anderem in dem bekannten Titel »Hotel Supramonte«. Mit dem Begriff »Hotel Supramonte« wird auf Sardinien das Phänomen der Entführungsverbrechen beschrieben.

Ein kühler Wind wehte im Dezember 2007, vier Tage nach Weihnachten durch Orgosolo. Der kleine Ort liegt oberhalb von Nuoro rund 620 Meter hoch im Kalksteinmassiv des Supramonte. Im Sommer kommen Touristen hierher, um die *murales* zu sehen. Das sind bunte, comicartige Wandmalereien nach mexikanischem Vorbild zu sozialen und politischen Themen, die Orgosolo heute den Charakter eines Freiluftmuseums geben und ein bisschen von seiner Geschichte erzählen. Bereits auf der Busfahrt hören die Touristen vor allem Geschichten über den Ort als ein altes Banditennest, in dem sich bis vor wenigen Jahren von der Polizei gesuchte Verbrecher verstecken konnten. Und mancher Besucher blickt sich, seine Digitalkamera gut festhaltend, erst einmal misstrauisch um, wenn er aus dem Bus steigt. Doch im Winter lassen sich keine Touristen hier blicken, die 4500 Einwohner bleiben meist unter sich. So geht ein alter Mann an diesem 29. Dezember allein zum Kiosk, um sich wie jeden Tag die wichtigsten Zeitungen zu kaufen. Jeder kennt ihn, es ist Peppino. Peppino Marotto, 82 Jahre alt, ein Kommunist, Gewerkschafter, Lyriker, Geschichtenerzähler, Sänger. Ein Mann mit einer bunten Vergangenheit. In den Fünfzigerjahren war der Sohn eines Waldarbeiters wegen Totschlags zu einer Gefängnisstrafe verurteilt worden, kam jedoch durch eine Amnestie bald wieder frei. Daraufhin arbeitete er mit einer Theaterkooperative zusammen und gründete den Chor *Tenores di Orgosolo*. Um zehn Uhr dreißig an diesem Samstagvormittag in einer der Hauptstraßen des Ortes, vor der Kirche, nicht weit von dem Kiosk entfernt, wo er sich inzwischen seine Zeitungen gekauft hat, wird er erschossen – und niemand will etwas gesehen oder gehört haben. Gerichtliche Untersuchungen verlaufen im Sande, der Fall ist bis heute ungelöst – und wird es wohl auch bleiben.

Die Ballade von Pratobello

Salvatore Mannuzzu, Schriftsteller aus Sassari, ehemaliger Richter und ein Freund von Peppino Marotto, versuchte eine Erklärung: »Dieses Nichtsehen gehört zu einer alten, einer atavistischen Kultur, die wie ein tiefer Graben von der modernen Auffassung von Gemeinschaft getrennt ist. Es gehört zu einem Kodex von Verhaltensweisen, den ein Wissenschaftler wie Antonio Pigliaru als eine Art inneres Rechtssystem der Gemeinschaften in der Barbagia beschrieben hat. Auch der Wechsel im Rechtssystem war abrupt, wie sich ganz Sardinien abrupt verandert hat. Geblieben sind Relikte. Diese Indifferenz, diese Art von Neutralität ist solch ein Relikt. Wenn man einer Tötung beiwohnt, so der geltende Kodex, muss man nicht dazu Stellung nehmen, es sei denn, man ist mit der einen oder anderen beteiligten Seite verbunden, dann muss man eingreifen. Also wir stehen vor solch einem Relikt, denn ich glaube wirklich nicht, dass in Orgosolo keiner etwas gesehen hat, niemand etwas über den Tod von Peppino Marotto weiß.«

Seine manchmal naiv erscheinenden, aber immer am einfachen Menschen orientierten Gedichte und Lieder, die in den Buchhandlungen von Nuoro noch immer ihre Käufer finden, haben Peppino Marotto überlebt. Darunter die Ballade *Sa lotta de Pratobello* (Der Kampf um Pratobello). Und der verlief so: Im Mai 1969 kündigen Plakate in Orgosolo an, dass die Hirten das mehrere Hektar große Weideland Pratobello oberhalb des Ortes räumen sollen, um Platz für ein Übungsschießen der italienischen Armee zu machen. Bald spricht sich herum, dass in Portobello ein fester Truppenübungsplatz entstehen soll. Als das Militär im Juni anrückt, finden sie das Weideland besetzt. Nicht von Schafen, sondern von Menschen. Das ganze Dorf hat sich hier versammelt, Männer, Frauen, Alte, Kinder. Sie zeigen Plakate auf denen steht: »Wir brauchen Dünger keine Patronen.« Ihr Protest bleibt friedlich und hält mehrere Tage lang an. Die Militärs sind ratlos. Sie versuchen es mit Einschüchterungen, Hubschrauber fliegen über die Köpfe der Orgolesen, sogar Panzer fahren auf. Nichts zu machen. Die Frauen, besonders die älteren, gehen zu den Soldaten, versuchen mit ihnen zu reden. Die Soldaten weichen erschreckt zurück. Die Medien berichten zunächst mit einem empörten Unterton, weil sich hier das »Verbrechernest Orgosolo« wieder einmal rechtlichen Bestimmungen widersetzt. Doch bald kippt die Stimmung auch in den Medien. Das Fernsehen widmet sich dem Fall. Dann kommt der Befehl zum Rückzug, die Soldaten rücken wieder ab, die Orgolesen haben gesiegt, Portobello bleibt Weideland.

Einen derartigen Kampf des Volkes, heißt es in der Ballade von Peppino Marotto, haben selbst die Alten nicht gesehen, und alle Sarden klatschen Beifall, *e naran: custa si ch'ès balentia,* und sie sagen, das sei wirklich *balentia*, Ehrenhaftigkeit. *Balentia* ist ein schillerndes Wort, das seit Jahrhunderten in der Barbagia eine zentrale Rolle spielt und ein ehrenhaftes, mutiges, männliches, richtiges, rühmliches Verhalten beschreibt. Auf *balentia* haben sich Hirten berufen, die ihre Herden verteidigten, Männer, die die Ehre ihrer Frauen schützen wollten, aber auch gewöhnliche Verbrecher, die versuchten, die Armseligkeit ihrer Tat zu überdecken.

Orgosolo macht bei einem Besuch im Spätsommer einen aufgeräumten Eindruck. Am Ortseingang steht rot und riesengroß im typischen PR-Schriftzug von Coca-Cola auf einer Hauswand: *Orgo Solo*. In der Ortsmitte sind manche Wandbilder verblasst, andere neu dazugekommen. Ich suche Informationen über Wanderwege, und weil es kein Touristenbüro gibt, frage ich am Zeitungskiosk nach. Die Frau sagt, nebenan in der Bar sei ihr Bruder, der organisiere so etwas. Der Bruder nebenan heißt Franco, ihm gehört die Bar, er lädt zum Caffè ein und drückt mir ein Faltblatt vom *Sandalion Servizi Turistici* in die Hand. Dann fragt er mich, ob ich schon eine Verabredung zum Mittagessen habe. Habe ich nicht. Gut, sagt Franco, wir treffen uns um halb zwei auf dem Parkplatz, dann fahren wir zum *pranzo con i pastori*, zum Mittagessen bei Hirten, und meine Frau soll ich mitbringen. Lidia und ich, wir sind pünktlich, unser Gastgeber auch. Wir fahren zehn Minuten lang eine kurvige Straße in den Supramonte hinein und halten an einer Weggabelung. Da parken schon große Autobusse von zwei Reisegruppen aus Frankreich, und ihre Insassen sitzen unter schattigen Eichenbäumen in mehreren Halbkreisen auf dafür wohl extra aufgerichteten kniehohen Steinmauern. Wir setzen uns dazu. Etwas abseits brutzeln vier Spanferkel über einem offenen Feuer. Zum Vergnügen der Gäste laufen lebendige Schweine herum, grunzen und betteln um Abfälle. Tische gibt es nicht, schließlich sind wir bei Hirten. Auf Holztellern bekommt man sein Essen (Ricotta und

Schinken, das blattdünne Brot *pane carasau*, dann Hammelbraten und Kartoffeln, schließlich den Schweinebraten und zum Abschluss *dolcetti sardi* und Obst). Aus mit Kork bezogenen Tonbechern trinkt man Rotwein oder Wasser, und dann gibt es eine Grappa *abbardente* (wörtlich: Wasser mit Biss). Ein gutes Dutzend Männer (die Hirten?) läuft geschäftig hin und her, um nachzureichen und nachzuschenken. Und wenn man nicht ab und zu Wasser statt Wein verlangen würde, könnte man die Eichen bald für Kastanien halten. Zum Abschied gibt es ein mehrstimmiges Lied im Stil des *canto a tenore*, der traditionellen Ausdrucksform der sardischen Hirten und Bauern (siehe Seite 191), und dann machen sich die Reisegruppen laut schwatzend davon. Sie haben, so glauben sie, sardische Lebensart in Reinkultur erlebt. Wir fragen, wo wir bezahlen können, was Franco entrüstet ablehnt. Was den Tourismus angeht, kann man ihm und seinen Freunden, mit denen er dieses *pranzo con i pastori* organisiert, sicher keine *balentia* absprechen. Vielleicht sollten sie noch ein Abschiedsgeschenk in ihr Programm aufnehmen: eine kleines Glas Honig, bitteren Honig.

Antonietta und ihre Kinder – Familien, Menschen, Begegnungen

Sardinien hat viele Botschafter. Die Insel ist in der Öffentlichkeit über ihre Regionalgrenzen hinaus dadurch bekannt geworden, dass sie bislang zweimal den italienischen Staatspräsidenten stellen konnte (Giuseppe Segni 1962/64 und Francesco Cossiga 1985/92). Außerdem haben Familien wie die Berlinguer aus Sassari (Adelige seit dem 18. Jahrhundert) lange Zeit die italienische Politik geprägt. Enrico Berlinguer, heute noch vielerorts verehrt, stand in den Siebziger- und Achtzigerjahren bis zu seinem Tod 1984 an der Spitze der Kommunistischen Partei, sein Cousin Luigi Berlinguer leitete als Erziehungsminister der ersten Prodi-Regierung Ende der 1990er-Jahre eine große (inzwischen umstrittene) Bildungsreform ein. Dessen Bruder Sergio wiederum engagierte sich für Parteien der rechten Mitte. Bianca Berlinguer, die Tochter von Enrico, ist heute eine einflussreiche Fernsehjournalistin.

Zu den im Ausland bekannten Botschaftern Sardiniens gehören Musiker wie der Jazztrompeter Paolo Fresu aus Berchidda, bildende Künstler, zum Beispiel der Bildhauer Pinuccio Sciola (1942–2016), der in seinem Heimatdorf San Sperate die *murales*-Bewegung gründete, die später Orgosolo erreichte, oder der Modedesigner Antonio Marras. Antonio Marras, 1961 in Alghero geboren, hatte als Jugendlicher im Tuchgeschäft seines Vaters den Umgang mit Stoffen gelernt, heute verantwortet er unter anderem die Linie des französischen Modehauses Kenzo. Sein Lebensmittelpunkt ist jedoch Alghero geblieben, wo er neben Paris und Mailand eine Boutique betreibt. Eigene Kollektionen zeichnen sich durch weite Röcke, erdige Farben, schwarze Eleganz und natürliche Stoffe aus. So als würde er seine Models zur zeitgenössischen Interpretation der Heimatkultur auf den Laufsteg schicken. Eine dieser Kollektionen widmete er seiner Mutter Nannina. Die 81-Jährige revanchierte sich, indem sie ihren Sohn für die Zeitschrift *D* (Frauenmagazin der Tageszeitung *la Repubblica* vom 2. Juli 2011) interviewte. Auszüge:

Nannina: Die anderen spielten Fußball, du nicht.

Antonio: Ich sah die Dinge anders als meine Brüder, die waren verrückt nach Fußball, ich nicht. Mich interessierten …

Nannina: Mädchen.

Antonio: Fang nicht wieder damit an.

Nannina: Reden wir über Malerei. Du hast gemalt wie wild. Doch dann hast du dich an der kaufmännischen Oberschule eingeschrieben. Aus Liebe glaube ich. Zu einem Mädchen.

Antonio: Was hat das mit Mädchen zu tun? Ich wollte auf die Kunstschule, aber man hat mich, sagen wir mit sanftem Druck, in die kaufmännische Richtung gedrängt.

Nannina: Du bist viel mit dem Fahrrad gefahren. Das Haus, in das wir vor 47 Jahren umgezogen waren, lag isoliert auf dem freien Land, und in den Straßen brannte kein Licht. Da brauchte man ein Rad.

Antonio: Und das war nur eine Schotterstraße …

Nannina: Wärst du nicht lieber ganz von Sardinien weggegangen?

Antonio: Ich habe nie daran gedacht, an einem anderen Ort zu leben als in Alghero.

Nannina: Warum?

Antonio: Anfangs wollte ich dich nicht allein lassen, als wir Vater verloren hatten, und ich wollte meine ursprüngliche Arbeit nicht aufgeben. Und später ist alles das, was ich als Designer schaffen konnte, hier und nur hier geboren.

Nannina: Das bedeutet, Sardinien inspiriert dich, gibt dir Kraft?

Antonio: Kraft, Lebensenergie. Es ist eine unerschöpfliche Quelle an Eingebung. Ich habe mir ein Leben geschaffen, in dem es keinen Unterschied zwischen Arbeit und Privat gibt.

Nannina: Du hast deine Wohnung und darunter liegt die Werkstatt … Hast du es nie bereut, dass du nicht nach Paris gezogen bist?

Antonio: Nein, ich bin sicher, dass ich richtig gehandelt habe. Alghero ist meine Zuflucht, der beste Ort, an dem meine Kinder aufwachsen können. Ich habe einen schwierigen Beruf, werde immer infrage gestellt, und muss stark bleiben mit meinen Alliierten, meiner Familie, meiner Erde. Es ist wichtig, zu reisen und im Ausland zu arbeiten, aber es ist ebenso wichtig, einen sicheren Platz zu haben, an den man zurückkehren kann.

Soweit Nannina und Antonio Marras. Was jeder Reisende kennt und immer wieder erlebt: Die besten Botschafter eines Landes sind die Menschen, denen man begegnet.

Piero, der *maestro gelataio*

Wir sitzen unter einer Pergola neben einem Einfamilienhaus am Rande von Alghero und Piero zeigt ein sanftes Lächeln. Wenn ich mir einen Franziskaner auf Sardinien vorstellen sollte, dann würde ich an sein Gesicht denken. Das hängt vielleicht damit zusammen, dass Piero Sanna, der 1953 geboren wurde, wirklich einmal in den Glaubensstand treten wollte. Aber es ist lange her, als er von seinem Heimatdorf Suni in der Landschaft der Planargia auf das Kolleg einer katholischen Bruderschaft nach Cuglieri geschickt wurde und dann weiter auf den »Kontinent«, zunächst nach Velletri bei Rom und schließlich nach Bergamo in Norditalien. Dort machte er dann das Abitur und stellte allerdings auch fest, dass sein Glauben nicht für den Priesterstand reichen würde. So zog er zurück in sein Dorf, nach Suni in den Schoß der Großfamilie. Sie waren zu sechst in der Familie, drei Brüder und drei Schwestern. Der Vater hatte etwas Land, das er mit seinen Söhnen bewirtschaftete, aber das warf nicht viel ab. Nach dem Militärdienst in Triest suchte Piero Arbeit in Norditalien zwischen Bergamo und Mailand, kam in chemischen Betrieben unter, fühlte sich aber bald von den Arbeitsbedingungen abgestoßen. Zusammen mit seiner Frau Terry, die aus dem lombardischen Desio stammt, eröffnete er in Bergamo zunächst eine Bar und schließlich eine *gelateria*, eine Eisdiele. Anfangs ließ er sich das Speiseeis anliefern, doch im Laufe der Zeit lernte er es selber herzustellen.

Im Sommerurlaub reisten sie natürlich nach Sardinien. Suni wirkt mit knapp über 1000 Einwohnern etwas verschlafen. Der ehemalige Bischofssitz Bosa gleich unterhalb von Suni im Temo-Tal hat dagegen seit den Siebzigerjahren mit dem wachsenden Tourismus städtische Lebendigkeit gewonnen. Anfang der Neunzigerjahre flanierten noch Jung und Alt abends über die *Viali*, wie die baumbestandene Straße (Viale Giovanni XIII) genannt wird, die aus dem alten Stadtzentrum hinausführt. Heute hat sich der typische *passeggio* nach Bosa Marina an die Strandpromenade verlagert. Aber als Piero und Terry eines Abends auf den *Viali* einen leer stehenden Geschäftsraum entdeckten, war der Entschluss schnell gefasst. Die beiden verkauften 1991 ihre Eisdiele in Bergamo, fanden einen Teilhaber und eröffneten eine neue in Bosa unter dem Namen *Arcobaleno* (Regenbogen).

Das Geschäft lief gut, Piero erfand neue Sorten auf der Basis von *mirto* (Myrte) oder *corbezzolo* (Erdbeerbaum), was ihm später andere nachmachten, und er konnte sogar der allgegenwärtigen *fichi d'india* (Kaktusfeige) einen Eisgeschmack abgewinnen, derweil stand Terry im Laden. Dann wagte man den Sprung in die Touristenhochburg Alghero, wo die beiden heute noch leben. An der Piazza Civica im alten Zentrum der hellen und noch deutlich katalanisch geprägten Stadt fanden sie einen kleinen Raum, wo sie wieder eine *Gelateria Arcobaleno* eröffneten. In seinem Labor in der Via Diez fabrizierte Piero ein so herrliches *gelato*, dass es sogar der Weltpresse auffiel. Die *Sunday Times* lobte es in einem Artikel als das »beste Eis der Stadt«, die doch eine ganze Reihe Eisdielen zu bieten hat. Der Artikel hängt immer noch in der Eisdiele an der Piazza Civica, aber Piero hat dieses Geschäft inzwischen verkauft, ein anderer betreibt es mit eigener Ware. Die Miete war zuletzt ins Unermessliche gestiegen. Und außerdem: zwischen Mai und Oktober täglich von neun Uhr morgens bis zwei Uhr nachts, das schlaucht. Zumal sie nur zu zweit waren und mit Angestellten wenig Glück hatten. Piero stellt jetzt Eis für

Restaurants in Alghero her. Und weil sie es nicht ganz lassen können, haben Terry und er für die Hochsaison doch wieder eine kleine Eisdiele aufgemacht, diesmal unter den Arkaden oberhalb des Hafens von Fertilia, ein paar Kilometer nordwestlich von Alghero.

In der Via Diez zeigt Piero, den sie auch *maestro gelataio* (Meister des Speiseeises) nennen, sein Reich, ein blitzeblankes Labor mit Aluminium- und Kunststoffbehältern, mehreren Maschinen und Kühlschränken. Vor meinen Augen entsteht aus frischer Vollmilch (natürlich aus Arborea), Sahne, Zucker und einer Art Kirschmarmelade mit großen lila Früchten zartschmeckendes Amarenaeis. Ohne Konservierungs- oder Farbstoffe, betont der *maestro*, denn als solchen muss man Piero wirklich bezeichnen. Am Ende entsteht eine bereits äußerst appetitlich aussehende Masse, die aber aufgelockert werden muss, damit sie überhaupt streich- (und leck-)fähig ist. In einer Zentrifuge wird sie mit Luft durchsetzt, was natürlich auch ihren Umfang vergrößert. Industrieeis, so erzählt Piero, ist bis zu 60 Prozent aufgeblasen. Er beschränkt sich auf die notwendigen 30 Prozent.

Dann lässt er seinen Besucher testen. Man bekommt kaum Luft, so etwas hat man noch nicht probiert, im Mund spielt sich eine Symphonie aus cremiger Frische ab, einfach unbeschreiblich. Bereits eine Stunde später, so Piero, ist der Geschmack immer noch großartig, aber so überwältigend ist er nur, wenn man das Eis probiert, das gerade frisch aus der Maschine kommt.

Vielleicht liegt es an seinem franziskanischen Gemüt, dass er seine Kunst nicht allein für sich behalten möchte. Einer meiner Neffen, ein Elektronikingenieur, den es nach Barcelona verschlug, war eines Tages des Umgangs mit Computerfachleuten und Programmentwicklern überdrüssig. Und nachdem er Piero und sein Eis kennengelernt hatte, stieg er aus, ging bei dem *maestro gelataio* in die Lehre und eröffnete in der katalanischen Hauptstadt im Gràcia-Viertel eine eigene Eisdiele, natürlich unter dem Namen *Arcobaleno*. Manchmal fährt Piero hin und sieht nach dem Rechten.

Fausto, der Korallenfischer

Piero ist Gold wert, auch wenn es um Kontakte geht: zum »roten Gold« zum Beispiel, zu den Korallen, die hier vor der Küste von Alghero gefischt werden. Und so organisiert er ein Treffen mit Fausto, einem Korallenfischer. Kräftiger Körperbau, von Wind und Sonne gegerbte Haut, kleine helle Augen, halblange wuschelige mit etwas Grau durchsetze Haare und ein ebenso grau melierter Bart, so treffen wir Fausto Troisi in einer Bar am Rande der *giardini pubblici* gegenüber von den alten Festungsanlagen. Ein sportlicher Typ, dem man die 62 Jahre, die er alt ist, nicht ansieht. Er stammt aus Turin, hat an der technischen Hochschule studiert, lebt aber schon seit Jahrzehnten in Alghero, wo er auch geheiratet hat. Hier ist alles einfach, sagt er, das Klima ist phantastisch, zum Leben braucht man nicht viel Geld, zwei Drittel des Jahres kann man in Sandalen und leichter Kleidung herumlaufen, und wenn man zum Essen nicht in teure Restaurants geht, sondern sich die Zutaten aus der Markthalle holt und selber kocht, kommt man gut über die Runden. Der Job, der ist allerdings knochenhart, und ob er das noch lange machen wird, das weiß er nun wirklich nicht.

Die roten Edelkorallen von Alghero wachsen unter den starken Strömungsverhältnissen in der Bucht vor Alghero besonders kräftig, sie sind homogen in ihrer Struktur, weisen wenig Luftblasen auf und sind damit wertvoll für die Schmuckverarbeitung. Auf Sardinien werden Korallen seit Urzeiten, seit dem 5. Jahrhundert v. Chr. gefischt. Alghero hat sich im Laufe der vergangenen Jahrhunderte zum Korallenzentrum auf der Insel entwickelt, es gab sogar eine Einrichtung, die sich in katalanischer Sprache *Caixa del Cural* (Korallenkasse) nannte.

An die musste man Reste des Fangs abliefern, der dann älteren Fischern, die nicht mehr tauchen konnten, gleichsam als Rente »ausgezahlt« wurde. Heute dagegen, klagt Fausto, muss man sich allein um Rente und Sozialversicherung kümmern. Die Arbeit ist mit der Zeit immer schwieriger geworden und außerdem streng reglementiert.

Als vor etwa hundert Jahren Fischer aus dem Raum Neapel, aus Torre del Greco, hierherkamen, weil andere Gründe etwa vor Sciacca auf Sizilien abgefischt waren, da zogen ihre Schiffe noch ein schweres Holzkreuz über den Meeresboden und rissen die Korallenstücke einfach ab, die Taucher dann einsammelten. Diese Brutalmethode, die zur Zerstörung vieler Korallenbänke geführt hat, weil die festsiedelnden Blumentiere dabei auch aus ihren Verankerungen gerissen wurden und abstarben, ist heute verboten. Eine Zeit lang durfte, um das Nachwachsen der Korallen zu fördern, gar nicht gefischt werden. Auf Sardinien haben zurzeit lediglich dreißig Berufstaucher eine Lizenz, und es ist nur zwischen dem 1. Mai und dem 15. Oktober erlaubt, in einer Tiefe von mindestens 80 Metern bis höchstens 130 Meter auf Fang zu gehen.

Das Boot, mit dem Fausto und sein Kompagnon rausfahren, ist hoch technisch mit Videokameras und Dekompressionskammern ausgestattet. Wenn die beiden ein Vorkommen entdeckt haben, beginnt die Arbeit und auch die Spannung. Denn erlaubt ist nur ein Tauchvorgang pro Tag, und wenn der nicht erfolgreich oder nur mager ausfällt, ist der Tag gelaufen. Höchstens 20 Minuten kann Fausto am Grund arbeiten. Er schlägt mit der *picchetta*, seinem meißelartigen Werkzeug, die Korallenarme mindestens 10 Zentimeter (so die Vorschrift) über der Basis ab. Wenn er Glück hat, kann er so 2 bis 3 Kilo sammeln. Dann muss er langsam wieder auftauchen. Aus 100 Meter Tiefe dauert das mit den langen Pausen wegen des Druckausgleichs etwa eine Stunde. Manchmal nimmt er sich deshalb etwas zu Lesen mit, weil es ihm sonst zu langweilig wird. Oder er döst vor sich hin. An Bord muss er sich dann noch eine gewisse Zeit in die Dekompressionskammer legen zur Anpassung an den atmosphärischen Luftdruck, um Krankheiten vorzubeugen. Drei Mal ist beim Auftauchen was schiefgegangen, drei Mal hat er auf Leben und Tod in der Deko-Kammer gelegen. Ob es auch beim vierten Mal gut geht, das kann man nicht wissen. Es ist eben ein Knochenjob, sagt er, und wenn du nicht in Form bist, dann gute Nacht. Von wegen die Abende in der Stranddisco durchfeiern und dann am nächsten Tag mal eben abgetaucht. Das macht der Körper nicht mit.

Wenn also alles gut geht, dann kann er so an die 2 Doppelzentner im Jahr fischen. Die verkauft er nach Torre del Greco, wo man sich inzwischen ganz auf die Weiterverarbeitung spezialisiert hat, oder nach Japan. Die Schmuckwerkstätten von Alghero nehmen vielleicht 2 bis 3 Kilo im Jahr ab. Die Touristen kaufen bei ihnen eher einfache Schmuckstücke oder Amulette, in Italien glaubt man zum Beispiel, dass Korallen Neugeborene und kleine Kinder vor bösen Geistern schützen. Für eine gute Kette dagegen benötigt man exakt glatt gearbeitete Kugeln und dabei entsteht über die Hälfte Abfall. So dauert es manchmal Monate, ein oder zwei Jahre bis entsprechende gleichfarbige Kugeln hergestellt und zu einer großen Kette aufgereiht werden können, die dann schon mal mehrere Zehntausend Euro kosten kann.

Doch wenn Fausto bereit ist zum Sprung ins Meer, dann denkt er nicht an Ketten und Preise. Dann ist die Routine vergessen und Lampenfieber macht sich breit, es kribbelt im Bauch, jeden Tauchvorgang erlebt er wieder neu, wie ein kleines Abenteuer. Die Wasserwelt ist voller phantastischer Farben, Formen und Bewegungen. Wer weiß, ob man etwas findet und *was* man findet. Und ob man heil wieder oben ankommt. Es ist eben ein Knochenjob, sagt Fausto, und lacht.

Marianne, die Fotografin

Marianne bastelte gerne Schmuckstücke, Modeschmuck aus Holz oder Hämatit, Jade oder Onyx, und manchmal verkaufte sie auch das eine oder andere Stück auf kleinen Märkten. Das hätte mal ihr Beruf werden können, erzählte sie, und packte in ihrer kleinen Wohnung in Nuoro die vielen Schachteln wieder zusammen, in denen sie ihre »Schätze«, wie sie sie nannte, aufbewahrte. Marianne Sin-Pfältzer wurde 1926 in Hanau geboren. Nach dem Abitur kam sie zum Kunstgewerbe, weil sie nicht wie ihre Mutter, die ein Fotostudio in Hanau betrieb, Fotografin werden wollte. Ihr Vater, ein Arzt, hatte während der Nazidiktatur mit Widerstandskämpfern vom Kreisauer Kreis sympathisiert, konnte aber der Verfolgung durch die Gestapo entgehen. Er starb bei einem Verkehrsunfall kurz nach Kriegsende.

Marianne traf 1950 mit der Fähre in Golfo Aranci ein, weil man ihr auf Sardinien eine Stelle als Babysitter angeboten hatte – deutsche Kindermädchen sind bis heute in bürgerlichen Kreisen begehrt. Sie blieb ein Dreivierteljahr, war begeistert von der Insel, der Landschaft und den Menschen. Und weil sie eine *Agfa Isolette* dabeihatte, entdeckte sie schließlich doch noch ihre Liebe zur Fotografie, besuchte in München die Fotoschule und arbeitete anschließend für die wichtigsten Fotoagenturen ihrer Zeit. Unter anderem machte sie mit einer Bildserie über Picasso auf sich aufmerksam.

Aufträge führten sie auch immer wieder nach Sardinien, so reiste sie etwa auf den Spuren des Dichters Sebastiano Satta nach Nuoro. Und als sie 1961 heiratete, ging die Hochzeitsreise natürlich auf die Insel. Die Ehe zerbrach, aber die Liebe zu Sardinien blieb. 1958 zeigte sie auf einer ersten Ausstellung in der Dante-Gesellschaft von Cagliari ihre Fotos, viele weitere Ausstellungen in Rom oder Hamburg, Paris oder London, Amsterdam oder München sollten folgen. Sie hat mehrere Fotobücher herausgebracht, mit vorwiegend Schwarz-Weiß-

Aufnahmen, die nicht nur den Zauber der Landschaft und der romanischen Kirchenarchitektur einfangen, sondern vor allem ein Zeitbild der Lebensverhältnisse der Menschen liefern: Männer auf Eseln, Frauen, die Wasserkrüge tragen, und viele Großaufnahmen von Gesichtern, von Augen, in denen sich Hoffnungen und Sorgen spiegeln.

Auf ihren Reisen, die sie meist allein unternahm, wurde sie immer als Frau respektiert. Und wenn sie zu Fuß unterwegs war, hat man ihr auch schon mal einen Esel zur Weiterreise angeboten, erzählt sie. Im hohen Alter zog sie sich schließlich nach Nuoro zurück. Im Ilisso Verlag, wo sie ihr Fotoarchiv unterbringen konnte, fand sie eine letzte Heimat. Im März 2015 erschien eine prächtige großformatige Veröffentlichung (auch auf Deutsch) unter dem Titel *Sardinien. Menschliche Landschaften*. Wenige Monate später starb Marianne mit 89 Jahren – wie ihr Vater – an den Folgen eines Verkehrsunfalls.

Bruno und Simone, zwei moderne Hirten

In Olzai, einem Dorf in der Barbagia Ollolai gibt es noch eine alte Wassermühle (von ehemals sieben), und der Rio Besine, der im Sommer nur ein Rinnsal ist, im Winter aber gehörig anschwellen kann, wurde in ein steinernes Bett gelegt, das an beiden Seiten von einer Straße gesäumt wird: ein Venedig in der Barbagia. Hier in Olzai, im Ortsteil Monte Nieddu, produziert Bruno Käse aus der Milch seiner Schafe, denn Bruno ist *pastore*, Hirte. Seine Herde, rund 500 Tiere, wird gerade von einem *collaboratore* beaufsichtigt, einem Mitarbeiter, den man früher Knecht genannt hätte. Der 52-jährige Bruno Falconi kümmert sich derweilen mit seiner Frau Silvana um den Hof, wo Käse während der Melkzeit zwischen Ende Dezember (wenn er die Lämmer von ihren Muttertieren trennt) und Ende Juni hergestellt wird. In den restlichen Monaten geht es darum, die Reifung zu überwachen, die Käseformen zu wenden, die Maschinen zu warten, sich um die Vermarktung zu kümmern, Jungtiere für die Herde zu besorgen, die Weideflächen instand zu halten, und manchmal bleibt der Hirte auch bei seiner Herde draußen.

Bruno führt durch die aufgeräumten Produktionsbereiche seiner Käserei, durch die Räucherkammer und durch die Lagerräume. Im Schlepptau zieht er Simone hinter sich her, der sich über die *bella figura* freut, die Bruno mit seinem Betrieb macht. Auch Simone Cualbu ist Hirte, er lebt in Gavoi und leitet zudem die lokale Vereinigung der Direkterzeuger (*coldiretti*), in der in Nuoro und Umgebung hauptsächlich Schafzüchter organisiert sind. Jetzt will er dem deutschen Besucher zeigen, wie fortschrittlich der Betrieb eines Hirten sein kann. Im Aufenthaltsraum wird gut gealterter *fiore sardo*, ein Schafskäse – natürlich aus der eigenen Produktion –, angeschnitten, dazu gibt es trotz der frühen Stunde ein Glas »Malvasia«, das man nicht ablehnen darf (und will). An der Wand hängen vergilbte Fotografien, darauf sieht man die *pinnetta*, einen traditionellen halbhoch mit Felssteinen aufgeschichteten Rundbau, über den zeltartig ein spitzes Dach aus Wacholderzweigen und Laubwerk aufgerichtet ist. In solchen Schäferhütten wurde bereits zur Zeit der Nuraghen Käse hergestellt, und sie haben sich bis vor wenigen Jahrzehnten kaum verändert. Wir sind gerade erst aus dem Mittelalter ausgetreten, sagt Simone, und haben in zwanzig, dreißig Jahren eine Entwicklung gemacht, für die andere zwei-, dreihundert Jahre Zeit gehabt haben.

Inzwischen wird nicht nur der Käse in modernen Räumlichkeiten hergestellt, auch die Tiere haben Unterstände. Den Schafen geht es heute besser als den Hirten damals, sagt Simone. Rund 15 000 Betriebe gibt es auf Sardinien mit insgesamt zwei bis drei Millionen Schafen, alle von der autochthonen sardischen Rasse. Heute sind nur noch knapp ein Viertel der Hirten Nomaden ohne festen Hof. Die leiden am meisten unter der Krise, die die Weidewirtschaft der Insel erfasst und zu herben Einkommensverlusten geführt hat. Die Industriebetriebe, die den Hirten die Milch abkaufen, haben den Literpreis unter die Kostengrenze gedrückt. Sie zahlen nur um die 60 Cent, wobei die Kosten ungefähr bei 80 bis 90 Cent pro Liter liegen, da helfen auch EU-Zuschüsse nicht mehr. Zumal sich viele Betriebe für Modernisierungsmaßnahmen verschuldet haben und jetzt die Wechsel nicht mehr bezahlen können. Der amerikanische Markt, in den man früher den *pecorino romano* (den grobkörnigen und salzhaltigen »römischen« Schafskäse, der aber auf Sardinien produziert wird) geliefert hat, ist eingebrochen. Simone erzählt, dass die Industrie auch vermehrt dazu übergehe, Billigmilch vom Ausland nach Sardinien einzuführen, sie ein wenig mit der kräftigen Milch der Hirten anzureichern und damit »typischen« sardischen Käse herzustellen, wie es auf den Etiketten steht – das sei erlaubt und ist zugleich reiner Schwindel.

Bruno sagt, von der Tierhaltung allein kann sein Betrieb nicht existieren. Die Milch wird unterbezahlt, das Fleisch kann er für maximal 4 Euro das Kilo verkaufen, und der Schlachter verlangt im Laden 12 Euro vom Kunden, mindestens. Die Schafwolle, die er verkauft, macht zudem nicht einmal 2 Prozent seines Umsatzes in der Tierhaltung aus. Davon werden seine zwei Töchter nicht satt.

Heute kann nur der überleben, der die ganze Produktionskette vom Schaf bis zum Käse übernimmt. Neben den traditionellen Produkten (Ricotta, *fiore sardo, pecorino romano*) experimentiert Bruno deshalb gerade mit einem Käse mit längerer Reifezeit vom Typ Parmigiano. Und der *casu marzu*, der berühmte Milbenkäse, bei dem aus den Eiern von Käsefliegen Maden schlüpfen, die dem Käse ein kräftiges Aroma geben? Den darf man aus hygienischen Gründen nur für den familiären Gebrauch herstellen, das ist nichts, das hat keinen Markt, verrät Bruno.

Man muss nach vorne sehen, sagt auch Simone. Manchmal vermisst er jedoch die Tradition. Früher halfen sich die

Hirten gegenseitig bei *su tusorzu*, bei der Schafschur, wo viele Hände gebraucht wurden. Mehrere Familien taten sich zusammen, die Männer arbeiteten morgens mit den Tieren, und die Frauen bereiteten derweil das Essen vor. Als Höhepunkt gab es *porcheddu a carraxiu*, dabei wird das Spanferkel mit Myrtenkraut umwickelt und langsam in einem Erdloch gegart. Eine alte Hirtentechnik, um sich auch im freien Gelände einen Braten zuzubereiten, ohne aufzufallen. Natürlich floss bei diesem gemeinsamen Schurfest der Rotwein in Strömen. Heute sind die Arbeitsrhythmen schneller geworden, Elektroscheren haben die Schurtechnik verändert, so bleibt jeder für sich und das Fest in der Familie. Schade, bedauert Simone.

Ja schade, Bruno nickt und schenkt »Malvasia« nach.

Gianni, der Mauerkünstler

Wenn man mit Gianni übers Land fährt, fallen harte Urteile: »Der, der die gebaut hat, ist eine Schande für unser Gewerbe.« Oder: »Ob die im nächsten Jahr noch steht, weiß ich nicht.« Oder einfach: »Na ja.« Die Rede ist von *muretti a secco*, Trockenmauern, die seit Urzeiten auf Sardinien errichtet werden und mit dem Erlass zur Einfriedung von 1820 (siehe Seite 90) die Landschaft geradezu zerstückelt haben. Man baut sie auch heute noch, säumt Grundstücke und Straßen oder bessert alte Mauern damit aus. Gianni Carta hat das von klein auf von seinem Vater gelernt, und der bereits vom Großvater, der wiederum auf die Erfahrungen des Urgroßvaters aufbauen konnte. So ist das Handwerk langsam durch die Familie gewachsen. Mit 14 Jahren fand Gianni, der 1968 in Bosa geboren wurde, eine Anstellung bei einem Bauern, mit 17 begann er, selbstständig Mauern zu bauen – Mauern ohne Mörtel oder andere Bindemittel.

Die untere Schicht wird noch in den Boden eingelassen, die weiteren wachsen langsam frei nach oben und in die Länge.

Wenn er mit einer Hilfskraft an einer ein Meter hohen Mauer mit zwei Fassaden baut, dann schafft er bis zu 2 Meter Länge am Tag. Die Steine holt sich Gianni aus dem Gelände oder von alten eingestürzten, nutzlosen Mauern. Sardinien ist voller Steine, sie scheinen hier geradezu aus der Erde zu wachsen. Manchmal spaltet er sie oder schlägt eine Kante ab, manchmal nutzt er sie so, wie er sie findet. Stein kommt auf Stein, sie werden mit kleineren Steinen festgekeilt und hinten verankert. Die Mauern können bis zu 4 Meter hoch werden, sind dann an der Basis 90 bis 120 Zentimeter breit, wobei sie sich meist nach oben auf 60 Zentimeter verjüngen. Steine schleppen, aufrichten, einpassen, dafür braucht man Kraft. Zum Glück hat Gianni zwei Oberarme, die mit beeindruckenden Muskeln bepackt sind. Aber es geht hierbei nicht allein um Kraft. Wichtig sind vielmehr die Farben und die Form der Steine, denn ob eine Mauer gut gelingt, das ist nicht nur eine Frage der Statik, sondern auch der Ästhetik.

Ganz besonders gilt das für die Villa eines wohlhabenden Römers, der über ein Jahr lang an den Grundstücksmauern des Gebäudes gebaut hat. Wir stolpern in der Valle di Modolo über die Gleise der alten Bahnlinie, die direkt an der Villa, die zurzeit unbewohnt ist, vorbeiführen. Neben uns zieht sich eine prachtvolle, mehrere Meter hohe Mauer aus hellem Tuffstein, den man hier im Tal findet, hin. Je nach Verlauf der Grundstückslinie bildet sie auch sanfte Kurven, bis sie zur Einfahrt ganz umschwenkt. Allein hier, wo das schwere Schiebetor verankert ist, hat Gianni auch mit Zement gearbeitet. Durch ein Schlupfloch zwischen Kaktusfeigen hinter den Bahngleisen kommen wir auf das Grundstück, wo er stolz Kleinode der Trockenbaukunst präsentiert: elegant schwingende Gartenmauern sowie eine Stützmauer zur einer Mulde direkt unterhalb des Herrenhauses, die ein kleines Geheimnis verbirgt. An einer ganz bestimmten Stelle lässt sich ein Stein herausziehen und dahinter öffnet sich ein Hohlraum mit Platz für ein Pistole oder ein kleines Gewehr. Denn man weiß ja schließlich nie.

Zu Hause holt Gianni aus einer Mappe Fotos von einem traditionellen Hirtenhof in der Nähe von Nuoro. Trockenmauern teilen das Gelände in verschiedene kreisrunde und ovale Bereiche auf, in die die Schafe getrieben werden. Die ganze Anlage hat er nach alten Plänen in schwarzem Basalt wiederhergestellt. Er ist eben ein Künstler. Ich darf das sagen, denn er ist mit meiner Nichte Laura verheiratet, einer Architektin, die das Haus entworfen hat, in dem sie mit Gianni und ihren beiden Kindern wohnt.

Laura hat im Keller einen dunklen Kühlraum eingerichtet, wo sie »Grünes Gold« in einem großen Edelstahlbehälter aufbewahrt: kaltgepresstes Olivenöl *extra vergine*. Sie und Gianni betreiben ein kleines, vier Hektar großes Grundstück mit rund 1500 Bäumen der Olivenart Bosana. Sie können so an die 1000 Liter pro Jahr für den Eigenbedarf (und für einen beschränkten Handel) produzieren. Ein wundervolles nicht gefiltertes gelb-grünes Öl mit nur 0,26 Prozent Säuregehalt – ein Produkt der Spitzenklasse.

Gianni besitzt schweres Gerät, einen »Multifarmer«, das ist eine Art Trecker, den man auch in schwer zugänglichem Gelände einsetzen und mit einer hydraulischen Greifvorrichtung ausstatten kann. Der Greifer umfasst den Baum, schüttelt ihn kräftig durch und die reifen Oliven fallen so in das darunter ausgebreitete Netz. Die Erntezeit verkürzt sich und die Arbeit wird leichter. Gianni bietet den Einsatz mit seinem Multifarmer auch anderen Olivenbauern an, die ihn gern dafür bezahlen. Außerdem stehen in seinem Fahrzeugpark kleine Bagger sowie zwei weitere Geländetraktoren für Erdbewegungsarbeiten in der Landwirtschaft und auf Feldwegen. Trockenmauern zu bauen, das ist ein ernsthaftes Gewerbe, aber wenn Gianni auf einer seiner schweren Maschinen sitzt, strahlt er wie ein kleiner Junge, der mit Modellautos spielt.

Helmar, der Zoologe

Helmar stammt aus Salzwedel in Westfalen, und ein bisschen kann man ihm das noch anhören, obgleich er seit über vierzig Jahren mit einer Frau aus Cagliari verheiratet ist, in der sardischen Regionalhauptstadt lebt und im Gespräch immer wieder in die italienische Sprache rutscht. 1964/65 kam der Zoologiestudent Helmar Schenk von der Universität Bonn für ein Austauschsemester zum ersten Mal nach Sardinien, und er hatte damals das Gefühl, dass sein Fach an der Uni Cagliari eher als Parallelgebiet zur Jagd aufgefasst wurde. Dennoch siegte die Faszination, die die Insel ausstrahlte, und die Überzeugung, dass hier viel zu tun war. Er kam wieder. Langsam, ganz langsam wuchs das ökologische Bewusstsein, auch geweckt durch Organisationen wie World Wildlife Fund (WWF) oder Italia Nostra, die Ende der Sechzigerjahre begannen, auf Sardinien aktiv zu werden.

Aber es war nicht leicht. Wirkliche Schutzgebiete für bedrohte Tierarten gab es so gut wie nicht. Das Rotwild, der *cervo sardo*, der seit der Nuraghen-Zeit auf der Insel bekannt ist, überlebte nur noch in wenigen Exemplaren und drohte auszusterben. Sein Verwandter auf Korsika war bereits ganz ausgestorben. Ein frühes Projekt, einen Nationalpark rund um den Gennargentu einzurichten, wo Hirsche und viele andere Spezies ihr natürliches Umfeld finden, scheiterte das erste Mal in den Jahren um 1930, auch Initiativen gleich nach dem Krieg verliefen im Sand. Als man dann Ende der Sechzigerjahre einen neuen Anlauf unternahm, verschreckte man die Bevölkerung, die Angst um die Nutzung des Gemeindelandes, das Recht auf Weideflächen und das Sammeln von Holz bekam. Und die Jägerlobby begehrte erst recht auf. Man kann so ein Projekt nicht gegen die Bevölkerung machen, sagt Helmar. Naturschutz ist nur *mit* den Menschen, nicht *gegen* sie durchsetzbar. 1998 wurde der Gennargentu-Park, der sich bis zum Golf von Orosei ausdehnt, offiziell durch ein Regierungsdekret eingerichtet. Aber weit ist man mit ihm, von Ausnahmen abgesehen, nicht gekommen: Ein paar Schilder sind aufgestellt und einige Bereiche zu Naturdenkmälern erklärt worden, wie die zylinderförmige Schlucht *Su Sterru* auf der Hochebene von Golgo oder die Felsengruppe *Perda Longa* bei Baunei. Viele Gemeinden wollen den Park nicht anerkennen. Noch im September 2011 kam es zu einer Revolte, als in Villagrande das Areal um den Monte Novu zum Vogelschutzgebiet erklärt wurde. Und Hirten töten auch heute noch Füchse und wilde Hunde mit giftigen Ködern, die sie nachts auslegen und morgens wieder einsammeln, obschon das seit 1979 verboten ist.

Helmar, der am Rand der Innenstadt unweit der Oper von Cagliari wohnt, wurde in den ersten Jahren unter anderem von der Regionalverwaltung beauftragt, sich um Greifvögel wie Steinadler und besonders um den *grifone*, den Gänsegeier, der in Italien nur noch auf Sardinien vorkommt, zu kümmern. Das rund 1 Meter große Tier (mit einer Flügelspannweite von über 2 Metern) findet seine natürliche Umgebung im wenig besiedelten Küstenraum zwischen Bosa und Alghero. Um die Tiere dort wieder heimisch zu machen, ging Helmar zu Hirten, ließ sich gegen ein Entgelt Kadaver von verendeten Schafen geben und legte sie in hochgelegenen Felsen aus – die Leute von Bosa hielten ihn für einen Spinner. Heute freuen sie sich, wenn Touristen kommen, um die Vögel zu beobachten, die sich wieder vermehrt haben.

Bei einem weiteren Projekt organisierte er zusammen mit dem Leiter der Forstbehörde Enea Beccu Fortpflanzungsgehege für die sardischen Hirsche etwa bei Cuglieri oder Santu Lussurgiu. Heute hat der Bestand auch dank der einsichtigen Forstbehörde mit rund 12 000 Tieren wieder eine Stärke wie vor 150 Jahren erreicht. Und wenn man bei den Jägern vernünftige Ansprechpartner findet, so Helmar, könnte man den Hirsch bald für eine kontrollierte Jagd freigeben. Das Beispiel machte übrigens Schule und auch Korsika fing Mitte der Neunzigerjahre an, Hirsche neu anzusiedeln.

Zwischen Frühling und Herbst kann man am Himmel von Cagliari Flamingos beobachten, die majestätisch über die Stadt hinweg zwischen den beiden großen Lagunen hin und her fliegen und am kristallklaren Sommerhimmel einen Teppich aus rosa Streifen bilden. Flamingos rasten bei ihren Flügen, die sie von der französischen Camargue aus über das Mittelmeer nach Afrika führen, traditionell auf Sardinien, und sie finden besonders in den Lagunen von Cagliari, aber auch von Oristano und anderswo auf der Insel ein ihnen natürliches Habitat. Umweltverschmutzung der Lagunen und die Jagd – angeblich soll ihre Zunge eine Delikatesse sein – hatten den Bestand der Tiere gefährdet. Dann aber geschah ein Wunder: Weil nach langen Trockenperioden Brutplätze in Nordafrika rar wurden, ließen sich die Vögel zunächst in kleinen Gruppen 1993 erstmals zum Brüten im Stagno di Molentargius nieder – die Jagd war inzwischen verboten. In der Lagune, die zwischen dicht besiedelten Gebieten im Osten Cagliaris und der Nachbarstadt Quartu Sant'Elena liegt, wurde bis 1985 Salz gewonnen. Mit ihren verschiedenen Becken, kleinen Dämmen und Mischgebieten zwischen Salz- und Süßwasser bietet sie idealen Raum für Vögel aller Art und besonders für Flamingos und sogar für Pelikane. Da kann ein sonst eher trockener Westfale richtig ins Schwärmen kommen: Möwen und Seeschwalben, Stelzenläufer und Säbelschnäbler, Zwergtaucher und Teichhühner, Stock- und Tafelente, Nacht- und Seidenreiher, insgesamt wurden hier 230 verschiedene Vogelarten beobachtet, fast zwei Drittel des auf Sardinien bekannten Bestandes, und das gleichsam mitten in der Stadt! Dazu kommen kleine Säugetiere, Reptilien, Amphibien …

Auf seine und anderer Leute Initiative hin richtete die Inselregierung hier 1999 mit dem Parco Molentargius-Saline das erste regionale Naturschutzgebiet auf Sardinien ein, weitere sind inzwischen gefolgt. Zuerst zählte man 2500 Flamingopaare, die hier brüteten, dann 4000 und heute, wo auch die Wasserverschmutzung in der Lagune zurückgegangen ist, sind es 14 000 Paare. Beim Brüten kann man auch ihr Sozialverhalten beobachten. Wenn die kleinen Tiere noch nicht flügge sind, bleiben sie unter Aufsicht einiger erwachsener Flamingos wie in einem Kindergarten zusammen, während die Alttiere Futter suchen. Leider kommt es immer wieder dazu, dass wildernde Hunde in die Brutkolonien einfallen, die Eltern vertreiben und die Brut zugrunde geht. Ein weiteres Problem: Innerhalb des Naturparks gibt es über einhundert einst widerrechtlich errichtete Häuser mit entsprechenden Zufahrten. Auf der anderen Seite, hofft Helmar, könnte man in Zukunft hier wieder Salz gewinnen, wenn die Sanierung der Gewässer weiter Fortschritte macht und man den Vögeln gleichzeitig einen Freiraum lässt.

Die Lagune und das engere Schutzgebiet werden von einem Zaun umgeben, der zum Schutz der Tiere notwendig ist, was von der Bevölkerung allerdings nicht immer verstanden wird. Man versucht durch Führungen und das Ausbauen von Beobachtungsstellen, etwa vom Monte Urpino aus, die Anwohner und Besucher zu sensibilisieren. Denn ohne die Menschen, wiederholt Helmar, der über seinen Einsatz für die Natur alt und auch ein bisschen krank geworden ist, ist Umweltschutz nicht umzusetzen.

Wenige Monate nach unserem letzten Gespräch starb Helmar Schenk im Juni 2012 in Cagliari. Er wurde 71 Jahre alt. Die Zeitung *La Nuova Sardegna* schrieb: »Er war deutsch in seiner Strenge, mediterran in seiner Leidenschaft und hat Sardinien mit seiner Präsenz Ehre gemacht.«

Giorgio, der Arzt

Giorgio machte oft ein Gesicht, als würde er leiden. Dann wurden seine Falten um den Mund noch tiefer und die Schatten unter seinen großen melancholischen Augen noch dunkler, als sie es ohnehin schon waren. Als müsste er die ganze

Bürde der Schande tragen, die man seiner Heimatstadt Cagliari angetan hatte. Einer Stadt in wunderschöner Lage, die bereits ihre Gründer, die Phönizier, im 7. vorchristlichen Jahrhundert begeistert hatte. Heute aber wird sie von einer Modernität belagert, die schmerzt. Wenn man durch Cagliari läuft, hat man das Gefühl, dass die Stadt anders sein könnte, dass man hätte vermeiden können, wie sich schlechte Architektur nach den Bombenangriffen des Zweiten Weltkrieges zwischen die alten Palazzi gedrängt hat oder in den Vorstädten Schrecken verbreitet und sogar in die punische Totenstadt auf den Tuvixeddu-Hügel eindringt. Dennoch gibt es Zufluchtsorte, zum Beispiel das Vorgebirge von S. Elia abseits von Verkehr und Bausünden, das wegen seiner besonderen Form auch *Sella del Diavolo* genannt wird, (Sattel des Teufels). Hier verlor der Teufel auf der wilden Flucht vor den himmlischen Heerscharen den Sattel seines Pferdes, der auf die Erde fiel und zu Stein wurde. Deshalb heißt auch der Golf vor Cagliari *Golfo degli Angeli*, (Golf der Engel).

Giorgio Todde, Jahrgang 1951, arbeitete als Augenarzt im Krankenhaus von Cagliari, das in einem grünen Gürtel der Stadt unterhalb des Monte Urpino liegt. Von dem Balkon vor seinem Arbeitszimmer aus hatte man einen wunderschönen Blick gerade eben zu dieser *Sella del Diavolo*. Außerdem war Giorgio Schriftsteller. In seinen beiden Berufen brachte er die Menschen zum Sehen, und nicht immer freuten die sich, wenn sie plötzlich klar erkannten, was sie vorher nur verschwommen wahrgenommen hatten. In seinen Kriminalromanen, die eine historische Figur, den Einbalsamierer Efisio Marini, zum Protagonisten haben, beschrieb er ein Cagliari des 19. Jahrhunderts ohne die heute so üblichen archaischen Nebel und zeigte stattdessen ein armes, zurückgebliebenes, aber zugleich tief menschliches Land. In seinen Essays setzte er sich dann mit dem Sardinien von heute kritisch auseinander.

Die glückliche Insel, die schöne Insel, die Garteninsel, die Insel der heilen Natur, das sei doch reine Rhetorik, sagte er.

Überall leidet die Landschaft, besonders aber leidet sie an den Küsten unter dem Ansturm der Bauwirtschaft, die die Fahne des Tourismus schwingt und dabei zerstört, was Tourismus wirklich anziehen könnte: Natur und Schönheit. Das gilt auch für die Städte und die Dörfer der Insel, die vollkommen ihr Gesicht verloren haben. Sardinien besaß eine kleine Kultur, eine arme Kultur, die sich jedoch in Harmonie mit der eigenen Erde befand. Jetzt haben sich die Baumaterialien geändert, die Baustile und der Geschmack der Menschen, der dem Ansturm der Moderne nicht standgehalten hat. Tausende Jahre Nichtmoderne wurden beiseitegeschoben, sagte Giorgio, die schwache, schöne, sanfte, zärtliche, harmonische Kultur Sardiniens hat nachgegeben.

Ein Schmerz band ihn an dieses Land, diese Landschaft, ihre Menschen. Deshalb engagierte er sich in der Umweltschutzorganisation Italia Nostra, schrieb sich in der Tageszeitung *La Nuova Sardegna* die Finger wund, trat auf Veranstaltungen auf, um wütende Bürger, die mit Feriensiedlungen Arbeitslosigkeit bekämpfen wollen, vor den selbstzerstörerischen Folgen ihres Denkens zu warnen.

Es war Abend, als wir auf der offenen Terrasse eines Restaurants in Casteddu saßen, der Oberstadt von Cagliari, der *Maestrale* hatte zugenommen, dafür wärmte der rote »Carignano del Sulcis«. Maria Paola Morittu, eine Juristin, die die Sektion von Italia Nostra auf Sardinien leitet, leistete uns Gesellschaft. Die Organisation hatte gerade einen Sieg davongetragen. An den Küsten im Süden sollten auch in naturgeschützten Gebieten Radarstationen entstehen, um mögliche Bootsflüchtlinge aus Nordafrika zu orten. Das Verwaltungsgericht der Insel hatte dem Einspruch von Italia Nostra stattgegeben. Die Radarstationen wurden vorerst nicht gebaut. Die Nacht war sternenklar. Giorgio sagte, wenn er nicht auf Sardinien sei, sondern auf dem italienischen Festland oder im Ausland, spüre er eine geradezu geologische Nostalgie, und wenn er zurückfliege und schließlich die Insel wieder von oben sehe, bewege ihn das tief. Das tiefe Gefühl der Zufriedenheit, dass diese Insel zu ihm gehöre. Ein kleines Vaterland. Eine Heimat. Und Heimat sagte er auf Deutsch.

Wir blickten in die Nacht hinaus über den Stagno di Molentargius hinweg, der im tiefen Dunkel lag, wo die Flamingos längst ihre Köpfe ins Gefieder gesteckt hatten. Dahinter flimmerten hektisch die Lichter von Quartu Sant'Elena, während weiter über ihnen die Sterne am Himmel, scheinbar seit Ewigkeiten, ruhig leuchteten und die ganze Aufregung nicht verstanden. Giorgio starb im Juli 2020.

Antonietta und ihre Kinder

Ein Reisender wie Lawrence konnte sich nicht satt daran sehen, wie die Menschen auf Sardinien gekleidet waren, ganz gleich ob arm oder reich. Die Straßen waren für ihn ein einziger Laufsteg wie bei einer Modenschau. Die Bäuerinnen sah er zum Beispiel »im Mieder und in großen, weiten Röcken aus handgesponnenem Leinen oder dicker Baumwolle«. Am hübschesten schienen ihm »die Röcke in dunkelblauen und roten Streifen, die so gearbeitet sind, dass der Stoff blau von den Hüften herabfällt und unzählige Streifen von Rot in seinen Falten verbringt. Dazu trägt die Bäuerin ein einfaches, helles Mieder mit Spitzen, auch ein kleines Jäckchen zuweilen, die Ärmel bauschen sich weit, und sie hat ein Halstuch oder einen Schal lose umgeknotet.«

Als Lawrence im Winter 1920 Sardinien bereiste, war Antonietta noch nicht einmal drei Jahre alt, und vermutlich haben weder ihre Mutter noch ihre Großmutter, die sich hauptsächlich um ihre Erziehung kümmerte, solche Röcke getragen, wie sie Lawrence beschrieb. Dafür war man zu arm. Der Vater war Landarbeiter, im Krieg kämpfte er bei der *Brigata Sassari*, und als er heimkehrte war er zunächst arbeitslos, bis er als Halbpächter den Lebensunterhalt der Familie mehr schlecht als recht verdienen konnte. Er lebte mit den Seinen in einem der kleinen Häuser, die sich unter dem Kastell von Bosa eng aneinanderschmiegen, während die Rückseite die Felsen berührt, die hier und da bucklig in die Zimmer hineinragen. Im Raum zu ebener Erde war Platz für den Esel, auf dem der Vater noch vor Sonnenaufgang zu den einzelnen handtuchgroßen und verstreut liegenden Feldern ritt, auf denen er Tomaten und Gemüse anbaute, etwas Wein und Oliven erntete, und von dessen Ertrag er dem Grundherren noch die Hälfte abgeben musste. In den drei Räumen darüber fanden die Küche und die Schlafzimmer Platz, für die Eltern und für vier Kinder – drei weitere waren bei oder kurz nach der Geburt gestorben. Und da wurde auch so mancher Verwandter untergebracht, der gerade keine Schlafstatt hatte.

Solange sie im Haus ihrer Eltern lebte, musste sich Antonietta für die Nacht ein Kanapee mit ihrer Schwester teilen. In den schlechtesten Jahren besaß sie nur ein einziges Kleidchen, das abends gewaschen wurde, nachts trocknete und morgens wieder frisch angezogen wurde. Als ein Trauerfall in der Verwandtschaft die Frauen zwang, schwarze Kleidung zu tragen, wurde es einfach eingefärbt. Im Alter von sechs Jahren kam das Mädchen in die Schule, die sie aber nach zwei Klassen wieder verließ. Die Eltern schickten sie nur dann zum Lehrer, wenn eine offizielle Mahnung von der Schule kam oder sogar eine Geldstrafe angedroht wurde. Aber nach ein paar Tagen blieb das Kind wieder zu Hause. Denn es hatte inzwischen gelernt mit dem *Filet* zu arbeiten. Dabei stickt man in ein feinmaschiges Netz, das über einen großen Holzrahmen gespannt ist, Muster für Decken aller Art, für Umhänge oder Bezüge, wie es in Bosa auch heute noch Brauch ist. Antonietta saß zusammen mit den anderen Frauen vor den Häusern auf der Gasse, begriff schnell, lernte die traditionellen Motive und Muster kennen und konnte bald ebenso geschickt mit Sticknadel und Faden umgehen wie die Alten. Zeitweilig verdiente sie mit ihrer Arbeit mehr als der Vater, da musste die

Schule eben warten. Auch andere Tätigkeiten wollten erledigt sein. Anfangs musste man noch Wasser von einem Brunnen bei der Brücke am Temo Fluss heraufschleppen, später gab es dann eine Leitung in der Gasse, aber immer noch mit einem Wasserhahn draußen vor der Haustür, und erst sehr viel später sollte jedes Haus einen eigenen Wasser- und Stromanschluss bekommen (was aber nicht bedeutete, dass regelmäßig Wasser oder auch Strom floss). So wuchs Antonietta heran, und mit ihr veränderten sich die Zeiten nur langsam. Dass sie nie richtig schreiben und lesen gelernt hatte, war eine Erfahrung – so schwor sie sich, als sie bereits erwachsen war –, die ihre Kinder später nie machen sollten.

Mit 25 Jahren, ausgerechnet als Krieg herrschte und der Hunger durch Sardinien zog, heiratete sie den zehn Jahre älteren Salvatore, der wie sie aus Bosa stammte und dafür bewundert wurde, wie er bei Familienfesten singend Stegreifgedichte vortragen konnte. Sie zog mit ihm in die von Mussolini gegründete Stadt Carbonia im Süden der Insel, wo er eine feste Anstellung bei der sardischen Eisenbahngesellschaft gefunden hatte. Sieben Kinder (drei Mädchen, vier Jungen) kamen gesund auf die Welt, und in Carbonia, wo der Staat Sozialwohnungen vor allem für Minenarbeiter baute, fanden sie schließlich eine Vierzimmerwohnung mit – welch ein Luxus – eigener Heizung, Küche, Wohnzimmer, Schlaf- und Kinderzimmer. Und so konnte auch wieder der eine oder andere Verwandte zeitweilig Unterschlupf finden. Antonietta setzte durch, dass zu Hause kein Sardisch, sondern Italienisch gesprochen wurde (obgleich sie selbst immer wieder dialektale Ausdrücke einbrachte), damit die Kinder sich von Anfang an in der Schule nicht beim Gebrauch der Hochsprache benachteiligt fühlten. Das neu gegründete Carbonia war sowieso eine Art »interkulturelle« Stadt, wo sich Sarden unterschiedlicher Dialekte und sogar Gastarbeiter aus dem Ausland trafen und das Italienische unter den breiten Volksschichten schneller zur Hauptsprache wurde als in anderen Orten Sardiniens. Antonietta wusch und bügelte, kochte und putzte, verwaltete die Finanzen der Familie und war zufrieden, wenn ihre Sieben gute Noten mit nach Hause brachten. Im Sommer bereitete sie belegte Brote vor, packte Obst ein und dann fuhr man am Wochenende mit der Bahn nach Sant'Antioco ans Meer oder besuchte Verwandte in Bosa. Sie tat alles für ihre Kinder, war aber streng und Gefühle zeigte sie selten. Zärtlich ging sie erst mit ihren Enkeln und Urenkeln um.

Als sie 45 Jahre alt war, wurde Salvatore vorzeitig pensioniert und das Familieneinkommen schmolz zusammen. Weil Arbeitsplätze auf Sardinien rar waren, reisten der Mann und der älteste Sohn Luigi nach Norditalien in die Lombardei, wo sie bei wechselnden Arbeiten in den Fabriken von Sesto San Giovanni etwas Geld verdienten. Immerhin so viel, dass die größere Tochter eine Ausbildung als Krankenschwester abschließen und danach die Familie durchbringen konnte, weil sie eine gut bezahlte Stelle in einem Krankenhaus in der Nähe von Mailand fand. Dann war es Luigi, so war der Pakt mit der Schwester, der jetzt eine Ausbildung zum Verwaltungsfachmann machte. Er heiratete später und ging zurück nach Sardinien, nach Cagliari. Antonietta zog dagegen mit dem Rest der Familie nach Norditalien und achtete darauf – auch als der Ehemann schwer erkrankte –, dass die weiteren Kinder das Beste aus ihrer Ausbildung herausholten. Und das taten sie, machten Abitur, studierten. Ein Sohn ist heute Arzt, zwei Töchter haben einen Hochschulabschluss. Und wann immer man Antonietta darauf ansprach, verwandelte sich ihr strenger Blick, den sie gewöhnlich zeigte, in ein stilles Lächeln. Und die tiefen dunklen Augen unter ihren buschigen Augenbrauen strahlten in dem faltigen Gesicht. Sich selber gönnte sie nur wenig, wichtig waren ihr allerdings morgens und nach dem Mittagessen der heiße Caffè mit viel, sehr viel Zucker und am Nachmittag manchmal eine Süßigkeit. Sie war religiös, aber kein Kirchengänger, sie glaube, so sagte sie immer, an Gott, nicht an den Pfarrer.

Aber was für ein Leben in der nebligen Po-Ebene! Sobald es möglich war, zog es Antonietta wenigstens während der Sommermonate wieder nach Bosa ins Haus unterhalb des Kastells, das für die anderen in der Familie jetzt eine Ferienwohnung war. Wenn Antonietta im Juni kam, wurden Stühle nach draußen gestellt, und sie saß mit ihrer Schwester, die ein paar Häuser weiter wohnte, und mit anderen, auch jüngeren Frauen auf der Gasse. Einige arbeiteten am *Filet*, andere hatten sich einfach nur dazugesetzt und redeten über Gott und die Welt, während um sie herum Kinder spielten. Solche Gruppen von oft schwarz gekleideten Frauen sah man damals überall in den Gassen. Auch Antonietta trug inzwischen schwarz, weil Salvatore gestorben war und Frauen in den Orten auf Sardinien, wo Traditionen noch zählen, nach dem Tod ihres Mannes den Rest ihres Lebens schwarze Kleidung tragen müssen. Im Kreis von diesen Frauen spielte sie eine besondere Rolle, denn während die anderen Bosa nur selten verlassen hatten, und ihre Söhne und Töchter froh waren, wenn sie eine Arbeit als Maurer oder als Verkäuferin fanden, lebte Antonietta auf dem *continente*, hatten ihre Kinder studiert, und hatte es einer sogar zum *dottore*, zum Arzt, gebracht. So bekam, auch wenn sie selber so gut wie nicht lesen und schreiben konnte, ihr Wort Gewicht. Sie hielt das Haus in Ordnung und leitete auch mal Feriengäste an, Fenster zu streichen oder die Wände zu weißeln. Im September packte sie dann wieder ihren Koffer, verschloss das Haus, und einer der Söhne brachte sie im Auto zurück in den Norden. Im Winter trug sie manchmal die *scialle*, einen großen und typischen schalartigen Netzumhang aus Bosa, eine *Filet*-Arbeit, von der sie so viele für ihre Töchter und Schwiegertöchter gestickt hatte und die wunderbar wärmt. Und dann setzte sie sich vor den Fernseher und hielt wohl die Welt für ein bisschen verrückt. Wenn Töchter und Enkel gar zu verschwenderisch mit Lebensmitteln umgingen, sagte sie immer, da müsste noch mal der Hunger von 1944 kommen, als Luigi geboren wurde.

Die letzten Jahre lebte sie im Haus ihrer ältesten Tochter unweit von Mailand, und dort ist sie dann im Alter von 87 Jahren gestorben. Die Urne mit ihrer Asche wurde neben dem Grab ihres Mannes auf dem Friedhof von Bosa beigesetzt, der unterhalb der Straße liegt, die zum Castello di Serravalle hinaufführt. Und wenn ich heute an Antonietta denke, dann tut es mir leid, dass ich ihr nie vorgelesen habe, wie Lawrence das Sardinien ihrer Kindheit beschreibt und was er über die Frauen von damals erzählt: »Die Brauen sind kühn geschwungen, und sie halten den Rücken gerade wie eine Wand. Immer sind sie behänd. Sie sind wie flinke, wendige Vögel, eilen die Gassen hinauf. Man fühlt, sie würden einen ebenso gern ohrfeigen wie ansehen. Sanftmut scheint, Gott sei Dank, nicht eben eine sardische Eigenart zu sein.«

Der Wind erhebt sich – Landschaft und Politik

Wie fast überall in Süditalien wird das Baugewerbe in Sardinien als seligmachende wirtschaftliche Tätigkeit angesehen. Wenn traditionelle Wirtschaftsformen wie die Landwirtschaft immer mehr abnehmen, es keine nennenswerten Industriebetriebe gibt und wenig neue Unternehmen im Dienstleistungsbereich wachsen, finden Arbeiter auf Baustellen Beschäftigung, machen Immobilienfirmen Gewinn und investieren in neue Projekte. Häuser und Wohnungen entstehen, die der Eigentümer weiterverkaufen kann. Oder es wachsen Strukturen für den Tourismus, der dadurch attraktiver wird – soweit das Credo. Ein Gebäude jedoch, eine Hafenanlage und selbst ein Golfplatz sind aggressive Eingriffe in die Landschaft. Und die Umweltqualität ist eine natürliche Ressource, die Sardinien vielen anderen Mittelmeerregionen voraushat. Jahrzehntelang herrschte bei dieser Frage ein reges Durcheinander, mal wurde etwas geschützt, mal durfte wieder gebaut werden. Bodenspekulation machte sich breit, als man hoffte, mit Feriensiedlungen und Sommerhäusern (weniger mit Hotels) Käufer vom »Kontinent« anzulocken. Und wenn es eine Chance gab zu bauen, schlug man schnell zu, oft mit zweifelhaften architektonischen Formen und minderwertigen Materialien.

Bei den Regionalwahlen von 2004 kandidierte Renato Soru für das Amt des Regionalpräsidenten, der in Italien durch Direktwahl bestimmt wird, und wurde dabei von den Mitte-Links-Parteien unterstützt. Renato Soru ist eine der interessantesten Unternehmerpersönlichkeiten Sardiniens und Italiens. Er gründete unter anderem das international operierende Internetunternehmen Tiscali. Soru wollte ein modernes Sardinien schaffen, das sich zugleich seinen Traditionen bewusst bleibt und seine natürlichen Ressourcen zu schützen weiß. Nach seinem Wahlsieg verordnete er zunächst einen Baustopp entlang der Küsten innerhalb eines 2 Kilometer breiten Streifens (mit Ausnahme der Städte sowie kleinerer Inseln). In einem Landschaftsgesetz, das die Regionalversammlung 2006 verabschiedete, wurden diese Bestimmungen differenziert: Absoluter Schutz galt für einen Bereich von mindestens 300 Metern, der je nach Beschaffenheit auf 5 Kilometer ausgedehnt werden konnte.

Während dieses Landschaftsgesetz in Italien und im Ausland hochgelobt wurde – die UNESCO ernannte Soru zu ihrem Küstenschutzbeauftragten – und Staaten wie Kroatien und Spanien es zum Vorbild für ihre eigene Gesetzgebung machten, wurde es auf Sardinien besonders von der Baulobby scharf kritisiert. Einer der größten Bauunternehmer der Insel, Sergio Zuncheddu, konnte sich dabei auf eigene Medienmacht stützen, er kontrolliert unter anderem die auflagenstärkste Tageszeitung Sardiniens, *L'Unione Sarda*, und den beliebten regionalen Fernsehsender *Videolina*.

Eigentlich sind sich alle einig, die Landschaft ist das höchste Gut, das Sardinien besitzt. Die Frage ist allerdings, wie man es nutzen kann – und soll. Dem einzelnen Privatunternehmer ist es sicher nicht zu verdenken, wenn er aus einem schönen Grundstück am Meer Profit schlagen will und deshalb eine Genehmigung zur Errichtung eines Ferienhauses oder eines

Hotels beantragt. Wenn aber all diesen Anträgen stattgegeben würde, dann wäre die Küste bald vollkommen mit Immobilien verstellt, das Landschaftsgut zerstört, und auch der Einzelne müsste dann damit rechnen, dass sein Haus unverkauft bliebe. Das Gesamtinteresse kann also nicht die Summe von Einzelinteressen sein, und insofern war der Landschaftsschutz der Regierung Soru ein großer Schritt nach vorn.

Nun lagen in dem vom Gesetz geschützten Küstenstreifen Einrichtungen, die bereits in der Vergangenheit entstanden waren und jetzt noch wertvoller wurden, weil sie keine Konkurrenzobjekte zu erwarten hatten. Wurden wieder mal die prämiert, die rücksichtslos gehandelt, und die bestraft, die es bislang unterlassen hatten? Soru versuchte es mit einer Steuer auf Zweithäuser und Ferienwohnungen von Eigentümern, die ihren ersten Wohnsitz nicht auf Sardinien hatten. Außerdem schloss er eine Luxussteuer auf Privatjachten ein. Mit diesen Maßnahmen brachte er so gut wie alle gegen sich auf – sogar die Rechtsprechung, die die Steuer als Verstoß gegen das von der Verfassung garantierte Gleichheitsprinzip wertete und für ungültig erklärte. Die Region musste über 20 Millionen Euro Einnahmen zurückzahlen.

Der Präsident bekam die Quittung bei den Regionalwahlen 2009. Fünf Jahre zuvor hatte es noch in vielen Küstengemeinden eine Mehrheit für ihn und sein Versprechen gegeben, Bodenspekulation und Raubbau einzudämmen. 2009 stimmten fast alle Küstengemeinden gegen ihn. Das bedeutete nicht nur eine persönliche Niederlage für Renato Soru, sondern es war ein harter Schlag für alle, die sich in den vergangenen Jahren für die Landschaft starkgemacht hatten. Sie mussten jetzt praktisch wieder von vorne beginnen, um Landschaftsschutz zu einem von der Mehrheit der Bevölkerung geteilten politischen Ziel zu machen.

Aber vielleicht liegt ja darin auch eine Chance, um von den früheren Positionen des »alles oder nichts« wegzukommen. Nicht jeder, der bauen will oder in die Landschaft eingreift, ist zugleich ein ökologischer Unhold. Die Frage muss immer auch nach der Qualität des Bauens gestellt werden, ob der Eingriff nicht vielleicht auch eine Bereicherung sein kann, wenn man zum Beispiel eine vorhandene minderwertige Struktur verbessert. Aber wer entscheidet darüber, was Qualität ist und was nicht? Wenn Hohlbausteine und Zement die alten Lokalsteine oder Lehmbauweisen ablösen, ist das ein Fortschritt oder ein Rückschritt? Haben nicht vielleicht doch die Umweltschützer recht, die in lockeren Bestimmungen nur eine Hintertür sehen, durch die die Bauindustrie ihre Interessen wider alle Vernunft durchsetzen kann? Die Regionalregierung unter der Leitung des Berlusconi-Vertrauten Ugo Cappellacci, der 2009 ins Amt gewählt wurde, hat dann die früheren Schutzbestimmungen verwässert. Es wurde nicht nur der Baustopp innerhalb von zwei Kilometer Entfernung vom Meer aufgehoben, sondern auch erlaubt, in der »heiligen« 300 Meter breiten Küstenzone zu bauen, wenn es sich um Erweiterung oder Ersatz des Bestehenden handelte. Jahre später übernahm der unabhängige Wirtschaftswissenschaftler Francesco Pigliaru an der Spitze einer Mitte-Links-Vereinigung die politische Verantwortung. Er suchte in Sachen Landschaftsschutz einen Mittelweg. Für die Zukunft scheint das der einzig vernünftige Weg: Erhalt der Umwelt, Pflege der Natur, ohne dogmatisch jeden Quadratmeter Macchia wie ein Biotop zu schützen, wenn es Projekte gibt, die gesellschaftlichen Interessen zum Wohl der Bevölkerung im landschaftlichen Rahmen dienen. Wobei man an der Küste strengere Maßstäbe anlegen muss als im Inland. Pigliarus Nachfolger, der Konservative Christian Solinas (ab 2019), drehte die Uhr allerdings wieder zurück. So geht es hin und her in der Politik Sardiniens. Wie das alles angefangen hat? Die ganzen Auseinandersetzungen gehen auf ein Projekt zurück, das vor rund fünfzig Jahren einen der schönsten Küstenstreifen der Gallura veränderte und damit das Verhältnis der Insel zu ihrer Landschaft grundsätzlich neu formulierte.

Monti di Mola hieß im Dialekt der Einheimischen eine weitgehend unbesiedelte Gegend am Ostrand der Gallura, was so viel bedeutet wie Hügel der Mühlensteine. Als sich Ende September 1961 ein paar Männer der internationalen Geschäftswelt in Olbia trafen und einen formlosen Vertrag zur Erschließung eines rund 55 Kilometer langen Küstenstreifens der Monti di Mola schlossen, war ihnen klar, dass man mit einem Begriff wie »Hügel der Mühlensteine« keine Geschäfte machen konnte. Die Herren, zu denen unter anderem Giuseppe Mentasti, ein lombardischer Unternehmer (Mineralwasser San Pellegrino), John Duncan Miller, ein Banker aus den USA, René Podbielsky, ein polnischer Adeliger und (glückloser) Schriftsteller, sowie Patrick Guinness aus dem weitverzweigten Clan der irischen Bierbrauer gehörten, fanden einen Namen, der richtig zog: Costa Smeralda. Dieses Markenzeichen vermittelte sofort eine Ahnung von der unberührten Schönheit der Küstenformation mit ihren kleinen, schärenhaft vorgelagerten Inseln im smaragdgrünen Wasser.

Kopf der Gruppe war Karim Aga Khan IV., der Halbbruder von Patrick Guinness. Der Aga Khan, das Oberhaupt der schiitischen Glaubensgemeinschaft der Ismailiten, wurde 1936 in der Schweiz geboren. Er ist britischer Staatsbürger und der Titel »Prinz« wurde ihm von der Queen verliehen. Der umtriebige Mann, der in Harvard studiert hat, nahm als Skifahrer unter anderem bei den olympischen Winterspielen in Innsbruck 1964 teil und machte sich zugleich als Entwicklungshelfer und Gründer eines internationalen »Development Network« einen Namen. Für sein Bemühen um die Verständigung zwischen der islamischen und der christlichen Welt hat man ihn mehrfach mit internationalen Preisen ausgezeichnet. Aber Prinz Aga Khan ist vor allem ein erfolgreicher Geschäftsmann und besitzt rund um die Welt Unternehmensbeteiligungen, zum Beispiel auch bei Fiat und bei der Lufthansa. Er war zunächst mit einem britischen Topmodel verheiratet und in zweiter Ehe, die inzwischen auch geschieden ist, mit der deutschen Adeligen Gabriele Prinzessin zu Leiningen. 1961 gründete er das Konsortium der Costa Smeralda, das von verarmten Landbesitzern sowie von der Gemeinde Arzachena zu Niedrigpreisen scheinbar wertlosen Grund und Boden erwarb. Die Hirten der Gallura ahnten nicht, dass ihre Erde Güter besaß, die sie bald in der ganzen Welt berühmt machen sollten: die Schönheit der Landschaft und den Reichtum der Natur.

Mithilfe eines amerikanischen Städteplaners sowie mit italienischen und französischen Architekten wurde ein Projekt entworfen, bei dem mit einer Investition von rund 80 Millionen Dollar Hotels, Restaurants und Geschäfte, aber vor allem Villen und Eigentumswohnungen entstanden. Vorher gab es auf diesem Gebiet nicht mehr als ein paar Dutzend traditionelle Bauernkaten (sogenannte *stazzi*) mit insgesamt rund 200 Zimmern. Zehn Jahre später waren längs der Küste 10 000 Zimmer entstanden. Und es kamen die Reichen, Schönen und Berühmten: Alexandra von Kent und Margaret von Windsor, Gianni Agnelli und Elizabeth Taylor, Kirk Douglas oder Charles Aznavour. Im Schlepptau der High Society bewegten sich die Fotografen und Paparazzi, die Hochglanzbilder von der Hochglanzküste lieferten. Die Costa Smeralda entwickelte sich schnell zu einer luxuriösen Gartenstadt, die von einem unsichtbaren Zaun umgeben wurde, der einen Raum mit exorbitanten Preisen und einer bislang auf der Insel unbekannten Zurschaustellung von Reichtum schützte. Abgesehen davon, dass die einzelnen Villen bis heute (und heute mehr als früher) ihre ganz konkreten Sicherheitsanlagen haben.

Die Investition des Aga Khan veränderte nicht nur die Landschaft, sie erregte auch die Gemüter der Sarden. Die einen lobten, wie sich die Villen, besonders in dieser ersten Phase, architektonisch der Landschaft anpassten. Sie durften nicht mehr als drei Stockwerke hoch gebaut werden, an den

Straßen wurden keine Werbetafeln aufgestellt, und das ganze Versorgungssystem (Strom und Wasser) musste sofort unterirdisch verlegt werden. Jachthäfen und Golfplätze hätten das Gebiet aufgewertet, Arbeitsplätze seien geschaffen worden, und der Glanz der neuen Eigentümer aus dem internationalen Jetset habe auf ganz Sardinien ausgestrahlt und den Tourismus inselweit entwickelt.

Die anderen wendeten sich entsetzt von einer Architektur ab, die sich pseudo-mediterran gibt, aber nichts mit Sardinien gemein hat. Sie kritisierten ein touristisches Modell, das auf Erwerb von Immobilienbesitz von außen fußt und die Sarden von jeder Entwicklung ausschließt. Während die Regionalregierung sich vor dem Aga Khan dankbar verbeugte, wurden die Klagen darüber lauter, dass sich das Konsortium die ganzen Erschließungsarbeiten wie etwa die Straßen oder die Versorgungseinrichtungen von den Fördermitteln der staatlichen Entwicklungskasse für Süditalien (Cassa per il Mezzogiorno) hatte bezahlen lassen, während es im restlichen Sardinien kein Geld gab, die wenigen vorhandenen Straßen auszubessern oder Dörfer mit Trinkwasser zu versorgen. Das Wort von der *costa rubata*, der geraubten Küste, wurde geprägt.

Bereits Anfang der Siebzigerjahre änderte sich das Klima an der Costa Smeralda. Immer mehr Leute kamen, die auch bauen wollten, der Autoverkehr nahm zu, der Müll auch, und die neuen Villen wurden kleiner und weniger luxuriös. Die ganz Reichen, wie der italienische Milliardär Silvio Berlusconi, setzten sich davon ab und schufen sich gettoartige Schlossanlagen, die sie wie Hochsicherheitstrakte bewachen ließen. 1976 entschloss sich die Regionalregierung endlich, die Küsten zu schützen und weitere Neubauten innerhalb eines Streifens von 150 Metern Breite vom Wasser an zu verbieten – die, die bereits innerhalb dieser Zone lagen, wurden von den Bestimmungen allerdings nicht berührt. Der Aga Khan fühlte sich dennoch von der »undankbaren« sardischen Politik hintergangen und stieg erbost aus dem Konsortium aus. Er behielt »nur« einen Jachthafen (Marinasarda), ein paar Hotels und vor allem die von ihm gegründete Fluggesellschaft Meridiana, die nach wie vor Cagliari und Alghero, aber vor allem Olbia bedient. Neue Eigentümer verwalteten sein Erbe, während die Costa mit der nächsten Generation des Jetsets, mit den Berlusconi und Briatore, den Medien jeden Sommer die Geschichten lieferte, die die Leute angeblich in den Blättern lesen und im Fernsehen verfolgen wollen. Im Jahr 2003 stieg dann der US-Milliardär libanesischer Herkunft Tom Barrack groß ins Geschäft ein und übernahm die Mehrheit im Konsortium. Er ist momentan dabei, die Costa Smeralda um ein paar Tausend Kubikmeter Neubauten zu verlängern.

Das Modell Costa Smeralda ist in die Jahre gekommen. Jetzt kaufen nur noch Russen, erzählte mir kürzlich ein Architekt, und die Immobilienwerte sinken. Es war an einem Tag im Mai, als ich das letzte Mal in Porto Rotondo war: blauer Himmel, die Sonne wärmte bereits und die Schwalben verbreiteten eine Frühlingsstimmung wie aus dem Bilderbuch. Doch der Hafen lag da wie tot, die meisten Geschäfte hatten geschlossen, und mit Mühe fand ich eine Bar, um einen Caffè zu trinken. Wie vor fünfzig Jahren ist die Costa Smeralda ein reines Sommervergnügen, das frühestens Mitte Juni beginnt und spätestens Mitte September die Rollläden wieder herunterlässt. Acht, neun Monate lang ist das eine tote Gegend. So bleiben auch Arbeitsplätze bis auf ein paar Ausnahmen eine prekäre Saisonbeschäftigung. In Arzachena, dem alten Hauptort der Costa Smeralda, der sich einst eine blühende Zukunft versprochen hatte, macht sich, wie die Internetzeitung *Sardegna 24* berichtet, Jugendarbeitslosigkeit und neue Armut breit.

Gisèle, die Ehefrau des inzwischen verstorbenen Mitbegründers René Podbielsky, beklagte kürzlich, dass die »Idee« der ersten Phase der Costa Smeralda durch Trittbrettfahrerprojekte und die Stillosigkeit der jüngeren Zeit »verraten« worden sei. Heute gibt es entlang der sardischen Küsten genügend Beispiele von qualitätslosen Bauentwicklungen, deren betonselige Hässlichkeit die Sünden der Costa Smeralda weit in den Schatten stellen. Man kann sich fragen, ob es je eine Möglichkeit gegeben hätte, die Monti di Mola sanft, etwa durch den Ausbau der *stazzi*, der alten Bauernkaten, zu erschließen. Sardinien umsäumt ein 1849 kilometerlanger Küstenstreifen, da sollte es die paar Kilometer Costa Smeralda und Jetset eigentlich locker verkraften. Aber mir leuchtet dennoch nicht ein, warum man einen der schönsten Küstenstreifen Europas in eine Art kulturelles Getto mit einer falschen, einer »scheinsardischen« Architektur verwandeln musste, die nicht etwa das alte Land neu interpretiert, sondern es von außen kolonisiert. So entstand ein Modell, das im Kleinen auf der Insel mit immer neuen Siedlungen von Ferienhäusern und Zweitwohnungen meist auf die Billigtour kopiert wurde. Die alle zusammengerechnet haben weit mehr als 100 Kilometer Küste angefressen.

Im Sommer 2011 las ich in *La Nuova Sardegna*, der Tageszeitung aus Sassari, dass eine Gruppe junger Russen im »Billionaire«, dem exklusiven Nachtclub des Ex-Formel-1-Teammanagers Flavio Briatore in Porto Cervo, die Zeche geprellt hatte. Die Truppe war mit einer 70 Meter langen Luxusjacht, der »Kismet«, im Hafen gelandet, hatte sich ein Privé geben lassen und, so hieß es in dem Bericht, nach und nach 92 Flaschen Champagner Cristal geordert und damit herumgespritzt wie bei einer Formel-1-Siegerehrung. Als sie um fünf Uhr morgens gingen, unterschrieben sie laut *La Nuova Sardegna* die Rechnung von sage und schreibe 86 000 Euro mit der »üblichen Zusage«, sie am nächsten Tag zu begleichen. Am nächsten Morgen lag aber keine »Kismet« mehr im Hafen. Nachforschungen der Polizei blieben erfolglos. Schadenfreude ist sicher keine lobenswerte Eigenschaft, aber ich gebe zu, ich habe mir gedacht: Recht geschieht ihm.

Wenn man vom Flugzeug aus auf die Inselgruppe der Maddalena guckt, hat man das Gefühl, als wollten diese vielen Landflecken im Meer eilig davonschwimmen. Und wirklich fühlt sich die Mehrzahl der 11 000 Bewohner Sardinien nicht so recht zugehörig, und der Costa Smeralda mit den neureichen Russen schon gar nicht. Ihre Sprache, das *Isulanu*, ist eng mit dem Korsischen verwandt. Früher gab es noch eine direkte Fährverbindung mit Korsika, und die war lange Zeit wichtiger als etwa die nach Palau auf dem sardischen Festland. Die Maddalena war immer eine Insel zwischen den Inseln. Als Napoleon auf ihr 1793 von Korsika aus Fuß fassen wollte, wurde er wieder verjagt. Begrüßt wurde dagegen der britische Admiral Nelson, der hier wenig später mit seiner Mittelmeerflotte vor Anker ging.

Auf der Maddalena befand sich neben einer Polizeikaserne auch ein Lager für Zwangsarbeiter, noch heute heißt der Ort im Volksmund *La Disciplina*. Die römische Regierung setzte Ende des 19. Jahrhunderts diese Strafgefangenen ein, um ein *arsenale*, also eine Werft- und Hafenanlage für die königliche Flotte zu bauen. Später kam eine Kadettenschule hinzu. Die Anlagen wurden 1943 bei Bombenangriffen durch die Alliierten schwer beschädigt, nach dem Krieg aber wieder aufgebaut und sogar erweitert. Sie boten vielen Hundert Personen Beschäftigung. Mit der Zeit verlor das *arsenale* aber an Bedeutung, und 1999 wurde es ganz geschlossen, die Kadettenschule war bereits vorher aufgegeben worden.

Auf der benachbarten kleinen Insel Santo Stefano richtete die US-Navy 1972 einen Stützpunkt für Atom-U-Boote ein. Nach der Havarie eines mit nuklearem Sprengstoff beladenen Schiffes im Jahr 2003 nahm die Kritik an der Militärbasis zu, die die Amerikaner schließlich 2008 räumten. Bis heute ist unklar, inwieweit Teile der Anlage verseucht sein könnten und ob es noch nukleare Rückstände gibt. Auf der anderen Seite mehren sich Stimmen, die die Rückkehr der Amerikaner (und der von ihnen garantierten Arbeitsplätze) wünschen. Die Maddalena, dessen einzigartige Natur ja durch die Einrichtung des Nationalparks geschützt ist, versucht seit Jahren den Tourismus zu entwickeln. Die Inseln des Archipels mit ihren roten Granitfelsen, auf denen vom ewigen Wind gebeugt Myrten und Mastixsträucher wachsen und der Wacholder duftet, wo am Land die Tamarisken und im Meer die Seeanemonen blühen, bilden ein kleines, allerdings ziemlich zugiges Paradies mit zauberhaften Stränden und Buchten. Es gab immer wieder Besucher, die davon träumten, für immer hierzubleiben. Garibaldi verbrachte seinen Lebensabend auf Caprera, das durch einen festen Damm an die Hauptinsel angekettet ist. Der große italienische Schauspieler Gian Maria Volonté wollte sogar auf der Maddalena beigesetzt werden. Sein Grab auf dem *camposanto* schmückt ein schlichter Felsstein, auf dem die Worte von Paul Valery aus dem Gedicht »Der Friedhof am Meer« stehen: »Le vent se lève …, il faut tenter de vivre.« Wie Rilke übersetzt: »Der Wind erhebt sich! Leben, ich versuch es.«

Statt Strukturen im Zusammenspiel mit den natürlichen Ressourcen aufzubauen – angedacht war etwa eine Art Naturmuseum der Flora und Fauna des Meeres –, wählte man den Weg des spektakulären Großprojekts. Ein für das Jahr 2009 auf der Maddalena geplantes Treffen der Regierungschefs der acht größten Wirtschaftsnationen wurde zum Anlass genommen, die ehemaligen Anlagen des *arsenale* in ein Kongress- und Hotelzentrum (fünf Sterne) mit Jachthafen und Serviceeinrichtungen umzubauen. Der Mailänder Architekt Stefano Boeri, dessen Familie seit Langem ein Haus auf der Maddalena besitzt, fand dafür minimalistische kühle Formen. Staat und Region beteiligten sich mit Fördergeldern in Höhe von rund 400 Millionen Euro, und tausend Arbeitsplätze sollten entstehen. Die Berlusconi-Regierung ließ nach dem schweren Erdbeben in den Abruzzen das G8-Gipfeltreffen jedoch kurzfristig nach L'Aquila verlegen, und die Arbeiten auf der

Maddalena stockten. Zurückgeblieben ist ein nicht saniertes Hafengelände mit einer modernen Ruinenlandschaft, die schwer wieder zum Leben zu erwecken ist, obgleich man es den Einwohnern wünschen würde. Der private Investor, der das Hotel übernommen hatte, möchte inzwischen die Immobilie wieder loswerden, denn wofür braucht man auch ein Luxushotel auf der Maddalena mit 200 Betten? Abends, wenn die Badegäste wieder die Fähre genommen haben, ist das eine stille Insel.

Alleingelassen von der großen Politik und den Investoren, konzentriert sich die Maddalena deshalb wieder auf die Umwelt und ihre sanfte Erschließung. In Zusammenarbeit mit Landschaftsarchitekten wie dem Deutschen Andreas Kipar hat der Ort einen Landschaftsplan aufgestellt, der als ersten Schritt eine Erschließung der Natur durch Spazierwege und Aussichtspunkte vorsieht.

Cagliari, die grüne Stadt am Meer?

Als der 16-jährige Andreas Kipar 1976 seine Schwester auf Sardinien besuchte, fühlte er sich wie im Paradies. Im heimischen Gelsenkirchen durfte er nur mit einer Zündapp 50 ccm durch die Stadt tuckern, ein schnelleres Kraftrad gestand der deutsche Gesetzgeber Jugendlichen nicht zu. In Italien jedoch ließ man 16-Jährige schon an größere Maschinen. Und so brauste er mit der Benelli 125 ccm seines Schwagers, der als NATO-Soldat auf dem Truppenübungsplatz in Decimomannu Dienst tat, von Süd nach Nord durch Sardinien und wieder zurück. Sardinien war für ihn die erste Begegnung mit Italien überhaupt, und weil man die erste Liebe nicht vergisst, behielt er die Insel auch im Herzen, als er sich nach dem Studium in Mailand niederließ und dort gemeinsam mit dem italienischen Agronomen Giovanni Sala ein Büro zur Landschaftsarchitektur eröffnete. Bald kam auch ein Nebensitz in Cagliari hinzu.

Für die Stadt Cagliari stellte Andreas Kipar dann einen ersten Grünordnungsplan auf, der zwar nie vom Stadtrat offiziell verabschiedet wurde, doch hielt sich die Gemeinde trotzdem daran. Und so kam langsam Natur in eine bis dahin vor allem steinige Stadt mit ihren vielen nicht erschlossenen Freiflächen, zum Beispiel mit dem großzügig angelegten Parco di Terramaini oder dem Hügelpark vom Monte Claro. 1999 folgte der erste offizielle Flächennutzungsplan, der auch die sogenannten natürlichen Grünflächen wie etwa die Lagunen (den Stagno di Santa Gilla im Westen und den Stagno di Molentargius im Osten) mit einbezog. Dafür wurde der Architekt später mit dem sardischen Landschaftspreis ausgezeichnet. Tausende Bäume wurden gepflanzt, neue Parkanlagen und erste Fahrradwege entstanden. Ein Landschaftsboulevard als grüner Ring in der Innenstadt setzte ein erstes Zeichen, um die naturbelassenen Flächen wie Is Arenas mit den Salinen des Molentargius und dem Monte Urpino zu verbinden.

Grün, sagt Andreas Kipar, braucht langen Atem. Es geht nicht um Erhaltung im Sinne der Konservierung des Bestehenden, sondern um Erhaltung im Sinne von Pflege und Rückgewinnung. Richtige Pflege bedeutet Veränderung, Bäume wachsen, Parks in der Stadt werden reicher, die Macchia am Rande der bewohnten Gebiete wird bunter, die Lagunen beleben sich mit neuer Flora und Fauna. Und es geht darum, das Vorhandende miteinander zu verbinden, Beziehungen und Austausch zu ermöglichen. Cagliaris herrliche Lage am Meer, sein kilometerlanger Stadtstrand (der *Poetto*) und die Öffnung der Hafenfront durch die Verlagerung des Industriehafens bieten ein beneidenswertes Potenzial für die Zukunft. Zusammen mit verschiedenen Stadtregierungen wurden (bislang erfolglos) mehrere Pläne geschmiedet, Cagliari für den EU-Wettbewerb »grüne Hauptstadt Europas« fit zu machen. Der Landschaftsarchitekt träumt davon, am *Poetto* wieder Dünen wachsen zu lassen und damit den Strandstreifen auch wieder in Beziehung zu setzen zum dahinter liegenden Stagno di Molentargius mit seinen Flamingos. Er möchte die belebte Hafenfront ausweiten und die beiden Lagunen über einen Fahrrad- und Fußweg am Meer, längs des Hafens und um die *Sella del Diavolo* herum, miteinander verbinden. Ein erstes großes Stück ist schon realisiert worden. Es führt rund 3 Kilometer lang vom Hafen (Mole Ichnusa), zunächst mit einem Steg über dem Wasser, zur Uferpromenade Su Siccu und weiter zum Beginn des Naturschutzgebietes der Molentargius-Lagune.

Der Fall Tuvixeddu

Bevor grüne Träume wahr werden, muss man sich allerdings erst einmal den Lasten der Vergangenheit stellen. Cagliari ist eine Stadt, wo man hin- und hergerissen wird, vor Begeisterung jubeln und vor Schmerz aufschreien kann. Eine wilde Bauwut hat den Körper der Regionalhauptstadt zerschunden und seiner landschaftlichen und urbanen Schönheit in den vergangenen Jahrzehnten Gewalt angetan. Statt Planung zeigte sich in immer neuen Vororten nur die Gier der Bodenspekulation, und statt Geist triumphierte die Krämerseele.

Ein zweifelhaftes Immobilienprojekt bedroht sogar die Nekropole auf dem felsigen Hügel Tuvixeddu. Hier findet man Ausgrabungen einer punischen Totenstadt, die auf das 6. Jahrhundert vor Christus zurückgeht – es ist die größte bekannte punische Nekropole im gesamten Mittelmeerraum. Der Kalksteinhügel, um den sich das neue Cagliari längst herumgeschlängelt hat, bildet die letzte noch unbebaute weite Fläche am südwestlichen Gemeinderand. Ein Sahnestück für Immobilienhaie. Naturschützern gilt Tuvixeddu, wo wilde Orchideen, pralle Kapern und fleischige Kaktusfeigen wachsen, als ein landschaftliches Paradies. Die Punier haben auf diesem Hügel ihre Toten in typischen Schachtgräbern bestattet. In einigen Ausgrabungsbereichen kann man die vielen rechteckigen Einschnitte der in den Felsen geschlagenen Schächte gut erkennen, die den Zugang zu den rund 2 bis 3 Meter tiefer gelegenen Grabkammern ermöglichen. Bislang wurden über 2000 Grabanlagen gefunden. Ein großer Teil des rund 67 Hektar großen Geländes ist noch gar nicht erforscht. Im Mittelalter nutzten die Ärmsten der Armen die Grabanlagen als Wohnstätte (und mancher Stadtstreicher kriecht dort noch immer unter). Im Zweiten Weltkrieg dienten sie als Zufluchtsort in Bombennächten. Danach ließ die Stadt das Areal bis auf kleine Ausgrabungsbereiche verkommen.

Rund 300 000 Kubikmeter Baumasse soll sich nach den Plänen eines Großinvestors über den bislang unberührten Ort erstrecken. Dabei stehen allein im Stadtgebiet rund 8000 Wohn- und Büroräume leer. Doch die Bauwirtschaft wird von politischen Kreisen weiter gehätschelt. Entstehen so nicht Arbeitsplätze, wachsen so nicht Investitionen, bildet sich so nicht Reichtum? Die Frage ist nur, was für ein Reichtum. In den vergangenen Jahren wurde längs der Lagune von Santa Gilla, wo einst der punische Hafen lag, ein Neubau nach dem anderen aus dem Boden gestampft. In wenigen Monaten hat sich ein Panorama verändert, das jahrtausendelang von Tuvixeddu aus den Blick über die Lagunen- und Salinenlandschaft bis zum fernen Gebirgszug des Monte Santa Barbara, hinter dem abends die Sonne versinkt, freigegeben hatte. Heute haben die Bauherren den Hügel weitläufig abgesperrt, um dem weiteren »Verfall vorzubeugen«. Das Immobilienprojekt wird so zu einer Qualifizierungsmaßnahme erklärt. Einen »Treppenwitz« nennt das Maria Paola Morittu von der Italia Nostra. Sie hält das Projekt schlicht für »einen Skandal«.

Was sie damit meint, kann man längs dem Straßenzug Viale Sant'Avendrace sehen. Die Römer hatten die Nekropole von den Puniern übernommen und ausgeweitet. Ihre Gräberstraße zu Füßen des Tuvixeddu, der Via Appia vor den Toren Roms vergleichbar, wird heute von nichtssagenden Neubauten vom Ende der 1990er-Jahre flankiert. Ein paar antike Monumentalanlagen sind völlig heruntergekommen. Die rund 400 Gräber, die bei den Bauarbeiten in jenen Jahren zutage traten, wurden vermessen, dokumentiert – und dann mit Beton für die Fundamente der Häuser wieder zugegossen. Bauarbeiter fanden in einem punischen Grab zum Beispiel das Skelett einer Frau, die das eines Kindes im Arm trug. Die Knochen der bewegenden Szene wanderten ins Museum, über dem ehemaligen Grab erhebt sich heute eine Fahrstuhlanlage.

Gegen das Bauprojekt, das von der Kommunalpolitik zunächst abgesegnet worden war, weil dazu auch ein kleiner archäologischer Park gehören sollte, sind Umweltschützer, Intellektuelle, Wissenschaftler der Universität Cagliari wie auch einige Politiker Sturm gelaufen. Nach mehreren, sich widersprechenden Gerichtsentscheidungen hat der oberste Staatsrat Italiens inzwischen denjenigen recht gegeben, die weite Teile des Hügels unter Landschaftsschutz sehen, sodass hier nicht gebaut werden darf. Über Randbereiche müsse aber neu verhandelt werden. Der Knoten von Tuvixeddu wird jedoch nicht leicht zu lösen sein. Auf der einen Seite stehen die Umweltschützer, die den ganzen Hügel, koste es, was es wolle, retten wollen. Sie befürchten, dass jeder Kompromiss doch wieder zur großflächigen Zerstörung genutzt würde, um eine möglichst hohe Rendite zu erzielen. Auf der anderen Seite steht ein Baukonsortium, das mit der Stadt Cagliari einen Vertrag aufgrund eines gültigen Gemeindebauleitplans geschlossen und bereits mit Vorarbeiten begonnen hat. Dem Konsortium steht nach einer Gerichtsentscheidung eine hohe Entschädigungszahlung zu.

In der Kommunalpolitik Cagliaris ist es in den vergangenen zwanzig Jahren hin und her gegangen wie in der Regionalpolitik. 2011 trat eine von Mitte-Links-Parteien getragene Stadtverwaltung an, die 2019 von einer Mitte-Rechts-Koalition abgelöst wurde. Beiden ist es nicht gelungen, das Problem in den Griff zu bekommen. Gut ist, dass im Augenblick alle Baumaßnahmen gestoppt sind. Gerichte prüfen außerdem, ob, wie so oft in Italien, Korruption und/oder Amtsmissbrauch im Spiel war. Der Landschaftsschutz ist sakrosankt, aber es gibt auch ein öffentliches Interesse, dass der Hügel mit einer parkähnlichen Anlage, wie man sie etwa aus Pompeji kennt, für die Bewohner der Stadt und für Touristen zugänglich gemacht wird. Was für eine Chance für die größte punische Nekropole im Mittelmeerraum: Wenn man das richtig aufziehen und dazu vielleicht ein kleines, modern gestaltetes Museum einrichten würde, wäre das eine weitere Attraktion für diese Stadt und würde viele Besucher anziehen. Aber zu befürchten steht, dass kontroverse Interessen, Eifersüchteleien und politische Grabenkämpfe eine akzeptable Lösung vielleicht auf Jahre hinausschieben werden.

Carbonia und der Europäische Landschaftspreis

Carlo Levi, der die Insel 1952 zum ersten Mal bereiste, schrieb in seinem Tagebuch über die Stadt Carbonia: »Es ist das andere Gesicht Sardiniens, das nichts von Hirten und Nuraghen weiß und die Zeit nach Stunden und Tagen und nicht nach Jahrtausenden zählt.« Die Bergarbeiterstadt platzte damals aus allen Nähten, rund 60 000 Menschen lebten hier, und Levi fand rund um die zentrale Piazza Roma ein Gemisch »aus falschen römisch-antiken Vorstellungen« und »der Vorläufigkeit eines improvisierten Pionierdorfs« im Wilden Westen. Er fühlte sich von den »pompösen Fassaden eines schäbig-imperialistischen Regimes« und von schmutzigen Straßen abgestoßen und entdeckte einen »vom Wind verstaubten Budenmarkt, wie er in Afrika liegen könnte«. Wer sechzig Jahre später kommt, findet eine kleine, saubere Stadt mit knapp 30 000 Einwohnern, die Sympathie ausstrahlt. Die architektonische Rhetorik des faschistischen Regimes ist verblasst oder hat museale Züge angenommen. Wie von Ablagerungen befreit, präsentierte sich der Ort im Inneren wieder als Gartenstadt, als die er (ursprünglich für 12 000 Einwohner) geplant war. Heute ist

Carbonia gemeinsam mit Iglesias Hauptort einer Provinz, in der insgesamt 130 000 Einwohner leben, und das Touristenzentrum Sant'Antioco mit seinem Hafen und seinen Stränden befindet sich ganz in der Nähe.

Italien wurde Mitte der Dreißigerjahre wegen seiner aggressiven Afrikapolitik (Krieg in Äthiopien) von der internationalen Staatengemeinschaft, mit Ausnahme von Hitler-Deutschland, geächtet, Handelsbeschränkungen schnitten es auch von Rohstofflieferungen ab. Die römische Regierung unter Benito Mussolini forcierte deshalb die bereits früher eingeleitete Autarkiepolitik. Sardinien ist reich an Mineralstoffen, bereits in der Antike wurde nach Erz gegraben. Ende des 19. Jahrhunderts entdeckte man im Sulcis und im Iglesiente Zinkvorkommen, doch erwies sich der Abbau als zu teuer, es fehlte außerdem an weiterverarbeitenden Betrieben, und so mussten die meisten Gruben zwischen 1920 und 1930 schließen. Ähnliches galt auch für die Steinkohle, auf deren Vorkommen bereits der General und Naturforscher Alberto La Marmora bei seinen Reisen hingewiesen hatte. Eine Grube bei Bacu Abis (unweit des heutigen Carbonia) arbeitete jedenfalls jahrzehntelang unrentabel. Egal, Mussolini brauchte Kohle.

Eine in Triest gegründete Gesellschaft (Carbosarda) kurbelte also den Bergbau im Sulcis wieder an und holte Arbeiter aus allen Teilen Italiens nach Sardinien, die mit ihren Familien untergebracht werden mussten. Innerhalb weniger Monate reiften 1937 die Pläne zur Gründung einer neuen Stadt, die man sich als Gartenstadt unweit der Schachtanlage von Serbarìu vorstellte. Die Planung fußte auf den Ideen des Engländers Ebenezer Howard, der für die Gründung von Siedlungen für Industriearbeiter im grünen Raum eingetreten war, die in der Nähe von den Werksanlagen, aber dennoch von ihnen getrennt entstehen sollten. Seine Methoden wurden jetzt aber durch italienisches Stadtverständnis, in dem Panoramen, Achsen und Platzanlagen eine wichtige Rolle spielen, ergänzt.

Ein Ingenieur aus Sardinien (Cesare Valle), ein Urbanist und Architekt aus Triest (Gustavo Pulitzer-Finali, der in München studiert hatte) und ein Architekt aus Rom (Ignazio Guido) standen an der Spitze eines Teams von jungen Technikern und Architekten, die die Arbeiten planten und anleiteten. Im Dezember 1938 konnte Mussolini bereits die neue Stadt Carbonia einweihen, die Bauarbeiten gingen jedoch bis 1942 weiter. Es war neben der Trockenlegung der Pontinischen Sümpfe auf dem Festland, wo Städte wie Sabaudia und Latina gerade entstanden, das größte urbanistische Projekt des faschistischen Italiens.

Die in leichter Hügellage oberhalb der Schachtanlagen errichtete Stadt gruppiert sich um die Piazza Roma mit der neoromanischen Kirche San Ponziano (der Glockenturm erinnert an den von Aquileia). An der Piazza liegen außerdem das Rathaus mit seinem Stadtturm, die Parteizentrale (*Casa del Fascio*), ein Freizeitheim (*dopolavoro*) und ein Theater/Kino-Gebäude. Die Anlage ist nicht geschlossen, sondern auf einer Seite offen und nimmt das Panorama der Landschaft mit Blick auf Serbarìu auf. Der Platz zeigt eine »doppelte Sprache«, in der sich die Architekten ausdrücken: Es gibt viele Anspielungen an historische Formen, wie es sich das Regime wünschte, andererseits wird in der asymmetrischen Anlage und in den Volumen der Baukörper modern-rationalistisches Denken deutlich. Dieser Zwiespalt zieht sich durch die ganze Stadt und spiegelt sich in den vielen Varianten der Wohnhäuser (meist für je vier Familien) wider. Außerhalb von Carbonia setzt sich im Weiler Cortoghiana, wo um die monumentale Piazza Venezia eine Nebensiedlung entsteht, die Moderne ganz durch. Was zunächst nicht geplant ist: Carbonia wächst schnell über sich hinaus, bald rechnet man bereits mit 55 000 Einwohnern, und neue Gebäude, regelrechte Wohnblocks, wachsen im Schatten der Fördertürme.

Zwischen der Gründerzeit und der Wiederaneignung von heute liegen dramatische Jahre.

Die sind durch die sozialen Verhältnisse eines bunt zusammengewürfelten Industrieproletariats und durch Arbeitskämpfe geprägt. Im Auf und Ab der Konjunkturen stehen Familien zwischen Arbeit und Arbeitslosigkeit, zwischen prekärem Wohlstand und Hunger, wie es bereits Carlo Levi erlebte. Nach einem kurzen Boom in der Nachkriegszeit, wo jede nur mögliche Rohstoffquelle ausgeschöpft wurde, kam die sardische Kohle wegen ihrer minderen Qualität aufgrund ihres zu hohen Schwefelgehalts unter Druck, als die europäische Zusammenarbeit mit der Montanunion begann. Die Förderung stockte, Arbeitskräfte wurden entlassen, Streiks legten das öffentliche Leben lahm, und die neuen Stahlwerke, die auch auf Sardinien entstanden (Ottana), konnten mit der Kohle aus Carbonia nichts anfangen. 1964 schloss Serbarìu, 1972 stellte auch das letzte noch aktive Bergwerk im Sulcis seine Förderung ein. Es folgten Jahrzehnte, die von tiefer Depression gekennzeichnet waren. Das Drogenproblem weitete sich dramatisch aus.

So kam es einem kleinen Wunder gleich, dass die Anstrengungen der Kommunalverwaltung, der Stadt als Handels- und Dienstleistungszentrum ein neues Profil zu geben, von Erfolg gekrönt waren. Ein bisschen konnte sie auch vom nahen Industriepol Portovesme/Portoscuso mit heute immerhin rund 3500 Arbeitsplätzen profitieren. Allerdings sind die Aluminium- und Bauxitwerke in schönster Küstenlage in jüngster Zeit wegen möglicher ökologischer Belastungen in Verruf geraten. Carbonia entwickelte ein Kulturprogramm, entdeckte bei Ausgrabungen am Monte Sirai die Geschichte seines Umlandes und förderte den Tourismus. In den ehemaligen Schachtanlagen von Serbarìu fand das *Centro Italiano della Cultura del Carbone* (Italienisches Zentrum für das Zeitalter der Kohle) Platz. 2006 eröffnete das modern gestaltete Bergwerksmuseum seine Tore, das spektakuläre Besichtigungen auch unter Tage anbietet und heute zu den meist besuchten Museen Sardiniens gehört. Der gesamte Grubenbereich wurde saniert, Kreativwerkstätten für Jugendliche und Künstler eingerichtet und ein Forschungsinstitut für Hochtechnologie angesiedelt. Die Stadt selber putzte sich unter der Anleitung von Architekten und Städteplanern der Universität Cagliari heraus. Sie befreiten die Piazza Roma vom Verkehr oder förderten die Nutzung leer stehender Einrichtungen (etwa als Hotels). Die zeitgenössische Architektur des neuen Bus- und Zugbahnhofs Carbonia–Serbarìu, ein Projekt der Schweizer Architekten Hüsler und Snozzi, versucht mit der rationalistischen Bauweise der Dreißigerjahre in Dialog zu treten. Man hat Infostände errichtet, die als »Wegweiser zur modernen Architektur« Auskunft über die Gründung und Stadtentwicklung geben. So sind Carbonia und seine Umgebung gleichsam zum Museum einer belebten Landschaft geworden. Der Europarat hat die Stadt dafür mit dem »Europäischen Landschaftspreis 2010/2011« ausgezeichnet.

Wirtschaft: Daten, Fakten, Meinungen

Demonstrationen in der Innenstadt von Cagliari häufen sich, Sitzblockaden auf der Staatsstraße 131 legen den Verkehr zwischen der Regionalhauptstadt und Sassari still, es kommt zu Besetzungen des Flughafens von Olbia. Die Arbeitsplätze auf der Insel nehmen ab, die Wirtschaft stagniert, der Protest wächst …

Ende der Achtzigerjahre hatte die Region mit Fördergeldern landwirtschaftlichen Betrieben den Zugang zu günstigen Krediten ermöglicht. Viele Bauern und Hirten, denen praktisch die Zinsen finanziert wurden, nutzten das, um ihre Höfe zu modernisieren. Mitte der Neunzigerjahre wertete die Europäische Union dies als einen Verstoß gegen die Regeln des gemeinsamen Marktes. Anfang 2000 musste die Region deshalb ein Gesetz erlassen, das die Betroffenen zwang, die Fördergelder zurückzuzahlen, wobei die Zinsen sich im Laufe der Jahrzehnte vervielfacht hatten. Nach mehreren Einsprüchen trat das Gesetz 2010/2011 schließlich in Kraft – mit schwerwiegenden Konsequenzen: Mittlerweile stehen über 4000 Betriebe vor dem Ruin, Anlagen müssen versteigert werden, Familien verlieren ihre Existenzgrundlage.

Sardinien wird in seiner wirtschaftlichen Entwicklung durch die Insellage gehemmt. Der Warenverkehr muss entweder auf dem umständlichen Wasser- oder auf dem kostspieligen Luftweg abgewickelt werden. Wenn dann noch die Fähren streiken oder die Transportgebühren wie aus heiterem Himmel um fast 30 Prozent angehoben werden, dann können sardische Produkte auf dem Festland kaum konkurrenzfähig auftreten. Mit rund 1,6 Millionen Einwohnern ist die Insel andererseits zu klein, um eine kräftige Eigenwirtschaft zu entwickeln. Nur in ganz wenigen Fällen können Unternehmen die Wertschöpfungskette vom Rohstoff über die Produktion, den Vertrieb und den Verkauf ausfüllen, wie das etwa bei der großen Weinkellerei Sella & Mosca in Alghero gelingt, die inzwischen allerdings zur Gruppe Terra Moretti gehört.

Auch der Fischfang hat auf Sardinien mit verschiedenen Restriktionen zu kämpfen. Das kleine Fischereiwesen leidet unter schlechten Umweltbedingungen, zum Beispiel durch Wasserverschmutzung in den Lagunen. Die Seefischerei wird durch Fangverbote in militärischen Übungsräumen der NATO im Südwesten der Insel zwischen Teulada und dem Golfo di Palmas behindert, zudem sind ihr durch die Fangquoten der EU beim Thunfisch enge Grenzen gesetzt. Was Umweltschützer freut, verfolgen die Fischer besorgt: Die Quoten für Sardinien haben sich in den vergangenen Jahren dramatisch verringert. Sie sanken zum Beispiel beim »Roten Thunfisch« innerhalb eines Jahres von 260 auf 180 Tonnen. Die *tonnare*, die Thunfischunternehmen auf den Sulcis-Inseln Sant'Antioco und San Pietro, die rund 100 Mitarbeiter für mindestens fünf Monate im Jahr beschäftigen, können bei solchen Quoten nur noch mit Verlust arbeiten. Bei der traditionellen *mattanza*, bei der die Tiere in eine Todeskammer getrieben und dort in einem blutigen Gemetzel geschlachtet werden, können sie die Sardinien zugewiesenen Quoten nur dadurch einhalten, indem sie das, was sie mehr fangen, nach Malta verkaufen. Die lebendigen Fische werden in großen Netzkammern dorthin geschleppt und erst direkt vor Ort geschlachtet. Der größte Teil des frischen Fleisches geht dann sofort per Flieger nach Japan und Korea, wo die Nachfrage am größten ist.

Auf der Insel ist Arbeit so knapp wie das Wasser. Vom Plan der *Rinascita*, der in den Sechzigerjahren die Wirtschaft ankurbeln sollte (siehe Seite 101), sind nur einige »Kathedralen in der Wüste« übrig geblieben. Die petrochemischen Kraftwerke des staatlich kontrollierten Energiekonzerns ENI in Ottana oder in Porto Torres mussten ihre Arbeitsplätze in den vergangenen Jahren radikal abbauen. Langsam erkennt man jetzt auch das Ausmaß der Umweltschäden, die diese Anlagen hinterlassen haben. Wer die ökologischen Folgen vor ein paar Jahren beklagte, wurde noch als »Traditionalist« und »Entwicklungsfeind« bezeichnet. Die Erdölraffinerie Saras, das nach Umsatz größte Industrieunternehmen der Insel, liegt in Sarroch am Westrand des Golfo degli Angeli in unmittelbarer Nähe zu den im Sommer von Touristen genutzten Stränden. Die Raffinerie, Besitz der Mailänder Familie Moratti, beschäftigt etwa 3000 Mitarbeiter, davon viele Spezialisten, die nicht von Sardinien kommen.

Im Dienstleistungsbereich ist das Telekommunikationsunternehmen Tiscali von Renato Soru mit 800 Mitarbeitern einer der wichtigsten Arbeitgeber. Aber gegenüber einer Bevölkerung mit rund 690 000 Personen im beschäftigungsfähigen Alter wirkt das alles wie der sprichwörtliche Tropfen auf dem heißen Stein. Die Arbeitslosenquote lag zuletzt bei dramatischen 19,8 Prozent (Italien 9,7 Prozent), die Jugendarbeitslosigkeit schwankt von Jahr zu Jahr und hat inzwischen 40,9 Prozent erreicht (Italien: 29,4 Prozent). Nach jüngsten Berechnungen des staatlichen Statistikamtes Istat bleibt Sardinen das Armenhaus Italiens und Europas. Die privaten Einkommen gingen gegenüber dem Vorjahr um über

4 Prozent (Landesdurchschnitt 2,7 Prozent) zurück, die sardischen Provinzen Ogliastra und Medio Campidano liegen auf den letzten beiden Plätzen aller Provinzen Italiens. Die Metropolstadt Cagliari hält immerhin Position 34. So »lebt« die Wirtschaft der Insel von öffentlichen Aufträgen für die Unternehmen und rentenähnlichen Zahlungen. Das sei ein »bisschen wie früher in der DDR«, kommentierte ein Mailänder Fachmann bissig. Der größte Arbeitgeber der Insel ist die Regionalverwaltung, bei der rund 13 500 Personen angestellt sind, was einem Verhältnis von je einem Regionalangestellten auf 115 Einwohner entspricht. Zählt man alle Beschäftigten im öffentlichen Dienst zusammen, so beträgt das Verhältnis sogar 1 zu 15!

Ich kann mich noch gut an die jungen Leute in den Gassen der Altstadt von Bosa erinnern, denen sich bei einfacher Schulbildung keine großen Berufsperspektiven eröffneten. Entweder gingen sie ins Baugewerbe, wie die Söhne einer meiner angeheirateten Tanten, oder zu den Carabinieri, wie der Nachbarsjunge. Viele hangelten sich von einer prekären Beschäftigung zur anderen. Junge Frauen konnten, wenn sie Glück hatten, eine Ausbildung zur Krankenschwester machen, meistens landeten sie danach allerdings irgendwo als Verkäuferinnen oder kellnerten in einer Pizzeria – und hofften auf die Ehe. Daran hat sich bis heute nicht viel geändert. Nur dass sie inzwischen die Häuser in der Via Ultima Costa (wörtlich: Straße zur letzten Küste), der Via Portella, der Via Sant'Ignazio und der anderen Gassen verlassen haben und in bequemere Neubauten umgezogen sind. Touristen mieten sich jetzt in die leer stehenden Häuser ein, die aber nur in den Sommermonaten bewohnt werden. Arbeitsplätze sind dadurch auch nicht entstanden, wenn man von einem *albergo diffuso*, einem verstreuten Hotel mit Zimmern, das auf verschiedene, aber nahe beieinanderliegende Häuser verteilt ist, absieht. Nur 6 Prozent der Arbeitsplätze Sardiniens gehören zum Tourismus (Hotelanlagen, Übernachtungen, Strandbetriebe, Ausflüge und Führungen usw.), die Statistiken rechnen allerdings die damit zusammenhängenden Gewerbe wie Restaurants, Cafés und Geschäfte nicht mit ein.

Von der Sonne geküsst, vom Wind bewegt

Grundsätzlich fehlt es, so sagen die Fachleute, an Persönlichkeiten, die gewillt sind Risiken zu übernehmen und Führungskraft zu entwickeln. Viel zu langsam verändert sich eine Mentalität, bei der man Schwierigkeiten und Rückschläge schicksalhaft erduldet, statt ihnen aktiv zu begegnen. Andererseits zeigen sich die Sarden äußerst sensibel, was den Einfluss von außen betrifft, den man oft als »Kolonialisierung« versteht – was bei der langen Leidensgeschichte der Insel auch kein Wunder ist. Man sollte deshalb Sardinien entwickeln, so wie Österreich Ende des 18. Jahrhunderts die Lombardei entwickelt habe, sagte mir kürzlich ein Vertreter der deutsch-italienischen Handelskammer AHK (Mailand / Cagliari). Kooperation nicht Kolonialisierung müsse das Schlagwort sein.

Die AHK versucht auf verschiedenen Feldern die Zusammenarbeit zwischen Sardinien und dem deutschsprachigen Wirtschaftsraum zu intensivieren. Zum Beispiel im Bereich des Tourismus, der auf der Insel durch eine extrem kurze Saison (Juli bis Mitte September) gekennzeichnet ist. So möchte die AHK Pilotprojekte anregen, die längere Aufenthalte von finanziell gut ausgestatteten Senioren zwischen März und Juni, September und November zum Ziel haben. Dafür werden allerdings von sardischer Seite nicht nur entsprechende Wohnverhältnisse erwartet, sondern auch Angebote für kulturelle Betätigungen und Freizeitbeschäftigungen. Sardinien selbst muss sich darauf einstellen, dass die Gesellschaft extrem veraltet. Den Umstand, dass auf der Insel besonders viele Hundertjährige leben, hat man den gesunden Lebensumständen gepaart mit genetischen Voraussetzungen zugeschrieben. In

Zukunft werden verhältnismäßig mehr Alte als Junge hier leben, weil bei weiter steigender Lebenserwartung die Bevölkerung schrumpft und die Jungen abwandern.

Warum soll man unter sardischer Sonne nicht gut altern können? Von ihr »wird die Erde geküsst und mit Gold überglänzt, in Brand gesetzt und ausgeglüht, geliebkost und gequält«. So schreibt es Paride Rombi in seinem Roman *Der Knabe und die Furien.* Denn mehr noch als ein Jungbrunnen für Alte ist die Sonne eine Energiequelle der Zukunft. Unternehmen aus Mittel- und Nordeuropa, so regte die AHK an, könnten ihre Fotovoltaikanlagen auf der Insel unter idealen Bedingungen testen. Vierzig Kilometer westlich von Cagliari ist eine moderne Forschungseinrichtung (CRS4 Research Center Sardinia) entstanden, das von der Biomedizin bis hin zu Informationssystemtechnik Hightechforschung betreibt und wo man sich besonders erneuerbaren Energieformen zuwendet. Vor ein paar Jahren hat der chinesische IT-Konzern Huawei 12 Millionen Euro in das bislang allein von der Region finanzierte Zentrum investiert. Ein gutes Zeichen für die Regionalregierung, die in der Hochtechnologieforschung ein Mittel sieht, die wirtschaftliche Entwicklung anzustoßen. So könnte aus einem stillgelegten petrochemischen Kraftwerk des staatlichen Konzerns ENI bei Porto Torres eine Fertigungsanlage der »grünen Chemie« entstehen. Erste Schritte sind ermutigend: Aus Biomasse (etwa aus Disteln) werden chemische Zusatzstoffe unter anderem für die Produktion von Waschmitteln gewonnen. In Zukunft möchte man sogar eine Raffinerie für »Biokunststoffe«, zum Beispiel für umweltfreundliche Einkaufsbeutel, aufbauen. Man kann dem Projekt, das sicherlich nicht sofort schwarze Zahlen schreiben wird, vor allem finanziell einen langen Atem wünschen – der auf Sardinien allerdings eine Seltenheit ist.

Bei einem Volksentscheid im Mai 2011 sprachen sich die Sarden mit überwältigender Mehrheit gegen die Einrichtung von Kernkraftwerken und die Lagerung nuklearer Rückstände auf der Insel aus. Alternativen Energieformen fällt so in der Zukunft eine besondere Rolle zu. Die »Green Economy« wird für die wirtschaftliche Entwicklung immer wichtiger werden. Aber das ist ohne Veränderung der Landschaft nicht zu haben, wie man etwa mit dem Windkraftpark im Meer vor Porto Torres sehen kann. Oder mit dem in den Bergen der Ogliastra bei Ulassai, wo 48 Windräder, je 67 Meter hoch, mit einem Rotorradius von 80 Metern aufgerichtet wurden. Sie liefern angeblich Strom für 32 000 Familien, 40 Arbeitsplätze sind so entstanden, neue Straßen wurden gebaut und Flächen gerodet, die auch von den Hirten benutzt werden können. »Blumen des Windes« nennt sie die Künstlerin Maria Lai, die aus Ulassai stammt. Andere wenden sich vor Grausen ab, das soll die sardische Landschaft der Zukunft sein?

Ich habe lange mit der Umweltkämpferin Maria Paola Morittu darüber diskutiert, wieso sich zwei ökologisch wichtige und ethisch richtige Ansatzpunkte widersprechen können – einerseits die Landschaft zu schützen und damit Identität zu bewahren, und andererseits erneuerbare, das heißt natürliche Energiequellen zu nutzen. Natur gegen Natur: Das kann absurde Züge annehmen, wenn Bauern etwa kein Gemüse mehr anbauen, sondern Fotovoltaikanlagen auf ihre Felder »pflanzen«. Solarzellen gehören auf Dächer, zum Beispiel von verlassenen Fabrikanlagen. Und dem Aufstellen jeder Windkraftanlage muss eine sensible Abwägung vorangehen, ob hier nicht das Recht auf Natur mit Füßen getreten wird.

Ein ähnliches Problem stellt sich bei dem GALSI-Projekt (*Gasdotto Algeria Sardegna Italia*), das eine Gasleitung von Algerien über Sardinien in die Toskana vorsieht. Auf Sardinien soll die Leitung von der Südwestküste aus (Golfo di Palmas) eine Schneise quer durch die Insel nach Olbia schlagen und dabei unberührte Natur, Wälder, aber auch die Weinanbaugebiete des Carignano oder des Vermentino zerschneiden. Vorschläge für eine alternative Trassenführung, die weniger aggressiv in die Umwelt eingreifen würde, wurden gar nicht erst diskutiert. Jetzt wehren sich einige Gemeinden, durch deren Gebiete die geplante Trasse verläuft, gegen das Projekt, andere möchten – weil damit hohe Aufwandsentschädigungen verbunden sind – ein Stück von der Wegstrecke abhaben, obgleich sie abseits der geplanten Trasse liegen. Es herrscht mal wieder »Konfusion unter sardischer Sonne«, wie der Onlinedienst *Il manifesto sardo* schreibt.

Aber das Skandalöse ist, dass Sardinien bislang nicht einmal einen Anschluss an das Gas aus Algerien bekommen soll und dafür dennoch wertvolles Land zur Verfügung stellen muss.

Politik und Medien

Wieder einmal haben die Regionalpolitiker geschlafen und damit bestätigt, dass es Sardinien trotz der vom Regionalstatut zugesicherten Autonomie schwerfällt, sich selbst zu verwalten. Das Parteienspektrum auf der Insel entspricht weitgehend dem italienischen Bild: Alles befindet sich im Fluss. Die von Berlusconi gegründete Partei *Forza Italia* sucht auf der Insel wie auf dem Festland nach neuen Wegen für eine Post-Berlusconi-Zeit. Parteienbewegungen, zum Beispiel die *Fünf-Sterne-Bewegung* oder auch die inzwischen landesweit agierende *Lega* (ursprünglich »Lega Nord«), unterliegen enormen Schwankungen in der Wählergunst. In der linken Mitte hat sich der *Partito Democratico* (PD) etabliert. Diese »demokratische Partei« ist aus dem Zusammenschluss des sozialdemokratischen Mehrheitsflügels der ehemaligen Kommunisten mit linksliberalen Christdemokraten entstanden. Aber auch in dem PD sind sich die Flügel nicht ganz grün. Zwischen diesen beiden Blöcken ringen christliche und liberale Zentrumsgruppen nach Luft. Protestbewegungen kommen und gehen. Der sich in ganz Europa ausbreitende Populismus sucht neue Kanäle – rechts wie links. Auf Sardinien kommen noch regionale Parteien dazu. Etwa die von Emilio Lussu gegründete *Partito Sardo d'Azione* (PSd'A – Sardische Aktionspartei). Die Partei kann auf eine lange Geschichte zurückblicken, ist aber in der Wählergunst von 13 Prozent in den 1980er-Jahren auf zuletzt 9 Prozent gesunken. Als kleiner Koalitionspartner wechselt sie gerne die Lager. Die Inselbewohner sind in ihrer Mehrheit wohl eher konservativ eingestellt. So wurde die autonome Region Sardinien in der jüngeren Geschichte meist von Christdemokraten beziehungsweise den Mitte-Rechts-Parteien regiert. Doch im 21. Jahrhundert hat es mit Renato Soru (Legislaturperiode 2004–2009) und Francesco Pigliaru (2014–2019) einen erstaunlich regen Wechsel zwischen den Lagern gegeben.

Manchmal sieht man an Ortseinfahrten auf den Hauswänden eilig hingeschriebene Worte wie *Sardigna Indipendentzia* (Unabhängiges Sardinien), oder man kann erleben, dass eine Gruppe von Aktivisten mit selbst fabrizierten Straßenschildern die Piazza Roma in Oristano am Mariano-Turm, der noch aus der Zeit der Judikate stammt, in *Pratza Indipendentzia Sadra* (Platz der sardischen Unabhängigkeit) umtauft. Rom und Sardinien, sagen die Aktivisten, seien *duas cosas diversa*, zwei verschiedene Dinge. Es gibt ein ganzes Archipel von Gruppen und Grüppchen, die von einer wirklichen Autonomie Sardiniens träumen und manche sogar von einer radikalen Abspaltung von Italien. Sie heißen *Sardigna Natzione* oder *Manca Democratica* oder *Repubblica di Malu Entu*. Sie verbindet die Ablehnung von »Kolonialprojekten« wie die Gasleitung GALSI oder der Protest gegen die »Besatzung« durch die Truppenübungsplätze der NATO (60 Prozent aller fremden Militärbasen in Italien liegen auf Sardinien und »okkupieren« hier rund 38 000 Hektar Boden). Aber sie streiten sich gern über kleinste Kleinigkeiten und am liebsten über Personalien. Und so spaltet sich immer wieder eine Gruppe von der andern ab, und jede für sich (es sind insgesamt neun) bleibt bei politischen Wahlen chancenlos. Manchmal trifft man sich zu einer gemeinsamen Veranstaltung, wie im September 2011 an der Nuraghe Losa unweit von Abbasanta zu einer *festa manna*, einem »großen Fest«, verspricht sich zu einer »großen Bewegung« zusammenzuschließen, aber bleibt dann lieber doch getrennt. Die Unabhängigkeitsbewegung, urteilt Marcello Fois, sei auf Sardinien immer nur eine Randerscheinung gewesen. »Und zwar deshalb, weil wir Sarden bewusst Teil einer Nation sind, vielleicht fühlen wir uns sogar mehr Italien verbunden, als Italien sich uns verbunden fühlt – von den drei Sommermonaten mal abgesehen.«

»Ich träume von einem unabhängigen Sardinien«, sagt dagegen die Schriftstellerin Michela Murgia, die Autorin des Romans *Accabadora*, die sich in der linken Gruppe *Prog Res* engagiert. Anders als die *Padania* der *Lega* (die Partei benutzt den Begriff *Padania* nicht für einen geografischen, sondern auch für einen angeblich historisch und kulturell gewachsenen Raum) sei Sardinien keine plumpe Erfindung, sondern eine Insel mit einer eigenen Sprache und einer eigenen Geschichte. Die Sarden, die die Unabhängigkeit wollen, würden keine Fremden ausschließen, wie das die *Lega* von Matteo Salvini mache, man wolle im Gegenteil, so Michela Murgia in einem Interview mit dem *Corriere della Sera*, alle einladen, »wir erwarten alle in unseren Häfen und an unseren Stränden«.

Die wichtigen Lokalmedien nehmen die Unabhängigen nicht ganz ernst. Aber sie verschweigen sie auch nicht, denn Schattierungen ihrer Ideen finden ebenfalls in den großen Parteien und natürlich auch in der Bevölkerung Anklang, solange sie sich nicht auf separatistischen Abwegen verirren. Und wer weiß, vielleicht kommen ja gerade im gegenwärtigen politischen Wirrwarr lokale Kräfte mit Forderungen nach mehr Autonomie nach oben.

So undurchsichtig bewegt die politische Szene ist, so überraschend starr ist die sardische Medienlandschaft. Sie wird seit Jahren von einem Duopol bestimmt. Auf der einen Seite das

1889 gegründete Traditionsblatt *L'Unione Sarda* aus Cagliari. Auf der anderen das Traditionsblatt *La Nuova Sardegna* aus Sassari. Das wurde übrigens 1891 von dem Adeligen Enrico Berlinguer gegründet, dessen 1984 verstorbener gleichnamiger Enkel heute noch in Italien als Moskau-kritischer und »demokratischer« Führer der alten Kommunistischen Partei verehrt wird. *L'Unione* (verkaufte Auflage um die 40 000 Exemplare) ist das Flaggschiff der lokalen Mediengruppe des Bauunternehmers Sergio Zuncheddu, die mit den Fernsehsendern *Videolina* und *TCM* (*Tele Costa Smeralda*) sowie mit dem Rundfunksender *Radiolina* jeweils den Marktführer bei der gedruckten Presse, dem Fernsehen und dem Radio stellt. Alle, die politisch nicht so rechtsliberal orientiert sind wie Zuncheddu, bekommen diese Macht täglich zu spüren. *La Nuova* (verkaufte Auflage etwa 30 000 Exemplare) gehört zur nationalen Zeitungsgruppe *L'Espresso/la Repubblica*, ist eher linksliberal ausgerichtet und wird vor allem in Nordsardinien gelesen. Konkurrenzunternehmen zu den beiden Tageszeitungen haben sich nicht halten können und sind wie *Sardegna 24* oder *Sardegna Quotidiano* nach kurzer Zeit am Kiosk nur noch auf Facebook zu finden. Im Internet haben ebenfalls linke Alternativen (*Il manifesto sardo*, *Democrazia oggi* oder *inSardegna.eu*) ihre Nischen gefunden. Und was das Fernsehen angeht: Neben den Zuncheddu-Sendern gibt es noch eine Reihe weiterer lokaler TV-Stationen, von denen aber nur der (politisch blasse) Kanal *Sardegna 1* eine wirklich regionale Bedeutung hat.

Zu guter Letzt: Kurz nachdem die deutschen Truppen die Insel verlassen hatten, ging *Radio Sardegna*, das von königlichen Soldaten eingerichtete erste freie Radio Italiens, im Oktober 1943 auf Sendung und konnte sein Programm bis kurz nach Kriegsende weiterführen. Heute sind auf Sardinien neben den drei öffentlich-rechtlichen RAI Programmen, den überregionalen Kommerzradios (*Radio Montecarlo*, *Radio 105* usw.) und einigen nationalen Infokanälen (*Radio 24*, *Radio*

Radicale) Dutzende von Lokalsendern zu hören, die wie überall eher dem Dudelfunk als dem Informationsradio angehören. Hier und da werden auch regionale Nachrichten geboten, die über das Lesen von Agenturmeldungen hinausgehen (*Radio Macomer*).

In Nuoro und Umgebung ist *Radio Barbagia* zu empfangen, ein katholischer Sender, der sich aber für die Alltagsprobleme seines Sendegebietes durchaus offen zeigt. Wie schwierig die Situation für kritische und unabhängige Stimmen ist, zeigt das Ende des Senders *Radio Press*, der von 1996 an im Großraum Cagliari ein lebendiges Informationsprogramm bieten konnte. Die Morgensendung »Buongiorno Cagliari« war ein Renner. Doch ohne eine ausreichende finanzielle Basis und ohne Unterstützung durch die Politik, die kein Interesse am Medienpluralismus zeigt, konnte das Radio letztlich nicht überleben. Es stellte 2013 die Sendungen ein und musste Konkurs anmelden. Im Gegensatz allerdings zu den natürlichen Flächen Sardiniens braucht die Medienlandschaft der Insel keine Bestimmungen zum Schutz und Erhalt des Bestehenden, sondern vielmehr Veränderung und viele neue Baustellen, aus denen hoffentlich irgendwann stabile Alternativen zu Pressekonzentration und Kommerz wachsen.

Das Rätsel der Wassermelone – Kultur und Traditionen

Jetzt wird es unterhaltsam, auf geht es zu den Kirchweih- und Patronatsfesten! Die Lust an der Geselligkeit spiegelt zudem das Selbstbewusstsein vieler Gemeinden wider. Für den Tag des jeweiligen Schutzheiligen sind die Häuser mit bunten Fahnen geschmückt, und die Straßen werden mit Blüten bestreut. Die Glocken rufen zur feierlichen Messe, anschließend trägt man die Statue des Heiligen durch die Gassen (in Bosa fährt sie auf dem Boot den Temo entlang), und abends versammeln sich alle auf einem Platz zum gemeinsamen Essen und Trinken. Es wird Musik gespielt, und wer will, kann dazu auch tanzen.

Rund herum sind Buden aufgebaut, wo man Handwerksarbeiten oder Lebensmittel der lokalen Produktion (Honig, Käse oder auch Wein) kaufen kann. Fehlen darf auf keinen Fall ein Stand mit *torrone* aus Tonara, einer verteufelt gut schmeckenden Masse aus Honig, Eiweiß und Mandeln (oder Walnüssen), die allerdings einen schweren Angriff auf die Gesundheit der Zähne darstellt. Dazu gesellen sich neuerdings auch Anbieter aus afrikanischen Ländern mit ihren Amuletten,

Statuen, Masken oder Teppichen. Manchmal dominieren sie sogar das Bild der Verkaufsstände, sodass meine Schwägerin Irene neulich zornig ausrief: »Aber gibt es denn hier gar nichts mehr aus Sardinien zu kaufen?«

Wie früher gefeiert wurde, kann man gut bei Grazia Deledda nachlesen: »Den ganzen Tag hindurch spielte die Ziehharmonika, begleitet von den Schreien der Ausrufer, dem Gebrüll der Morra-Spieler, dem Gesang von Chören und den lauten Rezitationen der Stegreifdichter.« Und es wurde viel getrunken: »Von Zeit zu Zeit beugte sich einer von ihnen nieder und griff nach einem Weinglas.

›Trinke, Teufel!‹

›Zum Wohl!‹

›Auf dass wir uns noch hundert Jahre später gesund und froh an dieses Fest erinnern!‹

›Trink, du Mistforke!‹

Die Gläser kreisten. Manchmal schaute eine Frau etwas ängstlich zur Tür herein.«

Das waren durchaus willkommene Unterbrechungen des oft trostlosen Alltags. Denn sie ermöglichten es, auch einmal den Familienkreis zu verlassen und Kontakte mit den Nachbarn zu knüpfen.

Diese volkstümlichen Feste, schreibt Grazia Deledda in ihrem 1913 veröffentlichten Roman *Schilf im Wind*, ähnelten alle einander: »Die wichtigsten fanden im Frühling und im Herbst statt und wurden in ländlichen Kapellen und Kirchen auf den Bergen oder in den Hochebenen und Talgründen gefeiert. An Stätten, die sonst das ganze Jahr hindurch verlassen waren, auf unbebauten und verödeten Feldern verursachten sie ein kurzes Aufblühen, einen jähen Einbruch von Leben und Freude. Die lebhaften Farben der ländlichen Trachten, das Scharlachrot und leuchtende Gelb der Rocksäume. Mieder und Bänder, das Karmesin der Schürzen brannte gleich Blumenbüscheln zwischen dem Grün der Wiesen und Sträucher oder dem Fahlgelb der Stoppelfelder. Und überall wurde getrunken, gesungen, getanzt und gelacht.«

Im Tanzschritt durch Sassari

Zur Karnevalszeit gibt sich Sardinien besonders ausgelassen, vielleicht auch weil sich (noch) wenig Touristen blicken lassen? Da vermischen sich antike und christliche Riten wie in Mamoiada in der Landschaft der Barbagia Ollolai, wo bei einem Umzug die in schwarze Felle gekleideten *Mamuthones* mit ihren furchterregenden Holzmasken von den *Issohadores* in hellen Hosen und roten Westen verfolgt und gefangen genommen werden. Es geht darum, den Winter zu vertreiben und neue Fruchtbarkeit zu feiern, dafür zünden die Bewohner auf den Plätzen Feuer an, die man natürlich auch dem heiligen Antonius (sein Namenstag wird am 17. Januar gefeiert) widmen kann, der ja nach einer Legende den Sarden das Feuer gebracht hat.

Feierlichkeiten im Zusammenhang mit Fruchtbarkeits- und Dionysoskulten gab es im ganzen Mittelmeerraum und sie tauchen auch in Sardinien an verschiedenen Orten wieder auf. In Samugheo in der nördlichen Marmilla mit den Gestalten des *Urtzu* und des *Omadore*, in Bosa mit der Figur des *Gioldzi* oder in Oristano beim Reiterspiel der *Sartiglia*, der vielleicht größten Karnevalsveranstaltung auf Sardinien, die am letzten Karnevalssonntag abgehalten wird.

In der Karwoche zeigt sich besonders in den Orten an den Küsten, wie tief sich hier die spanische Tradition im Gegensatz zum Landesinneren verwurzeln konnte, wobei die *Madre dolorosa*, die Schmerzensmutter, eine wichtige Rolle spielt. In Cagliari beeindruckt die Prozession zur Grablegung Christi (am Karfreitag). In Castelsardo ziehen bereits am Montag vor Ostern bei Tagesanbruch Prozessionen durch den mit Öllampen beleuchteten Ort. In Alghero wird am Abend des Karfreitag das *Desclavament* begangen, wobei vier orientalisch gekleidete Figuren begleitet von katalanischen Gesängen Christus vom Kreuz abnehmen und anschließend in einen goldenen Sarg legen.

In diesen Wochen tauchen ebenfalls heidnische Bräuche auf, in Iglesias zum Beispiel bereitet man bereits am Aschermittwoch *is nenniris* vor, das sind mit Watte oder Erde gefüllte Teller, in die Samen von Getreide oder Hülsenfrüchten gestreut werden, die dann im Dunkeln aufgehen. Die ausgekeimten *nenniris* werden schließlich am Gründonnerstag vor Ostern präsentiert. Dieser Fruchtbarkeitsbrauch geht, so sagen die Historiker, auf den Adonis-Mythos der Phönizier zurück. Danach gilt Adonis nicht nur als Gott der Schönheit, sondern auch als der der Vegetation. Als ihn der eifersüchtige Ares, der sich in einen wütenden Eber verwandelt hatte, tötete, verwandelte Aphrodite jeden Blutstropfen des Adonis, der auf die Erde fiel, in ein »Adonisröschen« (eine Anemone – *nemula* heißt sie auf Sardisch).

Mit den Anemonen kommt der Frühling und der Sommer und mit ihnen die Termine, die in den Prospekten oder auf den Internetseiten der Reiseveranstalter in Fettschrift herausgehoben werden: die *Sagra di Sant'Efisio* Anfang Mai in Cagliari zum Beispiel, die sich zu einem Massenspektakel mit Umzugswagen und Kostümparaden entwickelt hat. Einer riesigen historischen Modenschau mit Pferderennen kann man Ende Mai bei der *Cavalcata Sarda* in Sassari mit Hunderten von Trachtengruppen aus ganz Sardinien beiwohnen. Bei diesen Festen wird deutlich, mit welcher Bewunderung die Sarden auf das »edle« Pferd blickten, während ihr Alltag vom »armen« Esel geprägt war. Das gilt besonders für die *Ardia di San Costantino* in Sedilo am Lago Omodeo, sie bietet Anfang Juli ein spektakuläres Pferderennen, das an die Stationierung byzantinischer Truppen im Frühchristentum erinnert. Ein Höhepunkt der vielen Madonnenfeste am 14./15. August, die landauf und landab gefeiert werden, ist das der *Candelieri* in Sassari, bei dem Bruderschaften der acht Zünfte der Stadt unter Trommel- und Flötenbegleitung und im Tanzschritt riesige 400 Kilo schwere Kerzen durch die mit Menschen verstopfte Stadt tragen, um sich für das Ende einer Pestepidemie im 16. Jahrhundert zu bedanken. Wenn da mal eine umkippt…

Vieles gehört heute zur Kategorie Folkloreveranstaltung und hat wenig mit den Ursprüngen zu tun, dennoch sollte man den symbolischen Gehalt einiger Feierlichkeiten nicht unterschätzen. Zum Beispiel bei der *Festa del Redentore*, dem Erlöserfest von Nuoro. Im Heiligen Jahr 1900 wünschte sich Papst Leo XIII., dass auf 19 verschiedenen italienischen Berggipfeln jeweils eine Erlöserstatue aufgestellt werden sollte, für Sardinien wählte der Vatikan den Monte Ortobene, den Hausberg von Nuoro. In einer öffentlichen Sammlung brachten die Bewohner der ganzen Insel das Geld für den Guss einer 7 Meter hohen Bronzestatue auf, die seit 1901 über dem Stadtbild von Nuoro schwebt. Ihre Aufstellung wurde mit einem großen Fest gefeiert, das jedes Jahr am letzten Sonntag im August wiederholt wird. Marcello Fois schreibt, der *Redentore* sei wie der schiefe Turm von Pisa oder der Asinelli-Turm von Bologna ein »kollektives Symbol«, das man nicht verachten dürfe und mit dem man sich im Zweifelsfall aussöhnen müsse. Anfangs hatte es noch eine Trennung zwischen dem religiösen Fest auf dem Berg und der zivilen Feier *in bidda*, im Ort, mit einer Art Warenmesse für Lebensmittel, Gebrauchsgüter und landwirtschaftliche Geräte gegeben. Leute aus ganz Sardinien strömten zum Fest nach Nuoro, und der Ort, der als Brigantennest verschrien war, zeigte allen seine zivile, seine städtische Seele. Wenn das Fest heute eher für eine nostalgische Kostüm- und Tanzveranstaltung steht, so Marcello Fois, sei das eine Geschichte, die viel mit der Gegenwart und wenig mit Erinnerung zu tun habe.

Angeblich eintausend Feste soll es im Jahr auf Sardinien geben, jede Gemeinde feiert also im Schnitt zwei bis drei Mal. Oft ist der Anlass zum Feiern ziemlich profan, wenn Arborea im Mai ein Erdbeerfest begeht, in Carloforte sich im Juni alles um den Thunfisch oder in Tortoli im Juli um *culurgiones* (Teigtaschen) dreht. Kirschen und Wildschweine, Schnecken und Kastanien, sie alle sind eine Feier wert und ein Grund, sich ordentlich zu betrinken. *Trincare* nennt man im Logudorese, der Sprache im Zentrum der Insel, (wie auch im Italienischen Jargon) den übermäßigen Genuss von Alkohol.

Sellerie mit sardischem Trüffel

»Zum Fest des heiligen Anastasio deckten auch die weniger wohlhabenden Familien des Dorfes den Tisch, legten haufenweise Fladenbrot auf, brachten Schneidebretter mit Bergen von am Spieß gerösteten Fleischstücken, schoben Käse, Quark, Wein und Honig nach und öffneten die Türen allen, die am Bankett teilnehmen wollten.« So beschreibt Grazia Deledda in einer Erzählung die Vorbereitungen zu einem festlichen, aber einfachen Abendessen in der Barbagia. Die Geografie der Insel hat nicht nur Geschichte, sondern auch Speisekarten geschrieben. Im Inneren, wie eben gerade gehört, dominieren Fleischgerichte und die Erzeugnisse der Hirtenkultur wie Quark und Käse. Die Art der Zubereitung hat sich im Laufe der Zeiten wenig verändert, und wenn man Glück hat, bekommt man einen in der Erde geschmorten Schweinebraten serviert. Anders geht es an den Küsten zu, die vielfältigen Einflüssen ausgesetzt waren, und wo man Meeresfrüchte zum *antipasto* reicht, kräftige Fischsuppen kocht und Langusten und Thunfisch zubereitet.

Wie sich die Insel der Welt geöffnet hat, so haben auch ihre Köche gelernt, über den Tellerrand hinauszublicken. Luigi zum Beispiel (und er steht hier für viele andere auf Sardinien, die wir nicht alle namentlich aufzählen können). Er wurde 1977 in Carloforte geboren und ist bereits in der dritten Generation Koch. Zunächst lernte er bei seinem Vater, der heute noch auf der Insel San Pietro ein Hotel und ein Restaurant betreibt. Anschließend stand er in Mailänder Restaurantküchen, guckte in Bergamo in die Töpfe und lernte auch im fernen New York. Inzwischen ist er zurückgekehrt und betreibt mit einer handverlesenen Auswahl an Mitarbeitern mehrere Restaurants, unter anderem in Cagliari. Luigi bereitet traditionelle Speisen auf nicht immer traditionelle Art zu und gibt damit der sardischen Küche eine lebhafte Note. Als *antipasto* bietet seine Speisekarte zum Beispiel Schwertfischtartar mit krokantem Sellerie und sardischem Trüffel aus Làconi. Als *primo* empfiehlt er die für Cagliari typische *fregola* (Grießkörnchen), die er jedoch wie ein Risotto zubereitet, mit einer Creme aus Meereskrebsen und *burrata*, einem cremigen Frischkäse. Und als *secondo* kann man ein Thunfischfilet mit Sesamkruste und *caponata* aus Auberginen mit Minze bestellen. Luigi betreibt kein Luxusrestaurant, aber auch so wäre man mit diesen drei Gängen bereits ohne Getränke und Nachtisch über 50 Euro pro Person los, die allerdings bei der Frische der Waren und der Kunst des Kochs nicht schlecht angelegt sind… Sagen wir mal so, ein Mal im Jahr kann man vielleicht bei ihm à la carte essen. Ich greife mittags allerdings zum einfachen, täglich wechselnden Angebot des Eintellergerichts (*piatto unico*) für 15 Euro plus einem Glas Vermentino für etwa 4 Euro. So wie andere Leute mit dem Finger auf der Landkarte reisen, kann man derweil seine Augen auf der Speisekarte eines weltoffenen Sardiniens schweifen und genießen lassen. Übrigens: In Carloforte hat Luigi auch eine Pizzeria eröffnet, denn, so gesteht der raffinierte Koch, Pizza sei eine seiner Lieblingsspeisen.

Die Pizza ist auf Sardinien erst mit dem Tourismus eingewandert, Brot gehört dagegen seit grauer Vorzeit dazu. Früher wurde es grundsätzlich zu Hause gebacken, außerhalb der Städte ist der Beruf des Bäckers auf der Insel deshalb eine Einrichtung der Neuzeit. In der Hirtenkultur spielte das *pane carasau* (oder auf Italienisch *carta di musica*) eine große Rolle, denn das blattdünne und hart ausgebackene Brot war lange haltbar und konnte von den Hirten trocken zum Käse oder in Milch oder Wasser getaucht gegessen werden. Brot hatte ebenfalls rituelle Funktionen im religiösen wie im privaten Bereich, und man kennt heute noch unzählige schmuckvolle Formen und ganze Brotskulpturen, die nicht zum Essen, sondern zum Schmücken und Repräsentieren gedacht sind. Es gibt unterschiedliche Gestaltungen für die verschiedenen kirchlichen Festtage sowie für Hochzeiten oder Taufen. Strenge Regeln und sogar ein bisschen Aberglaube waren in manchen Gegenden mit dem Brot verbunden: Auf dem Tisch durfte es nicht mit der Oberkante nach unten liegen, fiel es auf den Boden, musste man es küssen, nachdem man es aufgehoben hatte, und freitags durfte man es nicht schneiden, sondern nur brechen. Man nutzte Brot auch als Amulett, und Viehzüchter hängten kleine Formen in den Stall in der Hoffnung, dass die Tiere nicht krank werden und reichlich Milch geben würden. Das täglich Brot hat im Sardischen je nach Ort und Landschaft eine Vielzahl von Namen: *cocchittà* oder *covàtza*, *panedda* oder *cocca*, *fogàtza* oder *ipanada*, *fügassa* oder *cosedda* – um nur die gebräuchlichsten zu nennen.

Drei Sprachen und viele Dialekte

Comènt'e? Wie bitte? Das war das erste sardische Wort, das ich gelernt habe. Das zweite war *vostè* (Sie), denn Lidia und ihre Geschwister siezten die Eltern, was in ihrer Generation noch durchaus üblich war. Und auch wenn man fast ausschließlich Italienisch sprach, fiel doch immer das eine oder andere Wort Sardisch. Bald konnte ich auch während der Ferien zur großen Belustigung meiner Umgebung in Bosa auf die Frage

Comènt'e istas? (Wie geht es dir?) antworten: »gai e goi« (wörtlich übersetzt: »so und so«), also: »Es geht so.«, und außerdem meine für Inselverhältnisse vor vierzig Jahren noch ungewöhnliche Köpergröße *unu norant'-unu* (einseinundneunzig) angeben. Doch viel weiter sind meine sardischen Konversationskenntnisse, von Gedichten, Redewendungen und Begriffen abgesehen, nicht gediehen. Dennoch vermittelt mir diese Sprache vielleicht gerade wegen ihrer Fremdheit etwas von Heimlichkeit, was man auch als ein nicht religiös geprägter Mensch etwa im Anfang des *Babu nostru*, des Vaterunser spürt: *Babu nostru qui stas in sos chelus, sanctificadu siat su nomen tou …*

In manchen Gegenden ist Sardisch heute noch Umgangssprache. Bei der Arbeit auf Feldern oder unter Hirten ist ihr Gebrauch selbstverständlich. »Wir verstehen einander besser im Dialekt«, sagen die beiden Hirten Bruno und Simone, »dann geht die Arbeit schneller.« Die Töchter von Bruno verstehen Sardisch, aber untereinander reden sie Italienisch. »Weil sie Freunde in der Stadt haben«, sagt Bruno. Dialekt sei für sie provinziell. Er sagt »Dialekt«, aber Sardisch ist eigentlich eine eigene Sprache, Dialekte existieren zusätzlich. Es war der deutsche Friedrich Diez, der in der zweiten Hälfte des 19. Jahrhunderts zum ersten Mal die Sprache mit dem wissenschaftlichen Instrumentarium der Linguistik untersuchte. Ein weiterer Deutscher, Max Leopold Wagner, der 1880 in München geboren wurde und 1962 in Washington starb, schuf mit mehreren Untersuchungen, darunter eine Sprachgeschichte Sardiniens und ein etymologisches Wörterbuch der sardischen Sprache, die Grundlagen für die heutige Sprachforschung.

Das Sardische ist eine neulateinische Sprache, die mehr als andere romanische Sprachen von ihrer lateinischen Herkunft bewahrt hat: *Columba mea est in domo tua* (Meine Taube ist in deinem Haus) ist ein Ausdruck, der regelmäßig in allen Reisebeschreibungen von Italienern und Ausländern über Sardinien wiederkehrt. Das ist reines Sardisch und nicht ganz reines Latein, wie Wagner als guter Linguistiker etwa über die veränderte Rolle des Ablativs, des fünften Falls, doziert. Wie auch immer, die Nähe zum Latein ist manchmal frappierend, etwa in diesem Rätselreim:

Est tundu e non est mundu
est rubiu e non est fogu
est birde e non est erba
est abba e non est funtana.

(Ist rund und ist nicht die Welt/ist rot und ist kein Feuer/ist grün und ist kein Gras/ist Wasser und ist kein Brunnen. – Die Auflösung finden Sie im Titel dieses Kapitels.)

Frappierend ist auch, dass es nach den Regeln der Linguisten gleich drei verwandte aber eigenständige sardische Sprachen gibt, das Logudorese, das in einem breiten Mittelstreifen der Insel gesprochen wird, das Campidanese im Süden und das Gallurese (mit der großen Dialektgruppe des Sassarese) im Norden. In Alghero mit seiner langen spanischen Tradition spricht man heute noch Katalanisch, denn die Stadt ist »ein Scherbenstück Kataloniens, das geradewegs übers Meer nach Sardinien getrieben wurde«, sagte der 1976 gestorbene Schriftsteller und Maler Virgilio Lilli. Und es gibt noch so ein »Scherbenstück«, nämlich die Insel San Pietro, wo, wie nebenan in Calasetta auf Sant'Antioco, Tabarchino gesprochen wird.

Tabarchino? An der nordafrikanischen Maghrebküste hatte sich mit dem Ort Tabarka lange Zeit ein Stützpunkt Genuas gehalten. Zwischen 1738 und 1741 wurde Tabarka von Tunis aus besetzt, ein Teil der ligurischstämmigen Einwohner floh und siedelte sich auf der sardischen Insel San Pietro und in Spanien auf Nueva Tabarca (einer kleinen Insel vor Alicante) an. Diejenigen, die in Afrika blieben, wurden gefangen genommen und wie Sklaven behandelt. Sie konnten später freigekauft werden und ihre Gemeinschaften auf Sardinien und in Spanien erreichen. So gibt es heute auf Sardinien ein lustiges Sprachgewirr: Der Hahn heißt etwa auf Log. *puddu*, auf Camp. *carbòni*, auf Sass. *giaddu*, auf Katal. *gall* und auf Tab. *gallu*. Die Artikel im Zentrum und im Süden *su* (der) und *sa* (die) werden im Plural zu *sas*, *sos* oder auch *is*, im Norden wandeln sie sich von *lu* (der) und *la* (die) zu *li* und *le*.

Sardisch für Patienten, Italienisch für Leser

So spiegelt auch die Sprache wieder, was der Reisende auf Sardinien bereits verinnerlicht hat: Die Insel war nach außen lange isoliert und im Inneren zersplittert, deshalb konnte sich viel vom »alten« Latein bei gleichzeitiger Herausbildung mehrerer Einzelsprachen halten. Eine richtige Schriftsprache, eine Sprache der Dichtung gar, hat sich allerdings nicht entwickelt. Es gab immer wieder Ansätze dazu, zum Beispiel in der *Carta de Logu* der Eleonora von Arborea. Auch wurde die Bibel in den Kirchen auf Sardisch gelesen, aber es gab, anders als mit Luthers Bibelübersetzung in Deutschland, keine Druckfassung. Vereinzelt tauchten Dichtungen auf, die häufig von Priestern stammten, oder Texte für Heiligenloblieder, sogenannte *gosos*. In der Volkskultur übertrug sich das Sardische nur in mündlicher Form und fand hier seinen Ausdruck in den Stegreifdichtungen, Märchen und Legenden. Die kamen manchmal auch von außen, wie etwa im 19. Jahrhundert unser Schneewittchen. Auf Sardinien heißt sie allerdings Granadina, und sie flieht nicht zu den sieben Zwergen, sondern, wie man im Campidanese sagt, zu *tresgi bandius*, zu dreizehn Banditen, die sie wie eine Schwester aufnehmen, was höchsten Schutz bedeutete (und zugleich zeigt, wie der Begriff des Banditen positiv besetzt war)… Es ist also kein Wunder, wenn die Literatur, die sich auf Sardinien im späten 19. und frühen 20. Jahrhundert herausgebildet hat, von der italienischen Sprache geprägt ist und Schriftsteller heute fast ausschließlich das Italienische benutzen. Giorgio Todde erzählte, dass er Sardisch mit seinen Patienten im Krankenhaus spreche. Würde er allerdings auf Sardisch (das hieß für ihn im Dialekt von Cagliari) schreiben, dann könnten ihn unter Umständen Leser in Olbia oder Castelsardo nicht verstehen.

Dennoch sind die Sarden stolz auf ihre Sprache. Und manchmal bricht es aus ihnen heraus: Alles soll auf Sardisch gesagt werden, auch mit der Welt soll man Sardisch reden und die Welt soll sich auf Sardinien gefälligst auf Sardisch darstellen! Es gibt immer wieder Bestrebungen, die drei Hauptidiome der Insel in eine gemeinsame Sprache zu überführen, und Renato Soru setzte durch, dass bei Sitzungen des Regionalrats auch gelegentlich Sardisch gesprochen wurde. Doch ist das Sardische nur noch von der Struktur her eine Sprache, von der Funktion her ist es längst ein Dialekt geworden, der wie anderswo in Europa in Familien, im Freundeskreis oder in den Hirten- und Bauerngemeinschaften überlebt. Der Schriftsteller Salvatore Mannuzzu aus Sassari sagte: »Ob nun Sprache oder Dialekt, vielleicht kann man Homer ins Sardische übersetzen, aber nicht Freud oder Einstein, nicht Marx oder Kelsen, Proust und Musil schon gar nicht.« Es gibt einfach keine Worte für die neue Zeit und das neue Denken. Diese Worte könne man erfinden, aus dem Nichts, »aber so schafft man eine künstliche Sprache, ein unnütz ideologisches Esperanto«, so der Schriftsteller. »Die unauflösbare Alternative ist also, entweder bleibt man in einer Art Arkadien gefangen, in dem man Gegenstände und Gefühle der modernen Seele nicht benennen kann, weil es sie in diesem Arkadien gar nicht gibt, oder man spricht eine neue Sprache, die es nicht gibt, in dem man italienischen Worten eine U-Endung anhängt oder plumpe Umschreibungen sucht.«

Der Untergang einer traditionellen Sprache hat etwas mit dem Fortschritt zu tun und ist in gewissem Sinne ein Preis für Wohlstand. Man macht sich oft nicht bewusst, wie es in Sardinien noch vor siebzig, achtzig Jahren ausgesehen hat. Wagner beschreibt, wie damals, vor allem im Inneren, noch »patriarchalische Zustände« herrschten, »die an die biblischen und homerischen Zeiten erinnerten«. Primitive Verkehrsmittel, kaum vorhandene Straßen in schlechtem Zustand, wenige und meist sehr schlechte Gasthöfe und entsetzliche hygienische Verhältnisse, und die Dörfer des Inneren führten ihr Eigenleben. »Die mangelhaften Verbindungen, die alten Feindschaften zwischen Dorf und Dorf und die vorherrschende Endogamie verhinderten jeden engeren Verkehr.« Durch die radikale Änderung dieser Verhältnisse, durch mehr Austausch, Bewegung, Kommunikation änderten sich auch die Denk- und Sprechweisen der Leute. »Wir müssen uns«, schrieb Max Leopold Wagner kurz vor seinem Tod, »im Interesse der jahrhundertelang vernachlässigten Insel und ihrer Bewohner über diesen Wandel freuen, wenn wir auch als Linguisten ein gewisses Bedauern nicht unterdrücken können.«

Alter und Tod

Wie sich die Sprache wandelt, so ändern sich auch die Gebräuche. Vor einer Generation war es noch in vielen Familien üblich, dass man am Allerseelentag gemeinsam den Friedhof besuchte, auf dem enge Familienangehörige begraben waren. Am Abend traf man sich zu einem Familienessen. Zuvor zogen Kinder durchs Dorf, klopften an die Türen der Häuser und riefen: *Su mortu, mortu …* (Der Tote, Tote …), und man gab ihnen Süßigkeiten, getrocknete Früchte oder Nüsse. Beim Abendessen blieb ein Gedeck frei in Erinnerung an den Toten. Speisen und das Totengedeck blieben dann die ganze Nacht über auf dem Tisch. So hatte es auch Antonietta gehalten, solange sie noch in ihrer eigenen Wohnung lebte.

Der Umgang mit dem Tod ist auf Sardinien mit vielen Bräuchen und Legenden verbunden. In der Nacht vor der Beerdigung bleibt die Tür des Hauses, in dem der Tote aufgebahrt liegt, offen, und auf der Schwelle brennt eine Kerze. In manchen Gegenden des Landesinneren legte man den Toten früher auch auf einen Teppich, den *tapinu 'e mortu*, bevor man das Haus für die Kondolenzbesuche öffnete. Salvatore Cambosu erzählt vom Tod eines Wucherers, einem gewissen Pietro Marengo, der auf einem solch äußerst reich gewebten Teppich aufgebahrt wurde. Nachbarn, Freunde und Bekannte kamen nicht nur, um den Angehörigen ihre Trauer zu bekunden, sondern vor allem um diesen Teppich zu bewundern, dessen Schönheit zugleich als Sakrileg angesehen wurde. Und die Trauergäste, so der Erzähler, »baten in ihren Gedanken Christus, dass er Pietro Marengo alles im Leben verzeihen möge und auch diese allerletzte Sünde«.

Man kann im Volkskundemuseum von Nuoro (*Museo Etnografico Sardo*) sowie im Textilmuseum von Samugheo (*Museo dell'Arte Tessile Sarda*) solche *tapinos 'e mortu* sehen. Cambosu bildet in seinem Buch *Miele Amaro* ein Exemplar aus dem 17. Jahrhundert ab. Diese Art Teppiche ähneln von ihrer Technik den orientalischen Kelims, die bei Nomadenvölkern im Kaukasus, im Iran, in Kleinasien oder im Maghreb in Gebrauch waren. Die Muster, unter anderem mit Puppengestalten und Eseln, die eine Art Rundtanz bilden, sind jedoch typisch sardisch, allerdings entsprechen sie in einer gewissen Heiterkeit ganz und gar nicht dem ernsten Zweck als Totenteppich. Offensichtlich haben einige Familien diese als besonders kostbar erachteten Teppiche in ihren Truhen aufbewahrt, nur für ganz wichtige Todesfälle reserviert und sie so von Generation zu Generation weitergegeben, was heute ihre gute Erhaltung erklären würde.

Zu den vielen Legenden gehört auch die Angst der Hirten in der Barbagia, nachts einem Totenkarren (*carr'e sos mortos*) zu begegnen, der von niemandem gezogen wird, und der sich dann in ein großes Feuer verwandelt, um das arme Seelen wie bei einem Hexensabbat tanzen. In der Gallura fürchtet man sich davor, den *ànimi bulattighi*, den Seelchen von ungetauften Kindern über den Weg zu laufen. Ähnliches gilt für die *panas*, die Seelen der Frauen, die bei der Geburt gestorben sind. *Sa regula*, der Totenzug, ist im Goceano im Inneren des Landes gefürchtet, und wer auch nur den Widerschein der Kerzen der grausigen Prozession gesehen oder ihre Salmen vernommen hat, muss mit einem frühen Tod rechnen, wenn er sich nicht bald verheiratet. Man erzählt auch, dass jemand sich retten konnte, weil sich verstorbene Verwandte aus dem Totenumzug lösten, um den Lebenden zu warnen, der sich so schnell von dem makabren Ort entfernen konnte.

Die *Accabadora*

Legenden ranken sich besonders um die Figur der *Accabadora*, einer meist alten Frau, die Sterbenden zu einem schnelleren Tod verhalf. Doch hat es diese Figur bis vor wenigen Jahrzehnten wirklich gegeben. Sie ist Gegenstand zahlreicher historischer und ethnografischer Untersuchungen, bereits La Marmora erwähnte sie in seinem ersten Reisebericht. Letzte Fälle sind aus Luras 1929 und Orgosolo 1952 offiziell bekannt, und Michela Murgia hat einen Roman über die *Accabadora* geschrieben. Ob diese Art von Euthanasie auch heute noch vorkommt, bleibt im Dunkeln. Der Tod im Krankenhaus hat ihre Rolle obsolet werden lassen. Dennoch zeigt sich hier der für eine ländliche Bevölkerung typische Synkretismus von Glauben und Aberglauben.

Gelegentlich handelte es sich bei der *Accabadora* um eine Frau, die auch als Hebamme auftrat, also jeweils an den Grenzen des Lebens tätig wurde. Oder es war eine Frau, die sich in der Naturmedizin auskannte, eine Art Kräuterweiblein also. Die Nähe zu Personen, denen magische Kräfte nachgesagt wurden, war fließend. Diese Personen konnten »Filter« vorbereiten, die vor dem bösen Blick schützten oder jemand den bösen Blick »anhexten«. Der Volksglaube an eine Figur mit übernatürlichen Kräften, die je nach Sprachgebiet auf der Insel *s'istria*, *sa coga* oder *sa bruxa* genannt wurde, war weit verbreitet, was auch damit zusammenhing, dass auf Sardinien die Inquisition weit weniger konsequent gegen sogenannte Hexen vorgegangen war und solche »naturweisen« Personen besonders in der Agrar- und Hirtenkultur lange eine wichtige Rolle gespielt haben. Die Tätigkeit einer *Accabadora* lief allerdings ohne irgendwelchen Zauber ab und war ganz praktisch ausgelegt (und in ganz seltenen Fällen übernahm ein Mann ihre Funktion).

Wenn überhaupt, kann man von »magischen Handlungen« sprechen, bevor man sich an die *Accabadora* als Ultima Ratio wandte, weil die Agonie eines Sterbenden nicht enden wollte. Die Agonie wurde als Zeichen dafür gewertet, dass der Sterbende im Leben schwer gesündigt haben musste. Im ersten Schritt rief man also den Priester, der die Beichte abnahm und die Letzte Ölung spendete. Half der christliche Abschied nicht, den Todeskampf zu verkürzen, suchte man heidnische Mittel anzuwenden. Zunächst wurden alle christlichen Symbole aus dem Raum des Sterbenden entfernt, danach alle Amulette und Glücksbringer. Schließlich legte man dem Sterbenden ein Joch oder die Nachbildung eines Jochs unter den Nacken, von dem man sich magische Kräfte erhoffte (denn der Diebstahl oder die Zerstörung eines Jochs galt als eine der schlimmsten Verfehlungen im bäuerlichen Leben). Wenn das nichts half, entledigte man den Halbtoten seiner Kleidung und setzte ihn nackt der zugigen Luft aus. Wenn er dann immer noch nicht sterben wollte, rief man die *Accabadora*. Sie kam, alle Angehörigen verließen das Sterbezimmer, und wenn sie wenige Minuten später wieder heraustrat, war der arme Mensch endlich tot. Ihre Werkzeuge: ein Holzhammer (*su mazzoccu*), wie man ihn im Museum von Luras sehen kann, mit dem sie durch einen geschickten Schlag in den Nacken den Tod herbeiführte. Manchmal benutzte sie auch einfach ein Kissen zum

Ersticken. Stumm ging die *Accabadora* davon, sie wurde nicht mit Geld bezahlt, ein paar Tage später schickte man ihr Mehl, Salz und Speck.

Wenn es heute schon nicht leicht ist, alt zu werden und in Würde zu sterben, muss es in grauen Vorzeiten umso brutaler zugegangen sein. Der Tod im Kreislauf des Lebens war immer auch Voraussetzung für neues Leben. Und in diesen Zusammenhang gehören Berichte von Greisentötungen aus dem 4. Jahrhundert vor Christus, die sogar antike Autoren erschrecken ließen. Angeblich brachte man auf Sardinien die Alten an Felsspalten oder steile Abhänge, erschlug sie und stürzte sie mit einem schrecklichen Geschrei in die Tiefe. Reflexe dieser Überlieferungen reichen bis in unsere Zeit. Rainer Pauli erinnert daran, dass die Einwohner des Ortes Bono im Goceano bis vor wenigen Jahrzehnten ihren Schutzpatron in einer Prozession an einen Abgrund führten und ihm androhten, ihn dort hinunterzustürzen, wenn er nicht für eine gute Ernte sorgen würde.

Die kleine Welt Sardiniens zeigt sich heute menschlicher. Antonietta erzählte die Geschichte von einem Mann, der sich seinen alten, gebrechlichen Vater auf die Schultern lud, um ihn in dem nächsten größeren Ort ins Altenstift zu bringen. Auf dem Weg machte er an einem großen Stein Rast, auf den er den Alten absetzte. Der erkannte den Platz wieder und sagte zu seinem Sohn, dass er genau an dieser Stelle gerastet habe, als er vor vielen Jahren seinen Vater in das Stift gebracht hatte. Daraufhin lud sich der Sohn den Alten wieder auf den Rücken und kehrte mit ihm nach Hause zurück.

Die Mutter des Getöteten

Der sardischen Volkskultur kommt man in den vielen ethnografischen Museen auf die Spur, die überall auf der Insel entstanden sind – und immer noch kommen neue hinzu. Das reicht von Aggius in der Gallura mit dem Museum MEOC (*Museo Etnografico Oliva Carta Cannas*) über Samugheo in der Marmilla mit dem Textilmuseum (siehe Seite 182) bis hin zu Sant'Antioco mit dem Museum *Su magasinu de su Binu* (wörtlich: Magazin des Weines). Das größte und wichtigste ist das *Museo Etnografico Sardo* in Nuoro mit Trachten, Inneneinrichtungen sowie Installationen zu den Karnevalsriten. Das Museum wird gerade mit einer Art Siedlung erweitert, in der das Dorfleben der Barbagia museumsdidaktisch neu aufbereitet dargestellt werden soll. In Nuoro ist außerdem ein Regionalmuseum der »sardischen Identität« geplant. Wer was genau dort ausstellen will, ist jedoch noch offen.

Nuoro, in dem Lawrence einst froh war, dass es »nichts zu sehen« gab, hat sich zu einer richtigen Museumsstadt entwickelt. Neben dem ethnografischen Museum und dem Geburtshaus von Grazia Deledda (siehe Seite 201) ist gerade das *Museo Ciusa* hinzugekommen, das sich im ehemaligen Gerichts- und Gefängniskomplex neben der Kathedrale befindet und dem Bildhauer Francesco Ciusa (1883–1949) gewidmet ist, der als Begründer der modernen Skulptur auf Sardinien gilt. Es ist ein zugleich elegantes wie bewegendes Museum. Wer Sardinien verstehen will, muss eigentlich einmal Ciusas Sitzstatue *La madre dell'ucciso* (Die Mutter des Getöteten) gesehen haben, für die der Künstler 1907 auf der *Biennale* in Venedig ausgezeichnet wurde. Die Arbeit, die an Werke von Käthe Kollwitz erinnert, zeigt eine alte Frau mit versteinertem Gesicht in sitzender Haltung, die Hände vor den Knien gekreuzt. Sie spiegelt das Leid einer alten Mutter wider, der man gerade den Sohn genommen hat. Damit spielt die Darstellung deutlich auf die Gewalt an, die jahrzehnte-, wenn nicht jahrhundertelang im Zusammenhang mit dem Banditenwesen auf Sardinien herrschte. Als der Dichter Sebastiano Satta die Arbeit in der Werkstatt von Ciusa sah, rief er aus: »Francesco, du hast Sardinien dargestellt!« Salvatore Cambosu hat später über die »Mutter des Getöteten« eine

Kurzgeschichte geschrieben. Die Skulptur von Ciusa nimmt gleichzeitig auf profane Weise das christliche Marienmotiv der Schmerzensmutter und der Pietà auf, das seinerseits wieder heidnisch-vorzeitliche Wurzeln hat. Das kann man im archäologischen Museum von Cagliari an der kleinen, knapp 10 Zentimeter großen Bronzestatue aus der Nuraghen-Zeit sehen, die in der typischen Pietà-Haltung (würden wir heute sagen) eine Frau zeigt, die ihren toten Sohn auf dem Schoß hält. Auch sie trägt den Titel »Die Mutter des Getöteten«. Die kleine Statue wurde in Urzulei unweit von Nuoro an einem Ort gefunden, der *sa domo 'e s'orcu* (das Haus des Ungeheuers) genannt wird. Von der Ciusa-Skulptur gibt es fünf Bronzekopien (unter anderem eine im Rathaus von Cagliari oder eine in der römischen *Galleria Nazionale d'Arte Moderna*), aber gibt es etwas Bewegenderes, als die originale Fassung aus Gips hier in Nuoro zu sehen?

Die Kunst, ein Museum zu gründen

Das anregendste Museum von Nuoro jedoch ist das MAN, das *Museo d'Arte della Provincia di Nuoro* (Kunstmuseum der Provinz Nuoro), das die Kunsthistorikerin Cristiana Collu hier 1999 aufgebaut hat. Das MAN konnte sich seitdem zu einer der lebhaftesten Institutionen der Kunst der Gegenwart und der Moderne nicht nur auf Sardinien, sondern in ganz Süditalien entwickeln. Und das ausgerechnet in der Barbagia, dem gebirgigen Zentrum der Mittelmeerinsel, das auch nach Ansicht des Durchschnittsitalieners noch vornehmlich von Schafhirten und Banditen besiedelt wird. Der jungen Direktorin (geboren 1969 in Cagliari) gelang es, immer mehr Besucher ins MAN zu locken: Rund 10 000 kamen im ersten Jahr, 2010 waren es mehr als 42 000 – in einer Stadt mit 35 000 Einwohnern. Der Erfolg lässt sich unter anderem darauf zurückführen, dass das Museum auf einer festen Sammlung lokaler sardischer Kultur des 19. und 20. Jahrhunderts aufbauen kann, die mit Arbeiten der zeitgenössischen Kunst ständig erweitert wird. Hinzu kommt eine geschickte Ausstellungspolitik, die große Namen der Moderne wie Man Ray, Marc Chagall oder Egon Schiele mit der Gegenwart verbindet. Europäische Museen werden regelmäßig eingeladen, eine Auswahl ihrer Sammlungen zu präsentieren. Zugleich fördert man in Nuoro durch einen Preis jüngere sardische Künstler. Doch Erfolgsgeschichten rufen in einem Inselambiente wie auf Sardinien auch Kritiker und Neider auf den Plan. Anfang 2012 war die Finanzierung des MAN nicht mehr gesichert und Cristiana Collu verließ das Museum. Sie leitet inzwischen das Nationalmuseum für moderne Kunst in Rom. Unter nicht leichten Bedingungen müht sich das MAN mit wechselnden Erfolgen, weiterhin ein lebendiges Programm zu bieten. Ein Besuch lohnt allemal.

Immerhin ist es der Einrichtung gelungen, die Kunst der Moderne und der Gegenwart auf der Insel populär zu machen. So sind kleinere und größere Museen entstanden. Zum Beispiel in Ulassi (Ogliastra) mit der *Stazione dell'Arte* (Kunstbahnhof) im ehemaligen Bahnhofsgebäude, in dem vor allem Arbeiten von Maria Lai, der großen alten Dame der sardischen Gegenwartskunst, gezeigt werden. Das bereits 1995 in Orani, in der Barbagia Ollolai gegründete *Museo Nivola* (dem Künstler Costantino Nivola gewidmet) konnte durch eine Erweiterung von dem neuen Interesse profitieren. In Sassari hat sich das Mus'a (*Museo Sassari Arte*) mit Arbeiten aus der ersten Hälfte des 20. Jahrhunderts zu einem interessanten Anlaufpunkt gemausert. Ein über die Insel hinaus bekannter Künstler ist Pinuccio Sciola (gestorben 2016), dessen »tönende Steine« in San Sperate (bei Cagliari) ausgestellt sind. Und in Cagliari öffnete 2003 die Fondazione Bartoli Felter Ausstellungsräume für Werke der Gegenwartskunst.

Überhaupt: Cagliari ist nicht nur die Regional-, sondern auch die Museumshauptstadt der Insel. Innerhalb der Cittadella dei Musei, einem Museumskomplex in der Oberstadt von Cagliari, gehört das *Museo Archeologico Nazionale* zum Pflichtprogramm für alle, die sich mit der Vorgeschichte, der Nuraghen-Zeit und der Antike auseinandersetzen wollen. Das Museum könnte allerdings ein »Lifting« mit neueren museumstechnischen Mitteln vertragen (was ebenso für das gleich bedeutende *Museo Nazionale »G. A. Sanna«* in Sassari gilt). Außerdem gibt es in Cagliari eine ganze Reihe spannender Museen und Ausstellungsplätze, von dem gerade restaurierten Palazzo di Città mit seinen Sammlungen zur Stadtgeschichte bis hin zur *Galleria Comunale d'Arte*, die zusammen mit dem MAN die wichtigste Sammlung der modernen Bildkunst Sardiniens beherbergt. In Cagliari fanden zuletzt auch solche überregional bedeutenden Veranstaltungen wie das Festival zur zeitgenössischen Architektur (*Festarch*) in den dafür umgebauten Räumen einer ehemaligen Tabakfabrik statt.

Die Internetseite www.sardegnacultura.it – es gibt sie leider nur in italienischer Sprache – bietet unter dem Stichwort *luoghi della cultura* (kulturelle Einrichtungen) alle notwendigen Informationen über Museen, Ausgrabungsstätten, Monumente (Palazzi, Kirchen usw.), Bibliotheken und gibt Tipps für kulturelle Touren über die Insel. Wenn man übrigens mit der Fähre in Olbia ankommt, sollte man einen Besuch im umgebauten *Museo Archeologico* einplanen, das jetzt in zeitgenössischen Formen auf einer kleinen Insel gegenüber vom alten Hafen ein architektonisches Ausrufungszeichen im sonst recht biederen Hauptort der Gallura setzt und unter anderem interessante antike Schiffsbauten ausstellt.

Anzüge aus Samt, Seide aus Muscheln

Arbeiten des Handwerks stehen heute im Spannungsfeld zwischen Gebrauchsgegenstand und Andenken. Bei uns zu Hause dienen etwa geflochtene Körbe aus Flussio in der Nähe von

Bosa vielfältigen Zwecken. Man kann damit Brot, Gebäck, aber auch Obst servieren, das Strickzeug aufbewahren, in gröberer und größerer Form tun sie als Wäsche- oder Papierkörbe willkommene Dienste, in älterer und feinerer Art dürfen sie als Wandschmuck auftreten. Das binsenartige Material der Körbe wird aus den langen Stengeln des Affodills gewonnen, der auf der Hochebene der Planargia so reichlich wächst, auch weil die Tiere um diese für sie ungenießbare Pflanze einen großen Bogen machen. Die Körbe mit ihren traditionellen Hell-Dunkel-Mustern kauft man am besten direkt in Flussio, sie sind jedoch auch – aber dann vielleicht nicht ganz so qualitätsvoll gearbeitet – in Souvenirläden zu finden.

In der Herrenmode haben sardische Anzüge aus Cordsamt seit gut zwei Jahrzehnten Konjunktur. Nachdem sich Francesco Cossiga aus Sassari, italienischer Staatspräsident von 1985 bis 1992, von dem *mastru 'e pannu* (wörtlich: Stoffmeister) Paolo Modolo in Orani einen solchen Anzug hatte schneidern lassen, stehen VIPs bei Modolo und anderen sardischen Schneidern Schlange. Als grobe Alltagskleidung, vielleicht nicht gerade von Paolo Modolo geschneidert, kann man sie noch heute in den Orten rings um Nuoro sehen.

Die berühmten *Filet*-Arbeiten aus Bosa haben ihren Alltagswert (etwa für die Aussteuer) verloren und spielen nur noch als Hausschmuck oder Andenken eine Rolle. Im Ort haben sich Personen aller Altersschichten in einem Kulturverein (*Associazione culturale La Foce*) zusammengefunden, wo Traditionen wie der Rundtanz wieder zum Leben erweckt werden, wo man Kurse zum Brotbacken oder zur sardischen Sprache belegen kann, und wo sich auch eine Gruppe zur Pflege der *Filet*-Stickerei gebildet hat. Die Anregung kam aus einem von der Regionalverwaltung organisierten Seminar für die Förderung von »aktivem Tourismus«. Halb als Souvenir, halb als auf Sardinien gebräuchlicher Schmuck werden die filigranen Goldarbeiten aus Bosa und Alghero oder der Korallenschmuck, ebenfalls aus Alghero, gehandelt.

In Sant'Antioco, einst die Hochburg für die Verarbeitung von Muschelseide (*bisso*), arbeitet nur noch eine *maestra del bisso*, die in der Lage ist, dieses alte Handwerk auszuüben, mit dem man in der Antike kostbare Stoffe hergestellt hatte. Die Fasern, die bis zu einem Meter lang werden können, werden aus der sogenannten »Edlen Steckmuschel« gewonnen. Doch die Muscheln sterben aus und das Handwerk wandert ins Museum – auf Sant'Antioco ins *Museo del Bisso*, das die *maestra* Chiara Vigo eingerichtet hat.

Und ein letztes Beispiel für den Zusammenhang zwischen Alltag und Andenken bei Handwerksgütern: Wenn etwas auf des Messers Schneide steht, dann dreht es sich meistens um eine Arbeit aus Pattada im Logudoro. Das typische Klappmesser mit Horngriff (*l'arresoja* oder *la resolza*), das einem Hirten oder Bauern tägliches Werkzeug war, findet man auch heute noch in den Taschen vieler sardischer Männer, allerdings eher aus sentimentalen Gründen: Es soll zwischen iPad und iPhone an ein ganz anderes Inselleben erinnern. In Pattada wird alle zwei Jahre eine *Biennale del coltello* (Messer-Biennale) veranstaltet, das Klappmesser mit teilweise wertvoller Verarbeitung ist inzwischen ein Sammelgegenstand geworden.

Vom Jazz zum *canto a tenore*

Nördlich von Pattada liegt Berchidda, unweit der Staatsstraße, die Sassari und Olbia miteinander verbindet. Hier öffnet sich Sardinien mit dem von Paolo Fresu gegründeten Festival *Time in Jazz* jedes Jahr im August der Welt. Der Trompeter und Komponist Paolo Fresu, geboren 1961 in Berchidda, hatte zunächst am Konservatorium von Cagliari und dann in Bologna am Institut für Drama, Art and Music Studies (DAMS) studiert, einer von Umberto Eco gegründeten Einrichtung, die Wissenschaftler und Künstler zusammenführt. Mit seinen Gruppen (unter anderem dem Paolo-Fresu-Quintett und dem

Angel-Quartett) konnte der Komponist überall in Europa und Amerika Erfolge feiern. Heute gilt er weltweit als einer der ganz großen Jazztrompeter. 1988 initiierte er das internationale Festival, das inzwischen eine Größe erreicht hat, die den Rahmen von Berchidda sprengt und die Umgebung weiträumig, von Castelsardo bis Pattada, von Monti bis Olbia, für die Konzerte mit einbezieht. Aus Anlass seines 50. Geburtstags führte ihn im Sommer 2011 eine 50-tägige Tournee kreuz und quer durch Sardinien, bei der er an 50 verschiedenen Orten auftrat. Er sagt von sich selbst, dass seine Musik der Welt gehöre, aber die Art, wie er spiele, mit der Erde zu tun habe, von der er komme. Auf seiner Homepage www.paolofresu.it kann man sich unter dem Menüpunkt »Media« Beispiele anhören – wenn man dann die Augen schließt, meint man Sardinien zu sehen, die Weite der Landschaft, und den Wind zu spüren, der über die Gallura streicht.

Aber wenn man an traditionelle Musik aus Sardinien denkt, dann vielleicht weniger an Jazz, sondern an den Gesang zur Gitarre (*cantu a chiterra*) und vor allem an den vierstimmigen Tenorgesang von Männern, den *canto a tenore*, den die UNESCO in ihre Liste »Meisterwerke des mündlichen und immateriellen Erbes der Menschheit« aufgenommen hat. Wobei »Tenor« nicht als Stimmlage, sondern als »tragendes Element« eines mehrstimmigen Musikstückes verstanden wird (abgeleitet von dem lateinischen Wort *tenere* = halten). Beim *canto a tenore* oder *canto a cuncordu* kommen eine Bass- und eine Altstimme zusammen, die mit einem anhaltend vibrierendem gutturalem Klang den Grundakkord bilden, eine Baritonstimme formt mit sich wiederholenden inhaltsleeren Silbenfolgen (etwa »bim-bam-bim«) eine Melodie, über der schließlich die Vokalstimme liegt, die den Rhythmus vorgibt und einen meist gereimten weltlichen (*canto a tenore*) oder religiösen (*canto a cuncordu*) Text vorträgt. Das ist nun für unsere Ohren wirklich ein schräger Klang, den man aber auf Sardinien häufig hört. Chöre treten auf Festveranstaltungen oder in Kirchen auf, man entgeht ihnen auch nicht in den Lokalradios und im regionalen Fernsehen, von CDs und Kassetten dringt ihr Gesang aus den Wohnungen.

Es ist nicht ganz eindeutig, wann und wo genau dieser Gesang entstanden ist, ähnliche Formen gibt es auch auf Korsika oder in Nordafrika. Eine Zeit lang glaubte man, diese Form des Gesangs stamme aus der Frühantike, gleichsam aus homerischen Zeiten. Heute geht die Musikwissenschaft davon aus, dass er sich im Laufe des 16. Jahrhunderts herausgebildet hat, jedenfalls tauchen von da an erste Zeugnisse auf. Ähnliches gilt für die *launeddas*, ein vor allem in Südsardinien typisches Blasinstrument aus drei Rohren, das mit Zirkularatmung gespielt wird, wobei durch gleichzeitiges Einatmen durch die Nase und Ausatmen durch den Mund ein Dauerton ermöglicht wird. In Barumini kann man ein *Museo delle Launeddas* besichtigen, aber wie alt ist die *launeddas*-Technik? Im archäologischen Museum von Cagliari wird eine Statue aus der Bronzezeit aufbewahrt, die ein Instrument am Mund hält, das den *launeddas* ähnelt. Welche Art Musik aber auf diesem Instrument gemacht wurde und ob man es auch mit der Zirkularatmung spielte, die im ganzen Mittelmeerraum erst seit der Antike bekannt ist, liegt völlig im Dunkeln. Mir würde die Idee gefallen, wenn dieses Instrument, das manchmal heute noch den Rundtanz begleitet, gleichsam ein »lebendiger« Zeuge der Nuraghen-Zeit wäre.

Eine Musik, die verbindet und die trennt

Der Musikwissenschaftler Ignazio Macchiarella, der an der Universität Cagliari unterrichtet, mag solche »romantischen« Einwände nicht. Macchiarella ist Sizilianer und damit ein neutraler Beobachter. Er warnt vor einer »archaischen« Sichtweise, denn Archaik sei etwas, das man heute den Touristen verkaufen würde. Es gibt in Mittel- und Nordsardinien 127

Gruppen, die den *canto a tenore* pflegen und damit (vereinzelt auch im Ausland) auftreten. Wenn einige von ihnen behaupten, der Gesang stamme aus homerischen Zeiten, können sie vielleicht ein paar CDs mehr verkaufen, zumal heute in aller Welt Lokalkulturen wiederentdeckt werden und der Begriff positiv besetzt ist. Eine dazu parallel laufende Klischeebildung ergibt sich fast zwangsläufig. Archaik, sagt Macchiarella, wird auch in Korsika, Katalonien oder Andalusien »verkauft«.

Unbestreitbar aber ist die Bedeutung dieser Musik für das Identitätsgefühl auf der Insel. So sind sehr viele junge Menschen in diesen Chören aktiv. Festivals finden in Bitti, Seneghe oder Ollolai statt, und die Dachorganisation Tenores Sardegna will jetzt einen Internetfernsehsender aufbauen. Gleichzeitig wird der *canto a tenore* von der Jugendkultur aufgegriffen und spielt eine Rolle in der lokalen Rapmusik. Zu den bekanntesten Gruppen zählen die Menhir aus Nuoro, die globale und lokale Aspekte miteinander verbinden.

Die Betonung des Lokalen führt andererseits zu neuen Einengungen. Ignazio Macchiarella, der ein Haus in Santu Lussurgiu hat, erzählt, dass nichts die Leute seines Ortes mehr auf die Palme bringen kann, als wenn in der Nachbargemeinde Cuglieri »ihre« Lieder gesungen werden. Der Musikwissenschaftler hat sich besonders mit den Liedformen in Orgosolo und Oliena beschäftigt. Anfangs haben ihn seine Freunde in Oliena auf die Probe gestellt, ob er wohl heraushören kann, ob ein Lied, das sie vortragen, von ihnen stamme oder aus Orgosolo. »Da kam ich oft ganz schön ins Schwitzen«, sagt er. Dann hat er das Problem zu seinem Thema gemacht und festgestellt, dass es diese markanten Unterschiede vor vierzig, fünfzig Jahren gar nicht gab. Die Alten aus Orgosolo erzählten ihm, sicher habe man früher die eigenen Lieder auf eigene Art gesungen, aber wenn man sich mit denen aus Oliena traf, sang man zusammen dieselben Lieder. Heute achtet man dagegen auf Trennung. Früher hätten auch Chöre an Wallfahrtsorten wie am *Santuario di Monte Gonare* bei Orani

(Barbagia Ollolai) gemeinsam sardische Heiligenlieder (*gosos*) gesungen, jetzt wartet jeder Chor ab, bis er an der Reihe ist, und versucht, sich in seinen Liedern von denen der Chöre aus anderen Gemeinden abzusetzen. »Es gibt eine mikrolokale Bewegung«, kommentiert Macchiarella, »die überhandgenommen hat.«

Mein historischer Gewährsmann Manlio Brigaglia sieht darin den Versuch der Menschen, sich in diesem »modernen« Sardinien wiederzuerkennen und sich auch ein bisschen zu trösten, dass es mit Sardinien als Ganzem irgendwie nicht vorangeht. Wenn man einen Sarden fragt, wie ist denn Sardinien? Dann antwortet er: »Sardinien ist anders.« – »Aber«, fragt sich der Professor aus Sassari, »worin sind wir verschieden, was machen wir aus dieser Verschiedenheit und wie zeigen wir sie?« Die Entdeckung lokaler Kulturen und Traditionen ist zum Beispiel eine Art, sie auszudrücken. Aber diese Traditionen können neue lokale Grenzen schaffen oder sich andererseits schnell in folkloristische Darbietungen verwandeln. »Die Wiederentdeckung der sardischen Küche, der sardischen Kostüme, der sardischen Volksfeste, das alles ist eine gute Sache, wenn sie nicht zur Handelsware wird und man sie nur noch an den Touristen verkaufen will.« Positiv beurteilt Manlio Brigaglia dagegen das Aufblühen einer aktuellen sardischen Literatur. Das jedoch, ist bereits ein anderes Kapitel.

Eine Frage der Identität – Literatur zwischen Archaik und Moderne

Auf Sardinien hat sich in jüngster Zeit eine lebendige Literaturszene herausgebildet. Autorinnen und Autoren wie Milena Agus und Marcello Fois, Giorgio Todde und Salvatore Niffoi sind über die Grenzen Italiens bekannt. Andere, die in der Region eine wichtige Rolle spielen (Giulio Angioni und der 1995 im Alter von 43 Jahren verstorbene Sergio Atzeni) werden von der Kritik gelobt und von ihren Kollegen verehrt. Einem Solitär wie Gavino Ledda, der eine Entwicklung vom Hirten zum Intellektuellen, vom Analphabeten zum Schriftsteller machte, gelang bereits vor Jahren mit *Padre Padrone* (*Mein Vater, mein Herr*) ein Welterfolg. Junge Autoren wie Michela Murgia oder Flavio Soriga machen von sich reden, Bianca Pitzorno ist in der italienischen Kinder- und Jugendbuchszene ein Star. Im Hintergrund wachte Salvatore Mannuzzu, der Doyen der Inselliteraten, und aus Dänemark, wo sie seit Langem in Kopenhagen lebt, grüßt Maria Giacobbe, die große alte Dame der sardischen Literatur.

Schriftsteller und Publikum treffen sich auf regionalen Festivals. In Cagliari findet jeweils Mitte/Ende September

Marina Café Noir statt, das die Marina, das ehemalige schäbige, inzwischen zu neuem Leben erwachte Hafenviertel der Stadt, mit Lese- und Musikveranstaltungen in eine einzige große Bühne verwandelt. In Seneghe (Oristano) unterhalb des Monte Ferru hat sich aus der volkstümlichen Tradition der Stegreifpoeten der »Cabudanne de sos poetas«, der »September der Poeten«, entwickelt, der allerdings nicht im September, sondern im August stattfindet, und bei dem es nicht nur um Lyrik, sondern auch um Prosa, Rockmusik, Theater und Fotografie geht. Und in Villacidro verleiht die Dessì-Kulturstiftung in Erinnerung an den sardischen Schriftsteller Giuseppe Dessì (1909–1977) seit über 25 Jahren einen angesehenen Literaturpreis. Die Übergabe des »Premio Dessì« wird in der Regel Mitte September mit einem großen Fest gefeiert.

Eine Insel der Geschichten

In Gavoi, im Herzen der Barbagia Ollolai, konnte ich einmal das internationale Literaturfestival *Isola delle Storie* (Insel der Geschichten) erleben. Die Einwohner und Besucher der 3000-Seelen-Gemeinde im wilden Bergland der Barbagia nahmen mit faszinierender Neugier an der Vorstellung von Autoren wie der Italo-Amerikanerin Camilla Trinchieri teil, sie folgten dem Philosophen Gianni Vattimo bei einer antiklerikalen Kampfrede oder ließen sich von Ingo Schulze die Geschichte der Montagsdemonstrationen in Leipzig 1989 erzählen. Lesungen von Gedichten und Texten eines Fabrizio De André, Giuseppe Dessì oder Antonio Gramsci leiteten jede Veranstaltung ein. Bereits lange bevor am Morgen um zehn die erste Lesung stattfand, versammelten sich vor allem Frauen aus Gavoi unter dem blumengeschmückten Balkon eines im lokalen hellen Granit gebauten Palazzo, brachten ihren eigenen Stuhl mit und warteten auf die Vorstellung einer Autorin wie Simona Vinci, die zur Gruppe der »Cannibali«, den neuen Wilden der italienischen Literatur, gezählt wird. Hier begegneten sich Frauen aus meist bäuerlichen Hirtenfamilien auf der kleinen Piazza und städtische Intellektuelle auf dem Balkon. Und man spürte ein kulturelles Klima, in dem Erzählen, Zuhören und Verstehen eine gemeinsame Erfahrung ist. Es ist dieses familiäre, lokale Klima, das bislang Autoren aus aller Welt von Richard Mason über Per Olov Enquist bis Uwe Timm nach Gavoi lockte.

Marcello Fois hat das stimmungsvolle Festival vor einigen Jahren mit einer einfachen wie suggestiven Formel ins Leben gerufen. Es findet jeweils Anfang Juli an einem langen Wochenende zwischen Freitag und Sonntag mit einer Folge von Lese- und Diskussionsveranstaltungen von frühmorgens bis spätabends statt. Dazu kommt ein reiches Rahmenprogramm mit kleinen Ausstellungen, Konzerten, Filmvorführungen und, ganz wichtig, gemeinsamen Essen. Insgesamt rund 30 000 Menschen strömen jedes Jahr im Juli nach Gavoi. Weil die Veranstaltungen immer nacheinander und nie zeitgleich stattfanden, sah ich Besucher wie Teilnehmer in langen Schlangen bergauf, bergab durch die steilen Gassen des Bergdorfes zum nächsten Termin ziehen, während an improvisierten Ständen Wasser, Wein und kleine Speisen angeboten wurden. Gärten und Weggabelungen verwandelten sich unter den Rufen der Schwalben in Freilichtbühnen. Der schönste Veranstaltungsplatz lag aber neben dem Kirchlein Sant'Antiocru aus dem 15. Jahrhundert, von dem der Blick über die bewaldeten Hügel der Barbagia bis hin zum Gusana-Stausee kreisen konnte. Dieses Zusammenspiel von Natur und Kultur und der ungefilterte Kontakt mit Menschen und Ideen bilden die Grundlage für die Erfolgsgeschichte von Gavoi.

Der Schnee auf den Gräbern von Nuoro

Der Weg ist nicht weit, aber dennoch trennen viele Kurven Gavoi von Nuoro, von dem Salvatore Satta sagt, dass es alle Sarden als »eine zweite Heimat« betrachten. Die Sarden leben getrennt in vielen kleinen Vaterländern, aber wenn sie ein zweites dazunehmen sollten, würden sie Nuoro wählen, das alte Herz der Insel. Salvatore Satta (1902–1975) war ein in ganz Italien angesehener Rechtsgelehrter aus einer alten Familie dieser Stadt. Seinem Onkel, dem Dichter Sebastiano Satta, hat der Bildhauer Costantino Nivola mitten im Ort einen Platz gewidmet. Salvatore Satta, der zuletzt in Rom lebte, begann wenige Jahre vor seinem Tod mit der Niederschrift eines Romans, in dem er sich an inzwischen längst verstorbene Persönlichkeiten aus dem Nuoro seiner Kindheit erinnert und sie in *Der Tag des Gerichts* wieder aufleben lässt. Während die Moderne langsam in die Gesellschaft eindringt und das alte Sardinien verdrängt, versammelt Satta Menschen aller Schichten zu einem letzten großen Auftritt. Nuoro wird zum Mittelpunkt der Welt, der Mittelpunkt Nuoros ist sein Friedhof, und die handelnden Personen sind Tote, die am Ende in ihre Gräber zurückkehren. »Heute nun schneit es draußen vor den Fenstern dieses entlegenen Zimmers, in dem ich Zuflucht gesucht habe: ein leichter Schnee, der sich auf die Wege und Bäume legt wie die Zeit auf uns. Binnen Kurzem wird alles gleich sein. Auf dem Friedhof von Nuoro wird man den alten nicht mehr vom neuen unterscheiden: ›sie‹ werden einen vergänglichen Frieden finden unter dem weißen Mantel.« Die faszinierende Trauerarbeit wurde posthum in einem auf juristische Werke spezialisierten Verlag veröffentlicht und blieb zunächst ohne Echo. Erst 1979 mit einer zweiten Auflage im Mailänder Verlag Adelphi begann der sensationelle Erfolg dieses Buches, das laut Georg Steiner »eines der Meisterwerke der Einsamkeit in der modernen Literatur« darstellt. Auf Satta beriefen sich später Salvatore Mannuzzu, Giulio

Angioni oder Giorgio Todde, die Vertreter der literarischen Moderne Sardiniens.

In der Zeit, in der Sattas *Spoon River* spielt, schrieb Grazia Deledda, die 1871 als viertes von sieben Kindern in Nuoro geboren wurde, ihre Erfolgsromane. In einem Text (*La mia Sardegna*) heißt es: »Ich habe mit dem Wind gelebt, mit den Wäldern und mit den Bergen. Ich habe tagelang, monatelang und jahrelang den Wolken nachgesehen, wie sie über den sardischen Himmel zogen. Ich habe tausend und abertausend Mal meinen Kopf an die Stämme der Bäume gelehnt, an die Steine und Felsen, um den Stimmen der Blätter zu lauschen und um zu hören, was das fließende Wasser erzählt. Ich habe das Morgenrot gesehen und die Abenddämmerung und wie der Mond aufging in der endlosen Einsamkeit der Berge. Ich habe den Gesängen, der alten Musik, den Märchen und den Reden des Volkes zugehört, und so hat sich mein Handwerk gebildet wie ein Lied oder ein Thema, das spontan den Lippen eines einfachen Poeten entspringt.«

Diese Sätze beschreiben eine ganz andere Stimmung und eine ganz andere Literatur. Grazia Deledda stammte aus einer für damalige Verhältnisse wohlhabenden Familie eines Grundbesitzers, auch wenn man nach dem frühen Tod des Vaters den Gürtel enger schnallen musste, wie sie es in dem (posthum veröffentlichten) autobiografischen Roman *Cosima* beschreibt. Im Haus gab es eine kleine Bibliothek mit russischen (Tolstoi, Dostojewski) und französischen Autoren (Hugo, Balzac), deren Romane die junge Grazia ebenso verschlang wie die Erzählungen in den Frauen- und Modejournalen ihrer größeren Schwestern. Nach der Grundschule blieb sie zu Hause, wo sie eine Privatlehrerin unterrichtete, die ihre ersten Schreibversuche förderte. Mit 13 Jahren schickte sie eine kleine Erzählung an eine Modezeitschrift, die prompt veröffentlicht wurde. Durch den Erfolg ermutigt, schrieb sie weiter, was in ihrer Familie und im Ort mit Misstrauen beobachtet wurde: ein Kind, später eine unverheiratete junge Frau, die von Liebesgeschichten und Dramen aus privaten Bereichen erzählte – man zerriss sich den Mund. Grazia ließ sich nicht beirren, erste Fortsetzungsromane entstanden. Im Alter von 29 Jahren schließlich verließ sie Nuoro, zog nach Cagliari, wo sie ihren Mann kennenlernte, dem sie nach Rom folgte. In Rom lebte sie zurückgezogen und ohne Kontakt zu literarischen Zirkeln, hier entstanden Romane wie *Die Maske des Priesters*, *Schilf im Wind* (für den sie 1926, als zweite Frau nach Selma Lagerlöf, mit dem Literaturnobelpreis ausgezeichnet wurde) oder *Marianna Sirca* und *La madre*. Von 1900 bis zu ihrem Tod 1936 (in Rom) schrieb sie rund 50 Bücher, die alle in ihrer sardischen Heimat angesiedelt sind.

Grazia Deledda erzählt von persönlichen Verstrickungen in einer Gesellschaft, in der unverändert traditionelle Verhaltensweisen und Regeln fortbestehen. Neuerungen bleiben wie ein fernes Gewitter am Rande. Es dominieren bipolare, archaisch anmutende Grundstrukturen: Sünde und Heil, Schuld und Erlösung, Gut und Böse. Die Schilderung elementarer Leidenschaften ist mit einer ebenso elementgeprägten Landschaftsbeschreibung verbunden. Obgleich ihre Romane von Teilen der Kritik als naiv oder monoton belächelt wurden (Benedetto Croce äußerte sich geradezu abfällig), konnten sie sich einer breiten Beliebtheit beim italienischen und europäischen Publikum sicher sein. Der Schweizer Literaturwissenschaftler Georges Güntert fragt deshalb heute (in der Zeitschrift *Zibaldone*), »wer denn im Italien der Jahrhundertwende außer der Deledda die Realität der einfachen Leute so gewinnend einzufangen verstand«, wie es in ihren Romanen geschieht?

Das kleine Athen der Sarden

In Nuoro kann man Grazia Deleddas Geburtshaus besichtigen. Das dort eingerichtete Museum bietet einen Einblick in die Wohn- und Lebensverhältnisse des Ortes während der

Wende vom 19. zum 20. Jahrhundert, zeigt Erinnerungsstücke aus dem Leben der Schriftstellerin und führt schließlich vor, warum Nuoro in jenen Jahren – mit einer Prise Ironie – als das »kleine Athen« der Sarden bezeichnet wurde. Es war eine Stadt der Künstler: Der Bildhauer Francesco Ciusa (1883–1949), der Maler Antonio Ballero (1864–1932), der Autor und Maler Giacinto Satta (1851–1912), der Lyriker Sebastiano Satta (1867–1914) oder der Komponist Priamo Gallisay (1853–1930) stammen aus Nuoro und haben hier gelebt und gearbeitet.

Das Schönste am Haus ist aber, wie ich finde, der kleine offene Hof, wo man im Schatten hoher Bäume auf einer Bank sitzt, in den Himmel über dem Monte Ortobene, dem Hausberg von Nuoro, guckt oder in den Büchern der Deledda blättert, die dort ausgestellt sind. Besucher drehen eine schnelle Runde und verlassen den Hof wieder. »Hier gibt es ja nichts zu sehen«, sagen sie und gehen zurück in die Ausstellungssäle. Dabei fängt kaum ein anderer Raum so die literarische Atmosphäre der Bücher von Grazia Deledda ein wie dieser Hof. Er ist ihr Denkmal. Schriftsteller der Gegenwart haben manchmal das Bedürfnis, sich von der Übermutter der sardischen Literatur zu befreien. Der 1975 in Uta (bei Cagliari) geborene Flavio Soriga sagte mir: »Wie alle Denkmäler der Literatur muss man Grazia Deledda kennen, lesen, lieben und dann aber auch das Denkmal umstürzen. Denkmäler muss man umstürzen, dann kann man in Freiheit schreiben, ohne sie vor der Nase zu haben.«

Flavio Soriga wurde wie andere Gegenwartsautoren von dem kleinen Verlag Il Maestrale entdeckt, den zwei junge Buchhändler der Libreria Novecento 1992 gründeten. Der Verlag entdeckte vergessene Autoren wie Maria Giacobbe oder Giuseppe Dessì wieder, grub verschollene Erzählungen von Grazia Deledda aus oder übersetzte Texte des deutschen Reiseschriftstellers Thomas Münster. Vor allem aber förderte er lokale zeitgenössische Schriftsteller und wurde so zur Talentschmiede. Autoren wie Fois, Niffoi oder eben

Soriga, die heute von großen italienischen Verlagen herausgebracht werden, konnten bei Il Maestrale in Nuoro ihre ersten literarischen Schritte wagen und sind dem Verlag heute noch verbunden.

In Nuoro findet man außerdem den Ilisso Verlag (gegründet 1985), der sich ebenfalls sardischer Literatur widmet, aber vor allem Kunst-, Architektur- und Fotobücher herausbringt und Ausstellungen organisiert. Im Foyer der Verlagsräume von Ilisso wird der Besucher von einer Reihe von Kunstwerken empfangen, darunter die über 2 Meter hohe, atemberaubend schöne Holztafel, die Eugenio Tavolara als Vorlage für den Bronzeguss des Portals der kleinen Kirche Nostra Signora della Solitudine geschnitzt hat. Der schlichte Bau stammt aus dem 17. Jahrhundert und wurde in den 1950er Jahren umgebaut, um Grazia Deledda eine letzte Ruhestätte zu geben. Ilisso hat auf Initiative der Verlagsgründerin Vanna Fois kürzlich in einer Villa den Ausstellungspunkt »Spazio Ilisso« eingerichtet, zu dem auch ein Skulpturengarten mit Arbeiten sardischer Gegenwartskünstler gehört. Ohne eine Figur wie die umtriebige Vanna Fois wäre das Kulturleben in Nuoro (und auf der ganzen Insel) ärmer. In Nuoro wie in Cagliari hat der Verlag zudem eine Buchhandlung eröffnet, die sich nach dem Werk von Salvatore Cambosu »Miele Amaro« nennt.

Auf Sardinien gibt es etwa vierzig Verlage, die im Jahr rund 2000 Titel über die Region herausbringen. Das sind vor allem Sachbücher, Arbeiten über Lokalgeschichte, Sprache und Dialekte. Die Sarden haben angefangen, ihre eigene Geschichte zu entdecken. Das jedenfalls sagt Raffaele Casula von der Buchhandlung Il Novecento. Wenn man vor zwanzig Jahren Bücher über die Geschichte Sardiniens publizierte, waren das Titel wie *Das byzantinische Sardinien* oder *Das Sardinien Roms* oder *Das spanische Sardinien* – immer das Sardinien von jemandem anderen. Jetzt erscheinen Titel wie *Sardinien der Richterzeit* oder *Das antike Sardinien*, *Sardinien der Nuraghen*. Man macht sich selbst zum Bezugspunkt, will Leser der eigenen Geschichte sein. Erstaunlich ist auch der Erfolg von Lyrikbänden mit Gedichten in sardischer Sprache. Raffaele Casula verkauft sardische Lyrik in Auflagen, »wovon der nationale Markt nur träumen kann. Ein Buch von Pino Marotta bringt es auf mindestens 3000 Exemplare.«

Ein Advokat starrt auf die Salzkartoffeln

Es kann also nicht verwundern, wenn Problematiken der Insel ebenfalls in den Romanen und Erzählungen der sardischen Gegenwartsschriftsteller eine herausragende Stellung einnehmen. Da machen Krimis keine Ausnahme. Zum Beispiel der preisgekrönte Roman *Sempre caro* von Marcello Fois, der auf Deutsch unter dem Titel *Tausend Schritte* erschienen ist. Er spielt in Nuoro am Ende des 19. Jahrhunderts, und für die Figur des Protagonisten, den Advokaten Bustianu, hat Marcello Fois den Juristen und Lyriker Sebastiano Satta zum Vorbild gewählt. In diesem Roman kommt es unter anderem zu einem Zusammenstoß zwischen einem vom Festland entsandten Staatsanwalt und dem Advokaten aus Nuoro. Marcello Fois verpackt hier einen Schlüsselbegriff der sardischen Kultur in den Dialog während eines Abendessens:

»Die Identität!«, sagte der Königliche Staatsanwalt höchstpersönlich und biss in eine Salzkartoffel. »Die Identität dieses Volkes, das so arbeitsam ist, so unbefangen in seiner bäuerlichen Schlichtheit, und doch, wenn ich so sagen darf, so empfindlich! Auf dieser Insel gibt es keinen Fleck, wo dieses Wort nicht als Deckmäntelchen für jedwede Schandtat herhalten muss. Ein Bösewicht verübt einen Straßenraub? Das gehört nun mal zu unserer Identität. Ein rebellischer Jüngling lehnt sich gegen die Staatsgewalt auf? Das gehört nun mal zu unserer Identität ...« Es folgte ein Schweigen, das ohne das Klappern des Bestecks peinlich gewesen wäre. »Ich habe mich stets geweigert, diese Tendenzen gutzuheißen«, fuhr der Staatsanwalt fort. »Zum Donnerwetter, eine Nation ist eine Nation. Da muss man eben auch mal Opfer bringen! Fortschritt und Moderne haben ihren Preis! Und, wenn Sie gestatten …!«, fügte er, zu Bustianu gewandt, hinzu, »wenn Sie gestatten, häufig sehen wir uns mit Bräuchen konfrontiert, die fast mittelalterlich anmuten, und das ist noch gnädig ausgedrückt, denn eigentlich würde ich sie eher als primitiv bezeichnen.«

Bustianu starrte auf die Salzkartoffeln, die eine Scheibe Pfefferfilet einrahmten. Endlich spießte er eine auf, als wäre der Entschluss, sie zu essen, der wichtigste seines Lebens. »Primitiv«, sagte er dann und legte die Gabel auf den Tellerrand. »So primitiv, dass diese Bräuche in vielen hochmodernen anthropologischen Untersuchungen noch immer als vorbildlich bezeichnet werden.«

»Das sind boutades«, unterbrach ihn der Königliche Staatsanwalt. »Sie reden da über rein akademische Fragen, die mit der Verwaltung eines Staates nicht das Geringste zu tun haben!«

»Ich rede von der freien Nutzung der Domänen, die heute ganz modern verweigert wird. Ich rede von einer Modernität, die Großgrundbesitz geschaffen hat, wo es keinen gab, Exzellenz. Wir mögen vielleicht primitiv gewesen sein, aber das Mittelalter habt ihr uns gebracht!«

»Ach, die sozialistischen Theorien: Alles gehört allen! Auf diese Weise braucht sich keiner verantwortlich zu fühlen.« Der Ton des Staatsanwaltes wurde bissiger. »Und die Identität ist gerettet. Darum geht es Euch doch, oder?« (Übersetzung: Petra Kaiser und Peter Klöss).

Marcello Fois wurde 1960 in Nuoro in demselben Stadtviertel geboren, in dem auch Grazia Deledda aufwuchs. In seinen Kriminalromanen mit dem Advokaten Bustianu, die ein internationaler Erfolg wurden, geht es um Ehre und Gerechtigkeit und die Bedeutung von Traditionen. Aber anders als die Deledda setzt sich Fois mit diesen Begriffen modern auseinander, er zeigt eine Gesellschaft im Umbruch und führt

Personen vor, die an ihrem Schicksal leiden, es aber auch überwinden können. Der Autor kam zum Schreiben, nachdem er ein Medizinstudium in Sassari abgebrochen hatte und nach Bologna ging, wo er Sprachwissenschaften studierte und heute noch lebt. Für seinen Roman *Memoria del vuoto* über das Leben des Banditen Samuele Stocchino (auf Deutsch unter dem Titel *Sardische Vendetta* erschienen) wurde er 2007 mit dem »Premio Grinzane Cavour« ausgezeichnet.

Bellas mariposas, schöne Schmetterlinge

Michela Murgia, 1972 in Cabras geboren, schreibt: »Ich bin Sardin, weil ich an einem vollständig gebrochenen Ort geboren wurde und selbst in Scherben liege. Überall bedeutet Geborenwerden einen Bruch, ein Zerspringen und zerreißend Fortfließen. Doch nur wenige werden darüber hinaus an einem zerrissenen Ort geboren.«

Die Beschäftigung mit sich selbst ist für eine Gesellschaft, die auf einer Insel lebt, eigentlich selbstverständlich. In Sardinien kommt ein Bruch mit der eigenen Geschichte hinzu, einer Geschichte, die sich tausend, zweitausend Jahre nur wenig bewegt hatte. Wie drückte es der Hirte und Verbandsfunktionär Simone aus? Man sei gerade aus dem Mittelalter ausgetreten und habe in zwanzig, dreißig Jahren eine Entwicklung gemacht, für die andere zwei-, dreihundert Jahre Zeit gehabt hätten. Der Historiker Manlio Brigaglia nannte es sogar eine Art »anthropologische Katastrophe«.

Tief beeindruckt hat mich ein Gespräch mit dem Anthropologen und Schriftsteller Giulio Angioni kurz vor seinem Tod 2017. Er erzählte, er habe noch eine Jugend erlebt, »die näher an der Jugendzeit vor tausend oder zweitausend Jahren war als an der von heute.« Mit diesem Bruch zwischen Geschichte und Gegenwart muss sich jeder Schriftsteller auf Sardinien auseinandersetzen. Giulio Angioni hat das in einer

Reihe von Romanen, Erzählungen und auch in Texten für das Theater getan. Es ist merkwürdig, aber keines seiner spannenden Bücher ist bislang ins Deutsche übersetzt worden. *L'Oro di Fraus* (1998) handelt zum Beispiel von der hartnäckigen Suche eines Bürgermeisters nach den Hintergründen eines Todesfalls, für den ein Homosexueller fälschlich verhaftet wird, der sich daraufhin aus Verzweiflung über den Verdacht in der Gefängniszelle das Leben nimmt. Es ist ein Buch über die Seelenlage Sardiniens. Flavio Soriga sagte in einer Rezension, das Buch habe nicht Angioni geschrieben, sondern »das haben wir geschrieben, alle Sarden, eine ganze Insel, in den Jahren und in den Jahrhunderten, ohne uns darüber klar zu werden«. In *Assandira* (2004, als Film 2020) geht es um die Wandlung sardischer Kultur zur Folklore (wobei ein *agriturismo*, ein Bauernhof, auf dem man Ferien machen kann, durch Brandstiftung zerstört wird). In *Doppio Cielo* (2010) beschreibt der Autor, wie ein junger Mann aus einem sardischen Dorf in die gerade gegründete Bergarbeiterstadt Carbonia mit ihren von allen Seiten Italiens zusammengewürfelten Menschen kommt.

Besonders am Herzen lag ihm seit jeher auch der Umgang mit der Landschaft. Bei einem Gespräch in seiner Wohnung auf dem Kastellhügel von Cagliari erzählte er: »Wir Sarden identifizieren uns mit Landschaft. Ich denke, dass jeder Sarde eine Landschaft der Insel auch auf einer zerrissenen Fotografie wiedererkennen kann. Ganz selten, dass wir uns irren. Deshalb ist es wichtig, so viel wie möglich von der Landschaft zu erhalten und sie nicht im Namen einer chaotischen Moderne oder eines banalen Badetourismus zu verletzen. Das ist für einige von uns zu einer Art Schlachtruf geworden. Zumal die dünne Besiedelung der Insel, der Umstand, dass es so viele Räume gibt, die menschenleer sind, jeden Durchschnittseuropäer noch heute beeindruckt. Wenn ich nachts mit dem Flugzeug über die Insel fliege, sehe ich von oben riesige dunkle Flecken, wie kaum noch anderswo. Dieses Dunkel und auch dieses Schweigen, das möchte ich bewahren.«

Giulio Angioni hatte erst spät begonnen, literarische Texte zu schreiben. Sicher hatten ihn dazu auch die Arbeiten von Sergio Atzeni angeregt, der 1952 in Capoterra bei Cagliari geboren wurde. Die Texte Atzenis, zum Beispiel die Erzählung *Bakunins Sohn* (1991), gelten als eine Art Wasserscheide der Moderne, hinter die die zeitgenössische Literatur der Insel nicht mehr zurückfallen kann (oder sollte). Der Autor arbeitete außerdem als Journalist und übersetzte Arbeiten von Patrick Chamoiseau, der Französisch mit kreolischen Dialekten mischt. In dieser Tradition steht die kleine Erzählung *Bellas mariposas* (Schöne Schmetterlinge), eine zarte und zugleich brutale Vorstadtgeschichte aus der Sicht einer 12-Jährigen, die in einem Neubaugetto am Rande Cagliaris wohnt. Sergio Atzeni führt hier Jugendsprache und Dialekt in einen Text zusammen, der fast ohne Satzzeichen in einer Art literarischem Rap dahinfließt (und unübersetzbar scheint). Salvatore Meren hat den Stoff 2013 verfilmt.

In einer Notiz von Atzeni heißt es: »Ich glaube, dass das ganze Sardinien erzählt werden muss. Bislang wurde vor allem die Barbagia in literarischen Texten beschrieben. Doch es ist wichtig, auch Cagliari, auch Guspini, Arbus, Carbonia zu erzählen. Solange ich lebe, werde ich versuchen alle Orte zu erzählen, jeden für sich, und alle Personen, eine nach der anderen.« Sergio Atzenis großer Plan hat sich nicht erfüllt. Er kam 1995 im Alter von nur 43 Jahren bei einem Unfall im Meer ums Leben. Auf seinem Schreibtisch fand man das Manuskript eines letzten Textes: *Bellas mariposas*.

Die Identität als ein Phantomschmerz

Für viele junge Autoren wurde Atzeni zum Vorbild, weil es ihm gelang, Sardinien zu erzählen, »ohne auch nur ein einziges Schaf zu erwähnen« (Soriga). Der um vieles ältere Salvatore Mannuzzu wiederum, der 1930 in der Toskana als Sohn sardischer Eltern geboren wurde und 2019 in Sassari starb, hat in ihm einen jungen Geistesgenossen gesehen. Bereits 1988 schrieb Mannuzzu den Roman *Der Fall Valerio Garau*, über einen Richter, der in einer großen Stadt Nordsardiniens beauftragt wird, wegen eines Todesfalls zu ermitteln. Dabei dringt der Protagonist langsam in ein fremdes Leben ein, das – mit Rückblicken und Erinnerungen – vom eigenen überlagert wird. Salvatore Mannuzzu übte selbst zwei Jahrzehnte lang das Amt eines Richters in Bosa und Sassari aus, danach vertrat er einige Jahre die Kommunistische Partei als Abgeordneter im römischen Parlament.

Die Fragen der Identität, die Suche nach Sinn, nach der Bedeutung eines Zeichens oder auch einfach die Klärung von Umständen spielen der Technik des Kriminalromans in die Hände. Der Kriminalroman als Genre oder gelegentliche Anleihen bei seiner literarischen Technik tauchen in der neueren sardischen Literatur immer wieder auf. Das Genre hat ja durchaus seine Würde. Aber auf einem literarischen Markt, der nach Vereinfachungen sucht und schnell Aufkleber vergibt, werden viele Texte zu Kriminalromanen deklariert, die keine sind. Zum Beispiel das Buch *Sardische Vendetta* von Marcello Fois, die Geschichte des Samuele Stocchino, der vom Kriegshelden zum Banditen wird. Und ein Schriftsteller wie Salvatore Mannuzzu war sicher kein Krimiautor, nur weil er in einigen Romanen mit den Mitteln des Genres spielte. Der Autor betonte außerdem, dass er keine Nachforschungen über die sardische Identität anstelle – er erleide sie.

Wo kommen wir her, wie waren wir, wie sind wir, wohin wollen wir gehen? Das Identitätsgefühl wird nicht nur auf Sardinien von Ungewissheit überlagert. In einer globalen Sinnkrise werden überall Identitäten infrage gestellt. Aber auf einer Insel, wo Geografie Geschichte geworden ist und sich die Geschichte zur Unkenntlichkeit verändert hat, lebt man, wie Mannuzzu glaubte, diese Identitätskrise auf besondere Art. Einige Autoren sind sich dieser Krise bewusst, andere wollen nichts von ihr wissen. Sie tun so, als sei die Welt noch heil, und schreiben, als hätte sich Sardinien seit Grazia Deledda nicht verändert. »Kultur löst sich langsam auf«, sagte Salvatore Mannuzzu, »sie ist wie ein amputiertes Glied.« Einem Onkel von ihm hatte man während des Krieges ein Bein amputieren müssen. Und später beklagte er sich, dass ihm das Knie oder der Fuß von diesem Bein schmerzte. »Manchmal geht es uns Sarden mit unserer Identität ähnlich. Sie schmerzt uns wie ein amputiertes Glied.«

Archaische Welt gegen levantinische Heiterkeit

In die Kritik geraten sind in diesem Zusammenhang die in Italien, aber besonders im europäischen Ausland erfolgreichen Romane von Salvatore Niffoi. Er könne gut verstehen, sagte Giulio Angioni, dass Niffoi in Europa mehr geschätzt wird als Atzeni. »Das große Publikum will Erzählungen von Banditen haben, von der Blutrache lesen, was man eben von Sardinien so kennt.« Wie man über Sizilien eben etwas von der Mafia lesen möchte.

In dem Roman *Die Legende von Redenta Tiria* setzt sich Salvatore Niffoi mit dem Problem der Greisentötung auseinander. Er schildert Ereignisse in dem Phantasiedorf Abacrasta, in dem sich die Menschen, wenn sie ein bestimmtes Alter erreicht haben, selbst umbringen: »Dieser Fluch, der die Einwohner von Abacrasta um den Verstand bringt und ihnen vorgaukelt, die Pforten zum Nichts ließen sich so leicht öffnen wie eine Flasche kühles Bier, hat seinen Ursprung außerhalb der Zeit in den ersten Albträumen des Dorfgründers, eines gewissen Eràcliu Palitta. Eràcliu war ein Geißhirt, der von weit her übers Meer gekommen war und in die Berge wollte. An einem kalbskopfähnlichen großen weißen Felsen machte er halt und schwängerte Artemisia Crapiolu, ein blindes, junges Weib, die vom Geißhüten steinharte Füße hatte.«

Salvatore Niffoi wurde 1950 in Orani bei Nuoro geboren, wo er heute noch lebt. Er studierte Sprachwissenschaften in Rom und unterrichtete anschließend als Lehrer an der Mittelschule seines Heimatortes. Ab 1977 erschienen erste Erzählungen in Nuoro bei Il Maestrale, nach Übersetzungen ins Französische wurde in Mailand Adelphi aufmerksam und brachte 2005 den Roman *Die Legende von Redenta Tiria* heraus, der ein Bestseller wurde. Mit dem Roman *Die barfüßige Witwe* gewann Salvatore Niffoi 2006 den »Premio Campiello«, den wohl wichtigsten italienischen Literaturpreis.

In Niffois Arbeiten klingeln Handys, stürzen Computer ab oder wird gegen Mülldeponien protestiert. Doch brechen aus diesen Texten immer wieder Gefühle hervor wie sardisches Urgestein aus einem Vulkan. Archaisches Verhalten leuchtet eine Welt aus, die längst überwunden scheint. Körperliche und seelische Gewalttaten zeigen, wie dünn die Kruste ist, die die moderne Zivilisation über die Vergangenheit gelegt hat. Niffoi benutzt dabei keinen kruden, sondern einen magischen Realismus. Er entführt seine Leser mit einer berauschenden, manchmal deftigen Sprache, in die immer wieder »geheimnisvolle« sardische Laute eingebaut werden (die sich in den deutschen Übersetzungen notgedrungen etwas verlieren), in eine Art Traumsardinien.

Giulio Angioni wehrte sich nicht gegen ein Sardinien als Traumbild, solange man nicht glauben mache, dass Sardinien so sei oder je so gewesen sei. Niffois Sardinien, sagte Angioni, sei dessen eigenes Sardinien. Dennoch könne man in Rezensionen landauf, landab lesen, dass man hier den kräftigen Geschmack, den starken Geruch eines wahren Sardiniens spüre, »ich spüre dagegen eine kräftige Dosis García Márquez«. Ganz ähnlich urteilt Milena Agus: »Ich habe mir klargemacht, dass es keinen Sinn ergibt, der Deledda, dem Niffoi oder der Giacobbe vorzuwerfen, sie würden nur das übliche Sardinien der Vendetta, der Familienfehden, der Tötungen, der Banditen und solcher Dinge darstellen. Das ist nicht das übliche Sardinien, das ist ihr Sardinien, das ist ihre Welt.« Sie selbst stammt aus einem anderen Sardinien, »das mit dem Meer, dem Wind« – Cagliari eben. Literatur hat etwas mit Landschaft zu tun. »Wir mit unserem Witz und einer levantinischen Heiterkeit können ihre Welt nicht verstehen, die so fern ist, auch wenn sie nur ein paar Schritte weiter liegt. Wenn ihre Geschichten bei uns angesiedelt wären, würden sie künstlich klingen, wie es Giulio Angioni in seinem meisterhaften Roman ›Assandira‹ erahnt hat.«

Keine Lust auf Profi-Sarden

Milena Agus, 1959 in Genua von sardischen Eltern geboren, unterrichtet in Cagliari an einer Berufsschule. Ihre federleichten und mit einem ironisch-erotischen Schleier umhüllten Erzählungen wie *Die Frau im Mond* oder *Die Flügel meines Vaters* berichten von Überlebensstrategien in einem modernen Sardinien, von Emigration oder Bauspekulation und von Frauen, die sich die Freiheit nehmen, ganz anders zu leben und zu lieben, als es die Tradition will.

Ihre Kritik an Niffoi formuliert sie in dem von Giulio Angioni herausgegebenen Sammelband *Cartas de logu*, Untertitel: *Sardische Autoren vor dem Spiegel*, in dem sich 42 Autorinnen und Autoren der Region mit dem Thema Identität auseinandersetzen. Auf Sardinien hat die *Cartas de logu* eine breite Debatte unter den Schriftstellern ausgelöst. Marcello Fois sagte mir zum Beispiel im Interview: »Was die Form des Romans auf Sardinien angeht, musst du, von wo du auch kommst, deine Tücher in Nuoro waschen. Denn das Modell Deledda ist als Vorbild oder in Ablehnung ein ganz starkes Modell. Die Agus beschwert sich – und dann schreibt sie einen Roman wie ›Die Frau im Mond‹, der eine Art archaische Geschichte erzählt und in Gavoi, in der Barbagia angesiedelt ist.« Am Ende, so Fois, müsse man immer wieder nach

Nuoro zurück, und sei es, um es zu überwinden. Auch Mannuzzu verdanke Salvatore Satta vieles. »Also in Nuoro sind die wichtigsten Köpfe der sardischen Literatur vertreten, alle anderen sind Satelliten.« Es könne wohl auch kein Zufall sein, fügte er nicht ohne Stolz hinzu, »dass die erfolgreichsten Autoren Sardiniens heute die aus Nuoro sind«.

Giorgio Todde, dem man, auch wenn er aus Cagliari stammte, keine levantinische Heiterkeit nachsagen konnte, verband Identität mit Landschaft, was uns, nachdem wir ihn bereits in den vorigen Kapiteln kennengelernt haben, sicher nicht verwundert. Und wie die Landschaft verwundet sei, so Giorgio, sei auch die Identität erkrankt, warum würde man sonst so viel über sie reden? Der junge Flavio Soriga mag Fragen nach dem Sardischen in der sardischen Literatur oder nach der Identität gar nicht mehr hören: »Ach, das ist ein Riesenthema. Ich habe mal gesagt, dass ich als Sarde zurücktreten möchte. Ich habe keine Lust, ein Leben lang den Profi-Sarden zu spielen. Ich glaube, auch ein Ostdeutscher will nicht sein Leben lang ein Ex-Kommunist sein. Es gibt wichtigere Themen.« Ob man Kommunist oder Ex-Kommunist ist, solche Fragen können im Leben eines Autors eine Rolle spielen, »aber man muss diese Aufkleber nicht für sein ganzes Schaffen tragen«. Ein Autor, der darüber hinaus nichts anderes erzählen will, so Flavio Soriga, komme nicht weiter.

Flavio Soriga gewann mit seinem Roman *Der schwarze Regen* 2005 den »Grazia-Deledda-Preis« in der Kategorie »Junge Autoren«. In dem Buch geht es um einen Priester, der gerne Fußballer geworden wäre, um einen gelangweilten Carabinieri, der gerne liest, um dunkle Machenschaften, einen gekreuzigten Hund und schließlich um die Leiche einer Frau. Es ist ein Krimi, der das Leben einer sardischen Kleinstadt im Weichbild von Cagliari widerspiegelt. In solch einem Ort, in Uta, ist der Autor aufgewachsen. Die Stadt im Roman, Nuraiò, ist ein unbehaglicher Phantasieort, an dem es kalt ist, unaufhörlich regnet und ein eisiger Wind aus dem Norden bläst.

Unbehagen an Sardinien zeichnet auch sein bislang wichtigstes Buch *Sardinia blues* aus. Es handelt von drei Freunden, alle um die dreißig, die sich nutzlos und als Versager fühlen und von der Umsiedlung auf eine andere Insel, auf ein mythisches Kuba träumen. Sarden wollen sie nicht mehr sein.

Flavio Soriga lebt heute in Rom, aber von Sardinien kommt er dennoch nicht los: »Als ich meinen Rücktritt als Sarde eingereicht hatte, ist er vom Ministerium für Identität wegen eines deutlich starken Akzentes aus Uta zurückgewiesen worden. Mein Akzent wird mich immer als Sarden verraten. Ich lebe jetzt hier in Rom in der Nähe vom Bahnhof Termini und mache meine Spaziergänge in der Euphorie eines Schriftstellers, der glaubt, von seiner Arbeit leben zu können. Ich treffe hier Touristen aus aller Welt, und ich fühle mich wie sie als Fremder in dieser Stadt, die aus dem Fremden ihre Schönheit und ihre Kraft gewonnen hat. Die Städte, die Nationen, wachsen nur dann, wenn sich ihr Blut erneuert, wenn sie Fremde und Neugierige hereinlassen, die hier ihre körperliche oder ihre geistige Kraft lassen. Das ist die Gefahr von Inseln, auch von Sardinien, wo wir immer unter uns bleiben, wo wir immer nur von uns reden und darüber, wie schön Sardinien ist. Viel schöner wäre es, wenn Gruppen von Ukrainern, Rumänen, Polen, Kubanern, Dänen, Deutschen, Österreichern alle nach Sardinien kämen und das ganze Jahr hier leben würden und eine offene Gesellschaft aufbauten, die ihre Wurzeln hat, aber auch eine Zukunft, die sich lohnen würde zu erzählen.«

Abschied

Wenn man von Macomer kommend hinter Suni den kleinen Pass über das Vorgebirge erreicht, welches das Tal von Modolo von dem des Temo-Flusses trennt, macht die Straße einen scharfen Knick, und nach einer von Gräsern und Kaktusfeigen überwachsenen Gefechtsstellung aus dem Zweiten Weltkrieg öffnet sich ein herrlicher Blick auf Bosa, das einem auf der anderen Seite des Temo zu Füßen liegt. Palmen säumen die Uferstraße, und über der Stadt schwebt wie eine Krone das Kastell der Malaspina auf einem felsigen Hügel, darunter haben sich Häuser wie kleine, unterschiedlich große Bauklötze in langen Reihen an den Hang gelehnt, die hin- und herschwingen und langsam zum Fluss absteigen.

Diesen Blick habe ich mir von meiner ersten Sardinienreise mitgenommen, und jedes Jahr habe ich neue Einzelheiten hinzufügen können. Bevor die Straße über eine Brücke die Kathedrale und die Altstadt erreicht, haben diesseits des Flusses Häuser die Macchia verdrängt, immer mehr Gebäude sind hinzugekommen, und ein neues Viertel mit dem Namen Santa Cadrina ist entstanden. Ebenso arbeitete sich die Stadt langsam auf der anderen Seite des Temo in Richtung Mündung vor, sie zerschnitt die Flusswiesen mit Straßen und bedeckte sie mit neuen Siedlungen. Derweil haben sich die Farben der Häuser der Altstadt unterhalb des Kastells verändert. Nur zaghaft hatte man früher ihre Fassaden farbig getüncht, hier vielleicht mal ein lichtes Blau, dort ein zartes Gelb, gewöhnlich herrschten jedoch ein schmutziges Kalkweiß oder das helle Graubraun des nackten Wandputzes vor, der die meist aus Natursteinen aufgerichteten Fassaden bedeckte. Jetzt hat sich Sa Costa, wie das Viertel genannt wird, bunt angestrichen, kräftige Farben tauchen auf: Blau, Gelb, Grün. Von Weitem sieht das fröhlich und ein bisschen wie das Kostüm eines Harlekins aus. Im Viertel dagegen geht es trauriger zu, seitdem die meisten Leute weggezogen sind und die Wohnungen nur in den Sommerferien genutzt werden. Mir fehlen die Menschen in den mit Kieselsteinen nur notdürftig gepflasterten Gassen, die Kinder, die auf den Treppen aus Trachyt spielen, die Frauen, die auf ihren Stühlen draußen sitzen und Gemüse putzen, ein Netz knüpfen oder an *Filet*-Arbeiten sticken. Damals drangen aus den Wohnungen die Geräusche des Fernsehers, vor dem zwar keiner saß, der aber trotzdem eingeschaltet war, denn draußen sollte zu hören sein, dass man ein entsprechendes Gerät besaß. Wenn die Alten sich bei ihren Arbeiten auf der Gasse zu kleinen Gruppen zusammengesetzt hatten und unterhielten, dann lief das Gespräch in einer ruppigen Tonlage ab, und ich fragte mich anfangs, warum schimpfen sich die Leute eigentlich immer an? Aber sie schimpften nicht, sie redeten nur gerne laut. Das ist hier eben so, hatte Lidia mich beruhigt. Manchmal kam ein Händler vorbei, der Teppiche auf dem Rücken trug oder auch bestickte Tücher und Schals anbot. Die ließen sich die Frauen dann zeigen, sie prüften die Stickereien sachkundig mit den Fingern und lachten den Händler aus, denn die Schals, die sie selber stickten, waren viel schöner und besser gearbeitet als diese wer weiß mit welchen Maschinen hergestellten Stücke. Alles Handarbeit, beharrte der Händler. »Ehi, Ehi«, lachten die Frauen, »das glaubst du doch selber nicht!« Und er lachte auch und zog weiter.

Addiòsu, addio und bis zum nächsten Mal!

Vieles hat sich seitdem auf Sardinien verändert. Die Innenstädte von Cagliari und Sassari haben an Lebensqualität gewonnen, Häuser wurden renoviert, Palazzi restauriert, Straßen vom Verkehr befreit oder begrünt. Eine *movida* von jungen Menschen sucht fröhliche Zerstreuung, und die Szenetreffpunkte sind bis in die frühen Morgenstunden überfüllt. Allgemein geht es den Leuten trotz hoher Arbeitslosigkeit besser, und der Anteil an Analphabeten konnte in der Bevölkerung unter 10 Prozent gesenkt werden. Langsam gewinnt Umweltbewusstsein Raum, man saniert Gewässer und schützt – allerdings in einem widersprüchlichen Auf und Ab – Naturräume, die den größten Schatz der Insel bilden. Ein Schatz in natürlicher Hinsicht und wegen der großartigen Panoramen, aber vor allem gibt es in Europa nur noch wenige Landschafts- und Lebensräume wie hier, die uns eine Ahnung von Vorzeit vermitteln können.

Allerdings: Ein frenetisches Konsumdenken drängt, wie anderswo auch, in traditionelle Lebenszusammenhänge ein. Eigenarten gehen verloren, viele passen sich kritiklos einem europäischen Massendurchschnitt an, das kulturelle Erbe hat Mühe, nicht in einer Folklorewelle unterzugehen, und den Küsten droht trotz besseren Wissens der Ausverkauf. Immerhin regt sich Widerstand, Menschen protestieren, schließen sich zusammen, und das nicht nur in den Städten. Der Versuch, sich der eigenen Wurzeln zu versichern und dabei nicht auf Veränderungen zu verzichten, muss wohl auf einer Insel wie Sardinien widersprüchlich bleiben. Noch ist nicht abzusehen, ob in Sa Costa nur die Fassaden bunt gestrichen werden, oder auch durch eine verantwortungsvolle, der Vergangenheit gegenüber respektvolle Sanierung des gesamten Viertels hier in Zukunft neue Lebensqualität und neuer Wohnraum für Familien entstehen können. Der Tourismus ist für Sardinien sicher ein wichtiger wirtschaftlicher und kultureller Faktor, und der einzelne Reisende kann durch kulturelle Neugier und kritisches Konsumverhalten in der Klimakrise und nach der Covid-Pandemie eine verantwortungsvolle Rolle bei seiner Entwicklung spielen. Aber die Insel wird nicht überleben können, wenn man sich der Reiseindustrie und dem Immobiliengeschäft total ausliefert. Es sei denn, man will Sardinien längs der Küsten in ein riesiges Freizeitcenter mit Wohnkomfort und Kostümfesten verwandeln und im Inneren Abenteuertouren auf den Spuren von Hirten und Banditen organisieren.

Es gibt einen Platz in der Nähe von Bosa, den ich jedes Mal aufsuche, am liebsten zum Abschied einer Reise. Einen Platz, wo ich allein sein möchte. Dann lade ich den Rest der Familie am Strand von Bosa Marina ab und fahre mit dem Auto um die Feriensiedlung Villaggio Turas herum, die in den Sechzigerjahren am Rand eines Hügels in respektvoller Entfernung zum Meer gebaut wurde. Von dort geht es weiter steil nach oben, entlang von Trockenmauern Richtung Magomadas auf einen Sporn der Hochebene der Planargia. Oben angekommen führt die Straße direkt am Abhang entlang und bildet eine wundervolle Aussichtsterrasse. Im Rücken hat man eine Mauer aus hellen Kalksteinen, die von Bougainvilleen überwuchert wird, während Schwalben mit lautem »Sirrih, Sirrih« um die Dächer der alten Katen hier am Ortsrand streichen.

Vor mir öffnet sich die Weite, und über Kaktusfeigen und Olivenbäume hinweg fällt der Blick in ein auch im Sommer grünes Tal. Da liegt von hübschen Weingärten umgeben das Dorf Modolo mit ein paar Häusern nur. Es gibt einen Kinderreim über *Modolo pittikededdu*, über das klitzekleine Modolo:

Modolo pittikededdu,
naskidu in mesu a sa ua,
narralu a mamma dua
ki ti fetta cappotteddu.
Modolo pittikededdu.

(Modolo klitzekleines, / bist geboren in Mitten von Trauben, / deiner Mama musst du sagen, / sie soll dir machen ein Deckchen feines. / Modolo klitzekleines.)

Und wenn man dann den Blick nach Westen hebt, da wo abends die Sonne untergeht, da leuchtet unter einem tiefblauen Himmel – das Meer. Man steht still, und wer hier nicht ergriffen wird, dem ist nicht zu helfen. Das ist ein schöner Platz, um eine Reise zu beenden.

Addiòsu, addio und bis zum nächsten Mal!

Geschichte(n), Land und Leute – bibliografische Hinweise

(gleichsam eine Liste der Danksagungen)

Sachbücher

Amalia Maria AMENDOLA: *L'isola che sorprende. La narrativa sarda in italiano.* Cagliari (Cuec) 2006

Alfred ANDERSCH: *Nach Tharros.* In: Italien. Reise-Lesebuch. München (dtv) 2002

Giulio ANGIONI (Hrsg.): *Cartas de logu. Scrittori sardi allo specchio.* Cagliari (Cuec) 2007

ders.: *Pane e formaggio e altre cose di Sardegna.* Milano (Zonza) 2000

Bachisio BANDINU: *Costa Smeralda. Come nasce una favola turistica.* Milano (Rizzoli) 1980

Enea BECCU: *Tra cronaca e storia. Le vicende del patrimonio boschivo della Sardegna.* Sassari (Carlo Delfino) 2000

Alberto BOSCOLO, Manlio BRIGAGLIA, Lorenzo DEL PIANO: *La Sardegna contemporanea. Dagli ultimi moti antifeudali all'autonomia regionale.* Cagliari (Della Torre) 1995

Manlio BRIGAGLIA: *La Sardegna. Tutta la storia in mille domande.* Sassari (Ed. La Nuova) 2011

Franco CAGNETTA: *Die Banditen von Orgosolo.* Frankfurt (Cooperative) 1986

Salvatore CAMBOSU: *Miele Amaro.* Nuoro (Ilisso) 2004

Raimondo CARTA RASPI: *Storia della Sardegna.* Milano (Mursia) 1990

Philipp CLÜVER: *Sicilia antiqua item Sardinia et Corsica.* Leyden 1619

Michela DE GIORGIO, Otto KALLSCHEUER (Hrsg.): *Sardinien. Eine literarische Einladung.* Berlin (Wagenbach) 2011

Alberto DELLA MARMORA: *Itinerario dell'isola di Sardegna.* Vol. 1–3. Nuoro (Ilisso) 1997

Giuseppe FIORI: *La società del malessere.* Nuoro (Ilisso) 2008

Marcello FOIS: *In Sardegna non c'è il mare.* Roma-Bari (Laterza) 2008

Sergio FRAU: *Atlantika. Eine detektivische Untersuchung des antiken Mittelmeerraums.* Berlin (Parthas) 2007

Duncan GARWOOD: *Sardinien* (Deutsche Ausgabe des Lonely-Planet-Führers). Ostfildern (MairDumont) 2009

Jakob JOB: *Sardinien. Ein Reisebuch.* Erlenbach-Zürich (Rentsch) 1956

Ernst JÜNGER: *Am Sarazenenturm.* Frankfurt (Klostermann) 1955

Peter KAMMERER, Ekkehart KRIPPENDORFF: Reisebuch Italien. Berlin (Rotbuch) 1990

Henning KLÜVER: *Gebrauchsanweisung für Italien.* München (Piper) 2022

D. H. LAWRENCE: *Das Meer und Sardinien.* Zürich (Diogenes) 2007

Maurice LE LANNOU: *Pastori e contadini di Sardegna.* Cagliari (Della Torre) 2006

Carlo LEVI: *Aller Honig geht zu Ende. Tagebuch aus Sardinien.* Köln (DuMont Schauberg) 1965

Timo LUTZ, Friederike VON BÜLOW: *Sardinien.* München (Gräfe und Unzer) 2020

Heinrich MALTZAN: *Reise auf der Insel Sardinien.* Leipzig (Dyk'sche Buchhandlung) 1869

Pietro MARONGIU: *Teoria e storia del banditismo sociale in Sardegna.* Cagliari (Della Torre) 1981

Michela MURGIA: *Elf Wege über eine Insel. Sardische Notizen.* Berlin (Wagenbach) 2012

Rainer PAULI: *Sardinien. Geschichte, Kultur, Landschaft.* Köln (DuMont) 1978

Giorgio PEGHIN, Antonella SANNA: *Carbonia. Città del Novecento.* Mailand (Skira) 2009

Antonio PIGLIARU: *Il codice della vendetta barbaricina.* Nuoro (Il Maestrale) 2006

Giampiero PINNA: *Il cammino minerario di Santa Barbara.* Milano (Terre di Mezzo Editore) 2017

Bianca PITZORNO: *Vita di Eleonora D'Arborea, principessa medioevale di Sardegna.* Milano (Mondadori) 2010

Fulco PRATESI, Franco TASSI: *Guida alla natura della Sardegna.* Milano (Mondadori) 1978

Simonetta SANNA: *Fra isola e mondo. Letteratura, storia e società nella Sardegna contemporanea.* Cagliari (Cuec) 2008

Marianne SIN-PFÄLTZER: *Sardinien. Menschliche Landschaften.* Nuoro (Ilisso) 2015

Flavio SORIGA: *Nuraghe Beach. La Sardegna che non visiterete mai.* Roma-Bari (Laterza) 2011

Sardegna. Milano (Touring Club Italiano) 2005

Sardinien. Heft 46 der Zeitschrift Zibaldone. Tübingen (Stauffenburg) 2008

Andreas STIEGLITZ: *Sardinien. Richtig wandern.* Ostfildern (DuMont) 1998

Giorgio TODDE: *Il noce. Scritti sull'isola rinnegata.* Nuoro (Il Maestrale) 2010

Siro VANNELLI: *Grandi alberi in Sardegna.* Cagliari (Regione Sardegna) 1989

Birgit WAGNER: *Sardinien. Insel im Dialog. Texte, Diskurse, Filme.* Tübingen (Francke) 2008

Max Leopold WAGNER: *Geschichte der sardischen Sprache.* Tübingen (Francke) 2002
ders.: *Reisebilder aus Sardinien.* Stuttgart (Masala) 2003
Luciano ZEPPEGNO, Claudio FINZI: *Alla scoperta delle antiche civiltà in Sardegna.* Roma (Newton Compton) 1978

Erzählungen und Romane

(Eine kleine Auswahl)

Milena AGUS: *Die Frau im Mond.* Hamburg (Hoffmann und Campe) 2007
Giulio ANGIONI: *Assandira.* Palermo (Sellerio) 2004
Sergio ATZENI: *Bakunins Sohn.* Hamburg (Nautilus) 2004
ders.: *Bellas mariposas.* Palermo (Sellerio) 2008
Grazia DELEDDA: *Romanzi e novelle.* Milano (Mondadori) 1971
ders.: *Schilf im Wind.* Zürich (Manesse) 1992
Giuseppe DESSÌ: *Das Lösegeld.* Olten (Walter) 1967
Marcello FOIS: *Tausend Schritte. Ein Fall für Avvocato Bustianu.* München (Diana) 2000
ders.: *Sardische Vendetta.* Berlin (List) 2008
Maria GIACOBBE: *Meine sardischen Jahre.* Zürich-Köln (Benziger) 1958
Gavino LEDDA: *Padre Padrone.* München (dtv) 2003
Emilio LUSSU: *Ein Jahr auf der Hochebene.* Wien (Folio) 2006
Salvatore MANNUZZU: *Der Fall Valerio Garau.* Reinbek (Rowohlt) 1994
Thomas MÜNSTER: *Sprich gut von Sardinien.* München (Süddeutscher Verlag) 1958
Michela MURGIA: *Accabadora.* Berlin (Wagenbach) 2010
Salvatore NIFFOI: *Die Legende von Redenta Tiria.* Wien (Zsolnay) 2007
ders.: *Die barfüßige Witwe.* München (Zsolnay) 2011
Luigi PINTÒR: *Der Mispelbaum.* Berlin (Wagenbach) 2002

Paride ROMBI: *Der Knabe und die Furien*. Hamburg (Claassen) 1954
Salvatore SATTA: *Der Tag des Gerichts*. Frankfurt (Suhrkamp) 1996
Flavio SORIGA: *Der schwarze Regen*. München (Luchterhand) 2007
Giorgio TODDE: *Die toten Fischer von Cagliari*. München (Piper) 2011
ders.: *Das Geheimnis der Nonna Michela*. München (Piper) 2006

Internet

Alles über Sardinien (in italienischer Sprache): Fotos, Filme, Videos, Musik, Texte, ganze Bücher. Eine Fundgrube ohnegleichen: www.sardegnadigitallibrary.it

Hinweise auf Traditionen, Kulturtechniken, Museen und kulturelle Einrichtungen: www.sardegnacultura.it

Nach Selbstauskunft ein »virtuelles Reisemagazin« und das größte Portal über Sardinien in deutscher Sprache. Für touristische Informationen gut geeignet, auch mit aktuellen Veranstaltungshinweisen: www.sardinien.com

Wanderwege (in italienischer Sprache):
www.sardegnaambiente.it/foreste/foreste_parchi/sentieri.html

Die schönsten Strände (in italienischer Sprache):
www.unionesarda.it/sardegna/spiagge

Der Trenino verde/Der grüne Zug: www.treninoverde.com